LAGO SEM NOME
Uma história real de amor e conflito na China moderna

DIANE WEI LIANG

LAGO SEM NOME
Uma história real de amor e conflito na China moderna

Tradução de
ANA QUINTANA

EDITORA RECORD
RIO DE JANEIRO • SÃO PAULO
2009

CIP-BRASIL. CATALOGAÇÃO-NA-FONTE
SINDICATO NACIONAL DOS EDITORES DE LIVROS, RJ

Liang, Diane Wei, 1966-
L661l   Lago sem nome / Diane Wei Liang; tradução Ana Quintana. –
Rio de Janeiro: Record, 2009.

ISBN 978-85-01-08215-2

1. Liang, Diane Wei, 1966-. 2. Estudantes universitários – China –
Biografia. 3. Casais – China – Biografia. 4. China – História – Incidente
na Praça da Paz Celestial, 1989. I. Título.

                                CDD: 951.058
09-2002   CDU: 94(510)

Título original em inglês:
LAKE WITH NO NAME

Copyright © The Eye of Jade Ltd, 2003
Originalmente publicado por Headline Review

Texto revisado segundo o Novo Acordo Ortográfico da Língua Portuguesa

Todos os direitos reservados. Proibida a reprodução, armazenamento ou
transmissão de partes deste livro através de quaisquer meios, sem prévia
autorização por escrito. Proibida a venda desta edição em Portugal
e resto da Europa.

Direitos exclusivos de publicação em língua portuguesa para o Brasil
adquiridos pela
EDITORA RECORD LTDA.
Rua Argentina 171 – 20921-380 Rio de Janeiro, RJ – Tel.: 2585-2000
que se reserva a propriedade literária desta tradução

Impresso no Brasil

ISBN 978-85-01-08215-2

PEDIDOS PELO REEMBOLSO POSTAL
Caixa Postal 23.052 - Rio de Janeiro, RJ - 20922-970

EDITORA AFILIADA

AGRADECIMENTOS

A John Saddler, por segurar minha mão;
A Humphrey Price, por percorrer todo o caminho ao meu lado;
A Heather Holden-Brown e Lorraine Jerram, da editora Headline, por transformarem o livro em realidade;
A Angela Mackworth-Young, pela habilidosa edição e o incentivo constante.

SUMÁRIO

Nota da Autora — 9
Prólogo — 17

1. Campo de trabalho — 25
2. Carinha branca — 45
3. Amor — 67
4. Casamento — 97
5. Corrida do ouro — 123
6. Funeral — 135
7. Divórcio — 153
8. Passeata — 173
9. Greve de fome — 187
10. Paz Celestial — 207
11. Carta dos Estados Unidos — 231
12. Professor — 247
13. Tanques no portão — 257
14. Tiananmen — 271
15. Sangue escorrendo do céu — 287
16. A manhã seguinte — 301
17. Uma promessa a cumprir — 317
18. Procura-se, vivo — 325

19. Adeus, amor — 343
20. Estados Unidos — 357
21. Volta para casa — 369
22. Prima — 379
23. Conclusão — 385

Epílogo — 397

NOTA DA AUTORA

Minha mãe achou o nome Wei num antigo dicionário de chinês. É um ideograma em desuso há muito tempo e significa "luz do sol".

Na China, os sobrenomes vêm antes do nome. Após o casamento, as mulheres não adotam o nome do marido; mantêm o seu. O prefixo *Xiao* significa pequeno e é muito usado para referir-se às crianças, jovens de vinte ou trinta e poucos anos ou a alguém que seja mais jovem que você. O prefixo *Lao* significa velho e é usado para pessoas com mais de quarenta anos ou para demonstrar respeito.

O nome de pessoas públicas, incluindo os líderes estudantis e os da minha família, são verdadeiros, escritos no chinês Pin Yin usado na China. Outros nomes foram mudados.

Todos os personagens deste livro são baseados em pessoas reais. Os detalhes de suas vidas foram mudados para protegê-las. Por necessidade, alguns diálogos foram criados ou recriados, mas refletem perfeitamente o clima da época, os temas que discutíamos, nossos sentimentos e a lembrança que tenho dos fatos. Outros diálogos se basearam em relatórios publicados.

Sempre que possível, conferi em documentos minhas lembranças dos fatos ocorridos em 1989. Duas publicações foram de especial valor, com coleção de recortes de jornais, transmissões de TV e rádio, discursos, atas de reuniões, informativos divulgados para a imprensa, transcrições de entrevistas coletivas e comunicados internos do Partido: *Beijing Spring, 1989: Confrontation and Conflict,* de M. Oksenberg, L. R. Sullivan e M. Lambert (editores), da editora M. E. Sharpe, Inc. (Armonk, Nova York, 1990), e *The Tiananmen Papers*, de Zhang Liang, A. J. Nathan e P. Lonk (editores), da editora Little, Brown and Company (Londres, 2001).

Amo-o sinceramente
Apesar dos anos
E do envelhecimento
Amo você
Do fundo do meu coração

Flores do bosque perdem a cor
Bem depressa
A vida — sempre um rio que corre para o Oriente

Espero que voltemos a nos encontrar
Num dia parecido
Numa época parecida
E com você parecido
Luz do sol e primavera
Talvez também eu parecida,
Talvez.

Diane Wei Liang
Pequim, 1989

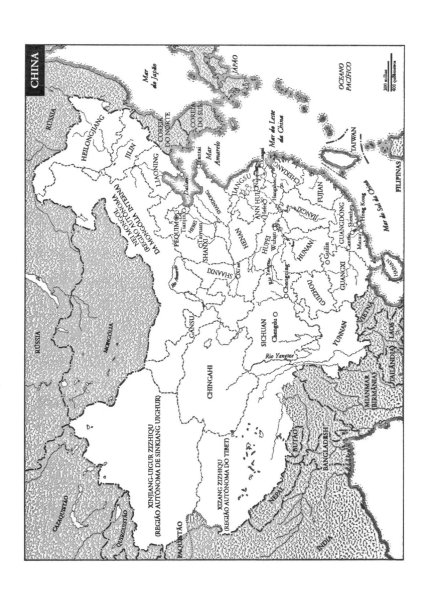

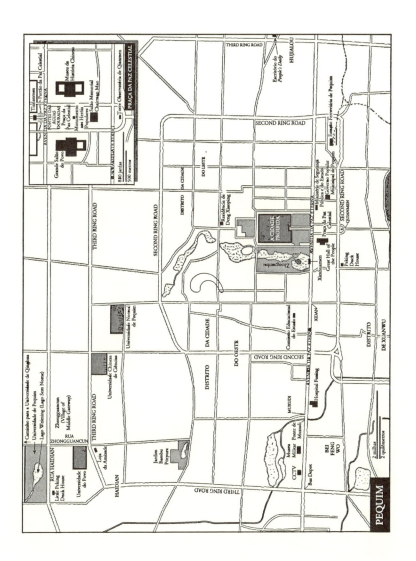

PRÓLOGO

A Praça, 1996

Havia levado sete anos para voltar em casa.
— Tome um banho, você está suando — disse minha mãe.

Fazia calor. Em alguns lugares, o sol amolecia o asfalto das ruas. Mas eu vestia minhas roupas de primavera e, quando saí de Mineápolis, a neve derretia sob a macieira no quintal. Pequim passava por uma onda de calor no meio de maio.

Minha mãe, uma mulher magra, que não chegava a metro e meio de altura, zunia no pequeno apartamento como uma minúscula e alegre abelha. Após alguns segundos, trouxe-me um leque de bambu. Fechei a cortina de pano estampada de flores dependurada num arame e me despi. Enrolei-me numa grande toalha e fui para o banheiro, que de tão pequeno não tinha cortina. Sob meus pés, um ralo enorme, e, quando fiquei em cima dele, olhei aquele buraco escuro do cano de água.

— Quando terminar o banho, lembre de bater na porta para eu desligar o aquecedor. Não feche a água antes disso, senão o aquecedor esquenta demais e explode.

Quando ouvi meu pai gritar da cozinha "Aquecedor ligado!", tirei a toalha e abri o chuveiro. Veio a água morna.

Coloquei um vestido de linho amarelo e fiquei andando pelo meu quarto. O chão de concreto estava frio, mesmo num dia quente como aquele. O quarto tinha uma cama de solteiro com roupa de cama florida e um guarda-roupa simples, de madeira, encostado na parede. Uma espessa camada de poeira cobria a escrivaninha. Passei os dedos nela e surgiu a cor da madeira crua. Olhei pela janela e vi moradores no prédio ao lado, um homem de cueca, duas mulheres cozinhando no fogão. Depois de passar anos nos Estados Unidos, o apartamento me parecia incrivelmente pequeno; mal cabiam duas pessoas nele. Mas, anos antes, nós quatro (meus pais, minha irmã menor, Xiao Jie, e eu) havíamos morado num apartamento menor ainda.

Depois que saí da China, meus pais mudaram para esse apartamento mais amplo, com chuveiro, cedido pela universidade quando minha mãe foi promovida a professora-assistente. Não precisariam mais ir ao banho público duas vezes por semana. Eles também compraram um forno de micro-ondas, uma máquina de lavar com secadora e assinaram TV a cabo. Meu pai se aposentou como chefe do Departamento de Parques e Florestas de Pequim. Como a maioria das empresas estatais não estava faturando, havia muito desemprego. O governo então reduziu a idade de aposentadoria para sessenta anos, valendo para todos os funcionários, incluindo os civis, como meu pai. Mamãe, que era três anos mais jovem que ele, pensava em se aposentar como professora de jornalismo na universidade onde trabalhava.

Depois do almoço, meus pais ficaram em casa para a sesta. Minha irmã, Xiao Jie, e eu tomamos um táxi para o centro da cidade. O táxi parecia passar por lugares onde eu nunca estivera, mas depois me disseram seus nomes e percebi que não havia reconhecido lugares outrora familiares. Autoestradas substituíram velhos prédios e mercados. Novos arranha-céus encolhiam locais que antes eram grandes e destacados. As ruas pareciam ter mudado seus quarteirões. Pátios de antigo estilo abriram espaço para viadutos que mostravam novos ângulos da cidade. Inúmeras estátuas de Mao Tsé-Tung em tamanho natural desapareceram. No lugar delas surgiram jardins, butiques e supermercados.

Nos cruzamentos, nosso táxi diminuiu a velocidade e vi de relance a China que tinha conhecido. Viajantes, agora dentro de carros e não em bicicletas, não ligavam para os sinais de trânsito, apesar das buzinas e das pessoas berrando pelas janelas abertas. Ninguém dava passagem. Os motoristas se xingavam de perto quando os carros emparelhavam. A poeira amarela, que vinha do deserto mongol para o Ocidente, turvava tudo. Os ciclistas passavam por pequenas brechas no trânsito exibindo sorrisos de vitória. Os sinais mudavam do verde para o vermelho e o verde de novo como luzes de Natal.

Minha irmã e eu fizemos compras na Le Lafayette, em Wangfujing, o principal bairro de compras de Pequim, e tomamos um café na American Donut Shop.

Nas esquinas, os motoristas de riquixás tentavam atrair passageiros.

— Irmãzinhas, está muito quente para andarem com sacolas de compras. Onde querem ir? Eu as levo. No riquixá está fresco.

Ele tinha um bom argumento. A temperatura tinha passado de quente a insuportável.

— Quanto custa ir até a praça Tiananmen? — perguntei.

— Por cem iuanes, dou uma volta na praça.

Claro que nós pechinchamos. Um instante após, demos ao motorista oitenta iuanes e entramos no riquixá.

— Por que vocês querem ir lá? Não tem nada para ver agora. Vão no final da tarde, quando muita gente assiste à cerimônia de retirada da bandeira.

Saímos das estreitas e lotadas ruas laterais e entramos na ampla e arborizada avenida da Paz Eterna.

Aos poucos, a praça Tiananmen (em chinês, da Paz Celestial) surgiu aos nossos olhos como um velho livro de contos de fada. Ao norte, o magnífico Portão da Paz Celestial dominava a praça num glorioso vermelho e dourado. Foi nesse portão, 47 anos antes, que Mao Tsé-Tung proclamara a República do Povo. Agora, o retrato dele olhava para o sul, para a praça da Paz Celestial. De cada lado do retrato, um grande cartaz dizia *Viva a República do Povo* e *Povos do mundo, uni-vos*. Na década de 1950, Mao mandara ampliar a praça para meio quilômetro quadrado, triplicando seu tamanho, para poder reunir milhões de pessoas em passeatas. Desde então, a Guarda Vermelha passou a desfilar lá, onde também se realizou o velório público do primeiro-ministro Chu En-Lai e, claro, as manifestações de massa do Movimento Democrático Estudantil, em 1989.

Nosso ciclista pedalava furiosamente conduzindo o riquixá e, de vez em quando, enxugava a testa com uma toalha. O trânsito estava intenso, mas fluía calmo em volta da praça. Os galhos de grandes carvalhos se debruçavam sobre nós, dando-nos sombra.

No riquixá, eu estava tão impressionada que não disse nada enquanto contornávamos a praça, que parecia tranquila sob o sol suave do entardecer. Deveria haver milhares de pessoas lá mas, para mim, a praça dava a impressão de estar vazia. Não era o que eu lembrava — sete anos antes, a praça no verão era um campo de batalha cheio de jovens que estampavam seu estado de espírito nas roupas e nos olhos. Bandeiras flutuavam ao vento. Para onde foram todos aqueles rapazes e garotas de dezoito anos? Onde estariam agora?

Minha irmã e eu saltamos do riquixá na Tiananmen. As Pontes das Águas Douradas estavam lotadas de pedestres indo para a praça ou entrando na Cidade Proibida. Policiais armados guardavam as pontes, com caras sérias.

Eu não punha os pés naquele lugar sagrado desde a noite em que estive lá como estudante de vigília, em 2 de junho de 1989. Cada passo trazia lembranças e emoções há muito esquecidas, de companheirismo, tensão e medo. Andei mais um pouco, até o Monumento aos Heróis do Povo, o obelisco que fica no centro da praça. Ao sul, longas filas se formavam para entrar no mausoléu de Mao. Eu soube que a fila aumentara nos últimos anos, graças à presença não só de veteranos da revolução comunista, mas de jovens que queriam passar respeitosamente ao lado do corpo amarelado e embalsamado no caixão de vidro. As pessoas vinham buscar consolo no passado, tempo de certeza e ordem. Vendedores ziguezagueavam pelas filas, apregoando broches proibidos de Mao, que escondiam nas sacolas dependuradas nos ombros, enquanto conferiam se a polícia estava por ali. Durante a Revolução Cultural, todo chinês devia usar esses broches para demonstrar fidelidade e devoção ao dirigente Mao e ao Partido Comunista Chinês. Lembrei de tê-los usado e andar muito orgulhosa com meus pais nas comemorações públicas do Dia da Pátria e do Dia Internacional do Trabalho. Na época, os broches também eram dados como prêmio ou presente de festas pelas unidades de trabalho do povo. Hoje, os anacrônicos broches são muito procurados pelos turistas como lembrança de um tempo que não existe mais; alguns viraram peças de colecionador.

Na base do monumento de pedra, estavam entalhadas cenas da História da China: o Levante dos Boxers, a Guerra do Ópio, a Invasão Antijaponesa e a Guerra Civil. O monumento foi construído em 1958 para simbolizar a resistência do povo ao poder feudal e ao colonialismo estrangeiro. Em 1989, os estudantes de Pequim consideraram o monumento bem adequado para ser o centro de comando deles. O poder do povo era, como Mao costumava dizer, "a força por trás da história". Ao contornar o monumento, tive de pensar também no alto preço pago e no sofrimento do chinês comum através de nossa turbulenta história.

Eu finalmente voltara ao local onde meus amigos e companheiros tinham marchado, cantado, lutado e morrido. Ali, milhares de pessoas fizeram greve de fome durante dias. Sentiam seus vinte anos de idade se esvair lentamente do corpo. A felicidade tomava seus pensamentos: a felicidade pelo povo e pelos seus filhos que cresciam. Tiveram de fechar os olhos; perderam a força para olhar o céu ou as nuvens.

Foi como se eu visse Xai Ling, rebelde até quando dividíamos o mesmo quarto como alunas de psicologia na Universidade de Pequim, de fala mansa, mas rigorosa e determinada. A greve de fome a deixara frágil, magra e cansada, mas manteve o desafio que se impôs de organizar a vasta multidão de descontentes, de transformar um milhão de vozes discordantes num único grito por liberdade.

E como se eu visse também Dong Yi, no meio de milhares de estudantes que vieram cuidar dos que faziam greve de fome, ajoelhado com uma garrafa de água para dar aos feridos, o rosto cheio de tristeza. De repente, ele gritou:

— Rápido, desmaiou mais um estudante. Maca! — A voz dele ecoou pela praça como um trovão. Os estudantes de medicina, de jalecos brancos, corriam. As sirenes das ambulâncias soavam, cortando o céu.

Foi a melhor época. E foi uma época horrível. Éramos jovens e esperançosos, apaixonados por nossa causa. Estávamos prontos a pagar o mais alto preço por uma China mais democrática e mais livre, pois jamais duvidamos de que venceríamos e de que nosso sacrifício valeria a pena.

Mas nossa certeza foi arrasada! Uma noite, os tanques entraram na avenida da Paz Eterna, as tropas abriram fogo sobre estudantes e cidadãos desarmados e o sangue correu. Da noite para o dia, perdi a inocência da juventude. E o amor da minha vida.

A imagem dos meus últimos dias na China voltaram, cada uma mais nítida que a outra. Pensei que fosse soçobrar sob o peso das fortes ondas de emoção, cada uma mais forte que a anterior.

Aos pés do monumento, vi bem a praça ocupada apenas por turistas passeando, fotografando. Eu tinha voltado, mas voltaram também minhas turbulentas lembranças, e parecia não haver lugar para elas no cenário tranquilo que tinha diante de mim.

Capítulo 1

Campo de trabalho

A flor da ameixeira gosta da neve caindo; portanto, não deve surpreender-se ao encontrar moscas congeladas até a morte.

Mao Tsé-Tung, 1962

Para mim, a paisagem da infância consiste em campos suaves e montanhas verdes se espraiando até o fim do céu, para além das nuvens; o cheiro doce das flores silvestres; rios correndo sinuosos, cheios de vida, com balsas de bambu conduzidas por fortes meninos da etnia Miao sumindo e surgindo em meio às águas agitadas. Quando a noite chegava e a lua ia alta, canções de amor ecoavam pelo rio.

Mas minha infância não devia parecer assim. Pois todos os meus amigos, filhos dos colegas de minha mãe, cresceram num campo de trabalho na costa leste da China. Eu costumava perguntar a meus pais:

— Por que fomos para Sixuan em vez de Xandong? — Até que um dia eles me responderam.

— Porque é para lá que foi seu pai e nós decidimos que a família deveria ficar junta — disse minha mãe.

— Mas por que Baba não pôde ir com você para seu campo de trabalho? Meus amigos disseram que lá eles não passavam fome e que havia muitos peixes para pescar.

Minha mãe suspirou. Quando meus pais se conheceram, papai era oficial do Exército de Libertação do Povo (ELP) em Pequim e minha mãe, estudante universitária. Na época, as pessoas tinham de morar onde sua autorização de moradia ou, em chinês, *hukou*, estava registrada. Então, meu pai deixou o exército e foi enviado para sua cidade natal, Xangai. Mamãe sentiu-se afortunada por poder ficar em Pequim. Depois que se casaram, cada um tinha permissão para visitar o outro duas vezes por ano na cidade onde morava. Eles fizeram todo o possível para transferir a autorização de minha mãe para Xangai, porém era mais difícil do que imaginavam. Eles foram atropelados pelos acontecimentos.

Nasci em 1966, ano da Revolução Cultural. Meus pais foram tomados pelo caos que envolveu o país: as fábricas suspenderam a produção, as casas dos membros do Partido e dos intelectuais foram revistadas e destruídas; todos os dias havia *pidouhui*, isto é, espancamentos públicos, no país inteiro. Alunos dos cursos médio e secundário foram levados para os Coletivos do Povo de todo o país para morar e trabalhar com camponeses. Até que, em 1970, os intelectuais (termo que designava os que tinham feito faculdade, como meus pais) foram enviados para trabalhar "com as mãos" e assim se reabilitar e cumprir o desejo de Mao de uma sociedade agrária.

A unidade a que minha mãe pertencia era ligada ao Departamento de Relações Exteriores e instalara seu campo de trabalho num lugar muito agradável, na província de Xandong, perto do Mar Amarelo. O campo de trabalho do meu pai era bem diferente. Ficava numa remota montanha no sudoeste, numa região menosprezada por ser habitada pela minoria étnica dos Miao e por não ter nenhuma comodidade da vida moderna. Lá, os intelectuais trabalhavam pesado, construindo instalações militares secretas para ser usadas num eventual ataque nuclear do Ocidente.

— Sua mãe e eu tivemos de escolher: ficarmos em campos separados, ou ela trocar de lugar no campo "melhor" com alguém da minha unidade. Ela preferiu ir para Sixuan comigo — disse meu pai, olhando para ela e sorrindo. Eles trocavam olhares com tanta naturalidade e facilidade como tinham trocado suas vidas. Parecia a coisa mais simples que alguém podia fazer: ficar junto da família.

Assim, as primeiras lembranças da minha infância começaram em uma das mais lindas e mágicas regiões da China. O campo de trabalho ficava nas grandes montanhas do condado de Nanxuan, na fronteira com as províncias de Sixuan e Yunnan, no sudoeste da China. Eram montanhas verdes enormes e pareciam infinitas. Quando começava a estação das chuvas, os tons de verde se juntavam numa outra nuança indefinível e espraiavam-se como tinta escorrendo numa tela.

Os Miao são uma tribo de montanha que se instalou no sudoeste da China no século IX e gosta de cantar, dançar e fazer artesanato. As mulheres usam vestidos compridos sobre calças largas e fartas. Flores, pássaros e lindas formas em cores fortes bordadas à mão trazem vida aos trajes e muitas usam enfeites de cabeça combinando. De manhã, quando voltam do mercado em pequenos grupos, carregam os produtos em cestos na cabeça e percorrem as trilhas da montanha cantando. Muito antes de vê-las chegar, eu já ouvia suas canções.

Nas noites de lua, os jovens se reuniam no alto das colinas nas duas margens do rio e declaravam amor e admiração recíprocos. O povo Miao faz a corte cantando; diziam que se conquistava o coração de uma moça Miao pela canção. Com músicas de amor ecoando nas montanhas, eu achava que a vida seria sempre repleta de sons românticos.

Infelizmente, a vida no campo de trabalho não tinha nada de romântico para meus pais. Os alojamentos foram construídos no alto de uma montanha, enquanto o local onde trabalhavam ficava no vale. Todas as manhãs, meus pais levantavam cedo para me deixar no jardim de infância e, depois, desciam a trilha para trabalhar. Os intelectuais carregavam tijolos dos depósitos para o local de construção ou apenas assentavam os tijolos, todos os dias. A construção era vigiada pelo Exército da Libertação do Povo e os operários eram supervisionados por engenheiros do exército.

Depois de trabalhar na construção quase o dia inteiro, meus pais tinham de participar de grupos de estudo, em que liam e discutiam editoriais do *Diário do Povo* ou trechos do pequeno livro vermelho de Mao. Como todo mundo nessas sessões de reeducação, meus pais tinham de fazer autocrítica e declarar lealdade ao Partido e ao dirigente Mao. Qualquer incerteza ou questionamento sobre o que liam traduzia-se em duros castigos, como espancamento público e prisão.

Como éramos crianças inocentes, meus amigos e eu não tínhamos ideia da opressão política que nossos pais sofriam. Enquanto trabalhavam longe, na construção no vale, nós ficávamos no jardim de infância. Minha professora preferida era a Sra. Cai, de cinquenta e tantos anos, gentil e de fala macia. Um dia, ela nos falou sobre sua cidade natal, a linda ilha ao sul do Mar da China chamada Formosa, e nos ensinou uma canção folclórica que costumava ouvir da mãe quando tinha a nossa idade. Adorei a canção e fiquei ansiosa para cantá-la para meus pais naquela noite. Mas desapontei-me. Ao contrário do que costumavam fazer quando eu mostrava algo novo que tinha aprendido, meus pais não se alegraram.

— Quem lhe ensinou isso? — perguntou mamãe. E imediatamente acrescentou: — Não cante mais. Não sabe quem pode estar ouvindo.

Não entendi o que eles temiam por eu cantar aquela música. Afinal, a Sra. Cai também nos tinha ensinado muitas canções revolucionárias. Na noite seguinte, alguns pais vieram ao nosso apartamento, todos com a mesma preocupação.

— Como pais, o que nossos filhos cantam ou conversam recai sobre nós. Temos de fazer alguma coisa, antes que isso nos cause problemas — disse um deles.

— A vida já é bem dura sem eles cantarem músicas contrarrevolucionárias e falarem sobre Formosa — concordou outro pai.

Assim, resolveram delatar a Sra. Cai para as autoridades. Dois dias depois, nossa professora sumiu. Ninguém, incluindo os pais dos alunos, soube o que houve com ela. Anos depois, meus pais ainda falavam na Sra. Cai e se culpavam pelo que poderia ter acontecido com ela. Mas, na época, achavam que não podiam fazer outra coisa. Precisavam proteger a família. O medo era muito grande, tanto no campo de trabalho quanto em todo o país.

A vida no campo era difícil. Como os alojamentos ficavam no alto da montanha, a água tinha de ser carregada do rio lá embaixo. Ela era então despejada num grande tanque a céu aberto para todas as famílias usarem. Muitas pessoas adoeciam depois de beber aquela água. A comida era dividida e distribuída semanalmente pela unidade de trabalho de meu pai. A carne era pouca; embora cada família devesse receber dois quilos por mês, às vezes recebíamos a metade. Tínhamos um pequeno fogão de carvão do lado de fora da casa. Todas as noites, assim que meus pais voltavam do trabalho cansados, suados e sedentos, minha mãe fazia o jantar com o pouco de comida que recebíamos. No jantar, a escada do alojamento ficava com cheiro de óleo de cozinha e fumaça dos pequenos fogões, enquanto as esposas e mães conversavam alto.

Para meus pais, a possibilidade de morar juntos em Xangai depois da fase no campo dava forças para aguentar a dureza. Antes de minha mãe vir para o campo, prometeram que, se ela provasse ao Partido sua disposição para "não guardar rancores e suportar o trabalho duro", poderia receber a autorização e mudar para Xangai. Entretanto, ir para o campo havia sido muito duro para minha mãe. Alguns meses antes, em 3 de setembro de 1969, ela dera à luz minha irmãzinha Xiao Jie. Supondo que as condições do campo de trabalho não deviam ser as melhores, meus pais resolveram deixar minha irmã em Xangai com minha avó, que era paralítica, e uma babá.

A situação piorou para minha mãe por ela não ter permissão para ir a Xangai ver a filha. Por dois motivos. Primeiro, porque o *hukou* de minha irmã não era em Xangai, embora tivesse nascido lá. O *hukou* dos filhos tinha de ser o mesmo da mãe, que no caso era Pequim. Em segundo lugar, como meu pai tinha "mudado" de Xangai, mamãe não tinha mais uma ligação oficial com a cidade.

Mamãe sentia muita falta de Xiao Jie. À noite, após o dia todo carregando e assentando tijolos, ela deitava na cama e falava com meu pai da outra filha, contando com quantos meses já estava, imaginando se tinha dentes e como devia ser seu rosto. Quando a chuva caía lá fora sobre as folhas do verão, ela chorava lembrando da última vez que a vira, recém-nascida.

Alguns meses depois que nós chegamos ao campo de trabalho, meu pai fez sua primeira viagem a Xangai para visitar minha avó e, principalmente, ver como estava minha irmã. Pegou um ônibus que levava dois dias até Xongqing, cidade do outro lado da província de Sixuan que era um porto do rio Yang-tzé. De lá, viajou num barco que percorria o majestoso rio até Xangai. A viagem levava mais quatro dias. Quando voltou, trouxe as coisas mais lindas que eu já tinha visto até então: balas embrulhadas em papel colorido e biscoitos com um cheiro maravilhoso.

— Olha, Wei, essas balas e biscoitos precisam durar bastante, até a próxima vez que eu for a Xangai. Toda semana você vai ganhar um pouco. — Baba guardou-os em duas latas de alumínio que colocou no armário sob a gaveta da escrivaninha.

Nas semanas seguintes, minha maior alegria era ganhar balas e biscoitos dos meus pais até o dia em que descobri algo incrível: se tirasse a gaveta do alto do armário trancado, eu alcançava as latas. Comi o quanto quis e o mais depressa possível. Meus pais acabaram descobrindo, ao encontrarem as latas vazias. Ainda lembro como me olharam, suspirando. Entendi, então, que os havia entristecido, porque não poderiam me dar mais balas por muitos meses.

Quando o inverno chegou novamente, Baba foi para Xangai. Meus pais e eu descemos a trilha da montanha numa manhã clara e fresca para levar Baba até o ponto do ônibus. Como todas as crianças Miao, eu carregava minha pequena cesta nos ombros como se fosse uma mochila. Tinha guardado quatro tangerinas, distribuídas pelas unidade de trabalho, para meu pai levar na viagem. Meu coração estava cheio de ansiedade e curiosidade pelo que ele me traria dessa vez.

Um dia, que parecia meses depois que Baba viajara, cheguei do jardim de infância e encontrei os cômodos onde morávamos cheios de gente. Falavam alto e riam. Passei curiosa pelas pessoas e fiquei contente de ver meu pai no centro da sala. Ele tinha acabado de chegar de Xangai.

— Venha aqui, Wei, ver sua irmãzinha — disse uma vizinha grande e barulhenta, que se abaixou para ficar quase na altura do meu rosto.

Eu sabia da minha irmã, mas não conseguia lembrar nada sobre ela. Só mais tarde, à noite, depois de meus pais muito insistirem em me fazer lembrar dela, recordei-me vagamente de um dia me debruçar na janela e ver minha mãe chegando com um bebê.

Mas lá estava meu pai no meio da sala, segurando uma criatura muito pequena, de cabelos curtos e espetados. Dava a impressão de que o bebê tinha acabado de acordar. Parecia meio confuso, depois virou-se para a vizinha barulhenta e disse:

— Ma-ma.

— Não, *esta* é a sua mãe. — A vizinha ficou sem jeito e puxou minha mãe do meio das pessoas.

Todo mundo riu muito.

Apesar de, conforme o prometido, eu ganhar mais balas embrulhadas em papel celofane, fiquei desapontada. De repente, toda a atenção era para Xiao Jie, minha irmãzinha. Meus pais nem tiveram tempo de dizer quantas balas eu podia comer. Mas Baba havia trazido mais uma novidade: macarrão amarelo, feito com ovos. Eram lindos, se comparados com os preparados com grãos mistos que eu estava acostumada a comer, além de ter um cheiro delicioso. Infelizmente, eram só para minha irmã, pois era muito pequena e precisava dos nutrientes do macarrão. Mas o ciúme que senti durou pouco. Logo Xiao Jie estava andando e fiquei ansiosa para fazer o papel de irmã mais velha.

Em Nanxuan, a primavera era a estação mais linda, quando as azaleias floriam de uma montanha a outra. Durante semanas, as verdes montanhas ficavam cobertas por um tapete vermelho, espesso e farto. Foi nos campos de azaleias que aprendi a gostar de minha irmãzinha. A infância para mim será sempre o toque das pequenas mãos dela, o riso de nossos pais e o cheiro doce das azaleias.

O clima no sudoeste da China é muito úmido. Por isso, os habitantes dessa região adotam uma alimentação muito apimentada, a famosa cozinha de Sichuan, para estimular a circulação e o suor. O verão lá é tão quente que os operários nos campos de trabalho só podiam trabalhar de manhã. No final da tarde, quando os efeitos do que eles chamavam de "venenoso sol" amenizavam, mamãe e Baba nos levavam para nadar.

No verão, o rio que passava no sopé da nossa montanha era a nossa salvação. O trecho aonde íamos não era muito largo, embora a correnteza no meio às vezes fosse bastante forte. O rio tinha enormes rochedos espalhados, fazendo com que nadar fosse uma aventura perigosa se não se tomasse cuidado. Por isso, nossos pais não deixavam que entrássemos muito rio adentro. Xiao Jie e eu não sabíamos nadar muito bem, mas adorávamos brincar nas margens rasas. De vez em quando, eu procurava flores silvestres nas montanhas ao redor. Os garotos corajosos pulavam da enorme rocha na correnteza branca do meio do rio, vinham à tona vitoriosos, em algum ponto do rio, e eu batia palmas de prazer. Para mim, o rio era frio, transparente e lindo e, de vez em quando, me perguntava o que havia rio acima.

— Não sei. Acho que algumas cidades e aldeias — respondia mamãe.

Infelizmente, logo descobrimos o que havia lá. Em setembro de 1971, a estação das chuvas chegou mais cedo, assim que o verão terminou. Choveu forte durante muitos dias e noites. Junto com a chuva, veio uma epidemia de hepatite. Muitas pessoas no campo de trabalho achavam que a doença era causada pela fábrica de produtos químicos que despejava dejetos na água que usávamos para beber. As autoridades jamais confirmaram isso, mas a fábrica foi fechada dois anos depois.

No campo de trabalho, tínhamos um pequeno consultório e um médico. O hospital mais próximo ficava "a muitas montanhas de distância". Primeiro, pedia-se que as famílias tratassem os doentes em casa. Mas a hepatite logo se alastrou, e se tornou muito perigoso deixar os cuidados e o isolamento dos doentes a cargo das famílias. Os engenheiros do exército armaram para os doentes um acampamento com diversas tendas militares.

A primeira a adoecer na minha família foi Xiao Jie. Uma tarde, ela teve febre alta e sintomas da doença. Imediatamente, meus pais perceberam o perigo, pois minha irmã tinha apenas dois anos. Mamãe vestiu a capa de chuva e saiu correndo em busca do médico. Baba ficou conosco e cuidou da febre de Xiao

Jie colocando toalhas mornas na testa dela. Mas ela não melhorava. Chorava e se contorcia de dores.

— Wei, volte para seu quarto e não venha mais aqui. Você também quer pegar a doença? Volte para lá! — gritou Baba para mim.

Voltei para o quarto que dividia com minha irmã, mas deixei a porta entreaberta para ver e ouvir o que acontecia no quarto de meus pais.

Mamãe voltou algum tempo depois, encharcada de chuva.

— O que disse o médico? — perguntou Baba.

Mamãe aninhou Xiao Jie nos braços. Minha irmã estava ficando rouca de tanto chorar. As lágrimas escorriam pelo rosto de minha mãe.

— O único médico está de plantão no acampamento dos doentes. Nem ele nem o assistente podem vir aqui. Estão totalmente dedicados aos pacientes do acampamento.

— E remédio? Podemos dar alguma coisa para baixar a febre?

— Eles têm penicilina, mas só para os pacientes do acampamento. A doença se espalhou por toda a região e os remédios estão acabando. O acampamento pode receber Xiao Jie amanhã cedo, mas não hoje. Os médicos descalços das aldeias próximas foram para casa descansar.

Médicos descalços eram camponeses que receberam noções básicas de medicina para cuidar da saúde dos habitantes das regiões mais remotas.

Acho que nenhum de nós dormiu direito naquela noite. Meus pais só podiam colocar toalhas mornas na testa de Xiao Jie, na esperança de que a febre diminuísse com a transpiração. Durante a noite, ela ficou calada. Estava completamente afônica e com o rosto muito corado. Mamãe e Baba passaram a noite segurando-a no colo, revezando-se. De manhã, minha mãe levou-a para o acampamento dos doentes e ela estava com os olhos vermelhos de chorar.

Nos dois dias seguintes, mamãe não dormiu muito. Como minha irmã estava mal, o médico colocou-a no isolamento e proibiu visitas. Mamãe ficava acordada quase toda a noite, andando pelo apartamento, pensando em como estaria minha irmã, rezando e esperando que melhorasse. Estava pronta para sair, se soubesse que o pior tinha acontecido, e ficar ao lado de seu leito. Nessas noites, Baba consolava mamãe, que chorava. Eu ficava na cama ouvindo a chuva incessante batendo na janela e, olhando no escuro, esperava ver logo minha irmã.

Três dias depois, meus pais receberam a boa notícia de que minha irmã tinha saído da fase crítica e que poderiam visitá-la. Quando voltaram, estavam muito felizes e não paravam de dizer como ela estava bem.

— Quando vou encontrá-la? — perguntei, assim que eles voltaram na chuva.

— Não sabemos, talvez demore. O médico disse que ela precisa ficar no isolamento antes de se misturar com os outros doentes.

— Posso visitá-la com vocês?

— Não, não queremos que você adoeça — respondeu minha mãe, áspera.

Naquela tarde, apesar dos cuidados de meus pais, eu também fiquei com hepatite. Talvez por ser mais velha que minha irmã, ou porque morar nas montanhas me deixara mais forte, não fiquei tão mal quanto ela. Precisei ir para o acampamento, mas não para a unidade de isolamento. Quando cheguei ao setor pediátrico com mamãe, vi que todos os meus colegas do jardim de infância estavam lá. Muitos, amarelos e inchados.

No final do mês, quase todos os integrantes do campo de trabalho estavam doentes e precisaram ir para o acampamento. A falta de médicos, enfermeiras e remédios tinha atrasado a recuperação de muitos pacientes. Os médicos quase só podiam se preocupar em reduzir o número de mortes. Contava-se que, naquele ano, a epidemia tinha atacado toda a província e que o governo central tinha organizado a entrega de remédios de emergência para ajudar na luta contra a hepatite. Infelizmente, como Nanxuan era muito longe das cidades maiores da província, os remédios demoravam a chegar até nós.

No segundo mês, as mulheres que não adoeceram tiveram de cuidar dos doentes. Minha mãe se apresentou como voluntária, em parte para estar perto da família, já que meu pai também tinha adoecido. O acampamento funcionou cerca de três meses. Os remédios finalmente chegaram e quase todos os doentes se recuperaram. Quando tive alta, fiquei triste. Acabaram-se as brincadeiras e as aulas recomeçaram. A vida voltou ao normal. Só que agora o jardim de infância parecia entediante.

No final de 1971, chegou ao campo de trabalho a notícia da morte de Lin Biao, ministro de Defesa e vice-presidente da China. Era também o braço direito de Mao e o sucessor escolhido por ele. Minhas lembranças mais antigas da infância incluem a imagem do vice-presidente Lin acenando com o pequeno livro vermelho de Mao. Disseram-me que ninguém gostava mais do dirigente Mao do que o vice Lin.

A versão oficial da morte de Lin Biao foi que ele planejava matar Mao. Sem sucesso, tentou fugir para a União Soviética junto com o filho e o avião em que viajavam caiu na Mongólia.

A morte dele surpreendeu muita gente, incluindo meus pais. Lembro de vizinhos e amigos virem à nossa casa após a notícia.

— Quem imaginava que Lin Biao ia conspirar para derrubar o dirigente Mao? Eu achava que ele era o mais fiel seguidor de Mao — disse a nossa vizinha grande e barulhenta.

— Por isso é que o seu disfarce era tão bom, e o dirigente Mao fez bem em estar alerta. Ele sempre disse que "temos de estar atentos àqueles que têm mel na boca e uma faca na mão" — disse outra vizinha.

Lin Biao era o tipo mais perigoso. Conseguiu enganar o país todo com as frases que sempre repetia: "Tenham sempre em mãos o livro vermelho de Mao" e "viva o camarada Mao".

Anos depois, após a morte de Mao, soubemos que a morte de Lin Biao criara um vácuo no poder, pois Mao confiava muito nele e em seus amigos. Com a morte dele, e com quase todos os representantes da autoridade federal denunciados por serem contra a Revolução Cultural, Mao quase perdeu o controle da mais poderosa força política chinesa: os militares. Teve de aceitar de volta os agentes caídos em desgraça e que ainda tinham muita influência no exército. Pouco depois, Deng Xiaoping "sairia das montanhas".

Quando a primavera chegou a Nanxuan, nossa vida mudou outra vez. As instalações militares secretas estavam prontas, só que não tinham mais utilidade. Nessa altura, a Revolução Cultural tinha custado caro à economia do país. O padrão de vida do povo caiu mais ainda. Mao percebeu também que, se a vida do povo não melhorasse, podia criar-se um clima de insatisfação e até uma revolta poderia ser deflagrada. Mudando totalmente sua orientação política, Mao mandou os intelectuais voltar para as cidades e cumprir suas tarefas normais. Os campos de trabalho foram fechados.

Mamãe esperava que, depois de passar quase três anos no campo de trabalho, teria direito de morar em Xangai com meu pai. Mas, apesar das promessas feitas, não conseguiu a autorização.

— Infelizmente, o setor de transferências de trabalho é controlado pelo governo central — foi o que disseram a ela com frieza. Mamãe ficou muito preocupada e nervosa. Tinha de voltar à sua antiga unidade de trabalho em Pequim. Então, resolveram que minha irmã e eu iríamos para Pequim com ela e estudaríamos lá. Meu pai voltaria para sua unidade de trabalho em Xangai e tentaria vir para Pequim depois.

A primavera passou rápido, enquanto todas as famílias se preparavam para as longas viagens de volta para casa. Algumas desistiram do *hukou* de suas cidades para ficar em Nanxuan, e, por isso, os que iam embora convidaram-nas para jantares de despedida. Um deles era Xiao Li, um bonito e jovem soldado do exército que se casara com uma moça da etnia Miao. Ele ficara muito amigo do meu pai nos dois últimos anos que passamos lá. Na nossa casa, tínhamos apenas os móveis essenciais, fornecidos pela unidade de trabalho. Não eram de boa qualidade, por isso não valia a pena levá-los para Pequim. Meus pais deram tudo para Xiao Li mobiliar sua casa e ele ficou muito grato.

Dez anos depois, ele foi a Pequim e nos visitou. Esperei ansiosa que chegasse. Ainda lembrava do bonito jovem de pele clara e macia. Mais uma vez, lembrei-me das montanhas de azaleias vermelhas e rios de águas claras. Quando ele finalmente chegou, não acreditei no que vi. Estava com o rosto escuro e áspero.

Embora fosse uns quinze anos mais jovem que meu pai, parecia mais velho que ele.

Xiao Li disse que ainda era grato pela gentileza de meus pais. Trouxe lindas palmilhas feitas à mão com estampas típicas dos Miao: eram um presente tradicional para os sapatos ficarem mais confortáveis.

— Foram feitas por minha esposa. Uma é para a irmã mais velha — disse, olhando para minha mãe, que nos trazia chá —, e uma, para você, velho Liang.

— Estas são para as meninas. Espero que sirvam, porque minha esposa não sabe o tamanho que estão usando.

Ele bebeu o chá. Nós olhávamos para ele, sentados em volta da mesa. Cada um pensava uma coisa, voltando a dez longos anos atrás. Tentei lembrar do jovem que costumava fazer as refeições no nosso apartamento e para quem eu gostava de mostrar como sabia ler bem.

— O chá está muito bom — elogiou ele, fazendo sinal com a cabeça para meu pai. Contou-nos que queria voltar com a família para Xangai, pois assim o filho poderia frequentar uma boa escola e ter um futuro.

— Falei com muita gente em Nanxuan, em Xeng-du, capital da província de Sixuan, e em Xangai, mas ninguém quis ajudar. Disseram-me que abri mão do meu *hukou* de Xangai e que agora eles não podem fazer nada. — Bebeu mais um pouco de chá e prosseguiu. — Disseram também que meu filho nasceu em Nanxuan e que o *hukou* de nossa família era lá, e, portanto, é lá que temos de passar o resto da vida. Mas, se ficarmos, meu filho não terá futuro; com as escolas de lá, ele não conseguiria nem chegar ao ensino médio.

Depois que ele foi embora e o chá esfriou, meus pais conversaram muito sobre os anos no campo de trabalho, aquele jovem e o destino de outras pessoas que havíamos conhecido lá.

— Ele não devia ter recusado o *hukou* de Xangai — disse minha mãe, assim que Xiao Li foi embora. — Vale ouro. — Depois, virou-se para meu pai, que retirava da mesa o bule de chá e as xícaras.

— Lembra como foi difícil para eu mudar para lá? E eu tinha formação superior altamente qualificada! Moramos separados durante doze anos.

— No final, tive de trocar meu *hukou* de Xangai com alguém de Pequim para vir para cá. Uma permanente para morar em Xangai vale mais do que ouro — concordou meu pai.

— Mas não foi culpa dele. Ninguém sabia o que ia acontecer no país. Primeiro, foi o "Grande salto para a frente", quando o povo foi fabricar aço. Depois, foi "Deixai que cem flores desabrochem", quando se devia criticar as falhas do Partido — continuou Baba, zangado.

— E, se você criticasse, era preso pelo Movimento Antidireitista — acrescentou mamãe.

— Depois, foi o "Subir as montanhas e descer ao campo" — disse eu, lembrando-me dos irmãos e irmãs mais velhos de meus amigos que foram trabalhar em remotas Comunas Coletivas do Povo durante a Revolução Cultural.

— Uma hora você era vermelho; outra, era preto. Fomos enviados para o campo de trabalho e, três anos depois, fomos mandados de volta. Era a revolução, a reorganização de toda a sociedade. Como todos nós, Xiao Li queria apenas viver. Fez o que pôde — concluiu Baba.

Vermelho era a cor boa, do comunismo. Preto era ruim, sinônimo de capitalismo. Durante a Revolução Cultural, as pessoas eram rotuladas de vermelhas ou pretas, conforme suas origens. Vermelhos eram os camponeses, operários, funcionários revolucionários e seus filhos. Havia nove tipos de pretos, incluindo os donos de terras, os capitalistas, os "intelectuais fedorentos" e seus filhos. Outra categoria de preto era o "espião", que, de maneira geral, incluía qualquer pessoa que tivesse ligações com outros países. As pessoas "pretas" se tornaram alvo da Revolução Cultural. Muitas foram afastadas de seus empregos e enviadas para campos de trabalho, presas ou até assassinadas.

Meus pais ficavam sempre muito tristes ao lembrar como a Revolução Cultural destruíra a vida de amigos e colegas deles. Pensavam neles próprios e como teria sido se não tivesse havido a Revolução Cultural. Muitos "se" vinham à mente.

Finalmente, o verão chegou a Nanxuan e, com ele, o dia da nossa partida. Alguns pais de amigos meus, incluindo Xiao Li, vieram nos ajudar com a mudança.

Preferimos sair de manhã cedo para evitar o sol muito quente. Na verdade, saímos tão cedo que ainda havia uma névoa sobre o cume das montanhas. Dois jovens fortes puxaram carroças carregadas com nossos pertences, enquanto outros cinco levavam as bagagens menores. Xiao Jie ia no colo de mamãe e Baba segurava uma caixa de papelão com louças de barro numa mão e eu na outra. Tive de deixar minha querida cesta, já que não iria usá-la em Pequim.

Fomos descendo lentamente a montanha, ouvindo o rio correr lá embaixo no vale. Olhamos em volta e havia verde até onde a vista podia alcançar. Flores silvestres surgiam aqui e ali. Enquanto descíamos, o campo de trabalho onde moramos por três anos foi sumindo de vista. Dali a pouco, vimos a estrada no sopé da montanha. Tínhamos percorrido a trilha pela última vez.

A bagagem foi colocada na capota do ônibus e nos despedimos dos que nos ajudaram. O ônibus deu partida. Virei-me, olhei pela janela traseira... e vi uma menina descendo a montanha com uma pequena cesta nas costas, sozinha, cercada de inúmeras azaleias flamejantes.

Capítulo 2

Carinha branca

Começamos hoje nossa viagem por fortalezas magníficas
e uma longa estrada dura como aço.

Mao Tsé-Tung, 1935

Quando voltamos para Pequim, minha mãe descobriu que o trabalho e a moradia dela tinham sido confiscados.

Enquanto os intelectuais estavam nos campos de trabalho, um novo movimento chamado "Ajude a esquerda" invadiu as cidades. Os integrantes do exército mudaram-se para alojamentos do governo e universidades para apoiar a rebelião da Guarda Vermelha, que tinha assumido o controle do país. Assim, do verão de 1972 à primavera de 1973, os intelectuais voltaram cheios de esperança para as cidades e descobriram que não tinham onde morar com suas famílias. E, apesar da volta deles, a China continuava ocupada com a revolução. A maioria dos empregos burocráticos tinham sido eliminados. As fábricas estavam funcionando, mas sob a direção da Guarda Vermelha ou dos líderes jovens do Partido Comunista.

Fomos obrigados a passar meses numa hospedagem provisória e, por causa dessa incerteza, minha mãe mandou minha irmã passar um ano com nossos avós em Formosa. Pela segunda vez, mamãe teve de desistir da filha caçula.

Meses depois, ela finalmente conseguiu um emprego como administradora de um programa de reeducação, instalado num campus abandonado no final do bairro universitário de Pequim Oeste. Antes da Revolução Cultural, a universidade tinha formado muitos diplomatas chineses. Depois, foram fechadas. Os jovens foram enviados para trabalhar nos campos dos Coletivos do Povo e ser educados por camponeses revolucionários.

Enquanto os jovens eram reeducados no campo, os intelectuais continuavam a ser reabilitados na cidade. Muitos programas, chamados *Xuexiban* (aulas de aprendizado), foram criados para ensinar aos intelectuais que voltavam o pensamento marxista, leninista e maoísta. "O pensamento reformista é uma longa marcha de 10 mil quilômetros", disse Mao. Depois de trabalhar no campo, minha mãe achava essas aulas inúteis, mas não difíceis.

Enquanto ela exercia suas novas funções, fui para a escola primária na aldeia de Dayouzhuang, que, em chinês, significa "a aldeia que tem muito"; mas o nome estava longe da verdade, pois lá não tinha quase nada. A rua principal era um caminho sujo com apenas duas lojas: uma pequena mercearia que vendia temperos, especiarias, sabão e até toalhas e travesseiros. Em frente, ficava uma quitanda com frutas, legumes e, de vez em quando, carne. Em geral, o balcão de carne estava vazio.

Minha escola era no final oeste da aldeia, numa tradicional casa chinesa com pátio que, antes de 1949, pertencia ao proprietário das terras. Quase todos os alunos eram filhos dos camponeses das aldeias próximas. A qualidade de ensino era péssima e os alunos tinham fama de praticar delitos e desordens. Infelizmente para mim, a unidade de trabalho de minha mãe ficava nessa jurisdição.

Nossas salas não tinham aquecimento, e quando o inverno ficava brutalmente gelado, de dezembro a fevereiro, cada sala recebia um pequeno fogão. Depois das aulas, os alunos permaneciam na escola fazendo bolas de carvão para abastecer esses aquecedores. Nossas mãos e rostos rachavam sob o uivante vento mongol, quando sentávamos na escada do pátio tentando fazer bolas perfeitamente redondas. Depois que ficava muito escuro para continuarmos, meus colegas e eu íamos, com as mãos negras, para casa ver que mágica nossas mães tinham feito com a única coisa que comíamos durante todo o inverno: repolho.

Mas a maioria dos meus colegas, filhos dos camponeses, não tinha nem repolho o bastante para comer. Só os privilegiados funcionários do governo recebiam quatro quilos de repolho para cada um de seus familiares, pelo inverno todo. Como meu pai morava em Xangai, o dia de receber nosso quinhão era sempre um grande acontecimento para mamãe. Começava alguns dias antes, com ela e seus colegas de trabalho arrumando a carroça para trazer os repolhos. Na época, a maior fila de Pequim era no local da distribuição; lembro-me de esperar metade do dia para entregar nosso cupom e metade para trazer os repolhos. Minha mãe e eu colocávamos os repolhos em cestas e os guardávamos do lado de fora das janelas. Então, ela passava os dias seguintes fazendo conserva de repolho enquanto eu contava as "flores de gelo" na janela. Nossa sala-cozinha, um dos dois cômodos que couberam a ela, ficava cheia de jarros de barro com conservas. O cheiro era horrível e todos os dias, quando voltava da escola, eu parava na porta para meu nariz se acostumar com ele. Para garantir que a conserva ia durar o inverno todo, minha mãe fazia sopa em quase todas as refeições. Durante anos, sempre que chegava o inverno, ou quando sentia um vento frio, eu me lembrava do cheiro de conserva de repolho cozida.

Mesmo assim, gostava do inverno. Era a época em que o chão ficava gelado e os camponeses se juntavam em volta dos fogões a carvão. O programa de reeducação para crianças em idade escolar *Xue Nong* ("aprender com os camponeses", em chinês) era interrompido no inverno. No Norte, onde o clima era muito frio e os campos menos férteis do que no Sul, a maioria das Comunas Coletivas do Povo cultivava trigo ou milho. O trigo era plantado assim que cessavam as ameaças de geada e colhido em agosto. Em virtude dos invernos muito longos, os camponeses não podiam produzir muito depois da colheita e, assim, a prosperidade e o padrão de vida ali eram sempre inferiores aos do Sul.

O *Xue Nong* começava em ritmo rápido no verão e terminava após a colheita. Era sempre um grande acontecimento, já que o Partido e os comitês distritais avaliavam o desempenho de cada escola. Antes de os alunos irem para o campo, havia sempre uma "sessão de aquecimento" em que nossos professores indicavam as metas e regras, além de repetir os ensinamentos de Mao sobre o aprendizado com os camponeses.

— Nosso grande líder, o dirigente Mao, diz que "o principal em relação ao Partido Comunista Chinês não é o problema do operário, mas do camponês". O camponês é a base da nossa revolução — lembrou nossa professora. E prosseguiu: — Por isso, nosso dirigente Mao conclamou a juventude de nosso país para que se reeducasse, indo "montanha acima e campo abaixo". Milhões de jovens atenderam ao apelo do nosso grande líder e, entusiasmados, foram trabalhar nas Comunas Coletivas do Povo. Vocês também precisam voltar às raízes dos valores revolucionários, pois, como disse nosso amado dirigente Mao, "aprender com os camponeses é uma reeducação que deve começar cedo na vida". Amanhã, iremos à Comuna Coletiva do Povo número catorze para ajudar nossos tios e tias camponeses na colheita do trigo.

Nossa professora, Srta. Chen, continuou a aula:

— A maioria de vocês vêm de famílias camponesas. Devem, portanto, brilhar em *Xue Nong*. É o momento de mostrar aos mais idosos que estão mantendo as tradições vermelhas que herdaram. Para os poucos alunos que não tiveram a sorte de ter antepassados assim, é hora de aprender com os tios e tias camponeses e desenvolver o espírito comunista. De qualquer modo, quero que trabalhem bastante no campo amanhã, não envergonhem a si mesmos nem a escola! No ano passado, ficamos em terceiro lugar no nosso distrito. Este ano, queremos melhorar e superar a campeã do ano passado, a escola primária Portão Norte do Palácio!

De chapéu de palha e sandálias de plástico com os dedos de fora, balançando os braços para cima e respirando o cheiro de fezes humanas e estrume usados para fertilizar os campos, eu estava sempre disposta a cantar hinos revolucionários a plenos pulmões. Marchamos pela aldeia enquanto uma menina de rosto moreno e olhos alongados, que carregava um bebê nas costas, olhava para nós, sentada numa escadaria de madeira. Seguimos por trilhas amarelas e sujas no meio do campo. Ao passarmos, as mulheres que trabalhavam debruçadas sobre a plantação às vezes esticavam o corpo e esfregavam as costas. Jovens camponeses sentados preguiçosamente nas carroças puxadas por cavalos nos olhavam enquanto comiam sementes de girassol. O carroceiro brandia o chicote e gritava:

— Vamos, vamos. — Os cavalos urinavam e defecavam ao passar por nós.

Ao meio-dia o sol estava bem quente e eu já estava transpirando antes de chegar aos trigais. Mas não enxugava o suor. Queria muito ser uma aluna-modelo no campo. *Xue Nong* era um desafio para mim. Alguns dias antes, havíamos ido a outra Comuna Coletiva do Povo para ajudar na colheita do trigo. Eu mal conseguia segurar o enorme *Lian Dao*, o facão com lâmina curva, quanto mais cortar alguma coisa com ele. Os camponeses de lá não me queriam por perto, diziam que eu atrapalhava. Meus colegas riam de mim enquanto manejavam o facão com perícia.

Nesse dia, fomos a um campo onde o trigo já tinha sido colhido. Nosso trabalho consistiu em recolher pedaços e restos de espigas que os camponeses deixaram cair. A professora fez cada aluno cobrir um raio de dois metros. Depois, a fila seguia em frente, todos ao mesmo tempo. Colhi o mais rápido que pude, bem atenta, com medo de perder uma única espiga. No final do dia, meus olhos estavam secos como o deserto e eu era a última da fila. Meus colegas já tinham chegado ao final do campo e eu ainda estava colhendo sob o sol escaldante. Minha mãe suspirou ao fazer curativos nas minhas mãos e braços feridos, espetados pelas pontas das espigas. Nos três anos seguintes, fui sempre a última nas aulas de *Xue Nong*. Meus professores me chamaram a atenção e avisaram da minha tendência a ser uma "fedorenta princesa capitalista".

Outra parte de "aprender com os camponeses" era o *Kang Shuang* ou "lutando contra a nevasca", que exigia um esforço físico que nem alguns filhos de camponeses conseguiam fazer. O outono é curto em Pequim. O inverno e, portanto, a nevasca chegam logo e sem aviso. A nevasca prejudicava principalmente os repolhos, se ainda não tivessem sido colhidos. Assim, o *Kang Shuang* passava a ser função e prioridade de todos. Quando vinha a primeira nevasca, funcionários de escritórios e crianças em idade escolar eram requisitados para ajudar na colheita e armazenamento do repolho.

Uma manhã de nevasca em Pequim podia ser gélida e escura. Quando chegamos às plantações de repolho, muitas pessoas já estavam trabalhando. Lamparinas a óleo eram acesas e dependuradas em colunas altas no meio do campo. Camponeses-supervisores balançavam suas lamparinas e gritavam para as pessoas irem mais rápido. Num desses dias, meus colegas e eu fizemos fila para recebermos os repolhos nos braços e depois levá-los para serem estocados e cobertos com plástico.

— Você consegue mesmo carregar três? — perguntou o camponês para mim.

— Consigo — garanti. Eu queria muito mostrar que era tão eficiente quanto qualquer menino camponês.

— Basta levar dois, você não está nem usando luvas — disse ele, colocando dois enormes repolhos nos meus braços estendidos.

Os repolhos estavam gelados. Comecei a andar e senti as mãos perdendo o tato. Naquela manhã, minha mãe tinha esquecido de me dar as luvas de inverno, embora não fossem adiantar, pois não eram impermeáveis. Dali a pouco, as folhas dos repolhos degelaram e a água empapou as mangas do meu casaco. Atrás de mim, minha professora gritava:

— Não parem de correr, o tempo vale ouro.

Os camponeses, balançando lamparinas a óleo, também gritavam:

— Corram, corram! — Ou: — Mais rápido, mais rápido!

Corri o quanto pude, tentando não cair no escuro. Lá longe, as chamas das lamparinas a óleo luziam como olhos cansados tentando se manter acordados. Os camponeses estocavam os repolhos em grandes pilhas e depois cobriam tudo com plástico. A umidade logo penetrou no forro do meu casaco. Senti as calças grudar cada vez mais nas minhas pernas. Estava com os cabelos molhados e, provavelmente, congelados. Não sentia mais as mãos. Depois de entregar os repolhos, limpei meu nariz com a manga do casaco. A ponta estava mais macia por causa da respiração e logo ficou vermelha e ferida.

No dia seguinte, eu e muitos colegas estávamos com febre alta. Muitos adoeceram. Fiquei de cama cuidando do resfriado enquanto o rádio contava histórias heróicas de *Kang Xuang* e os ótimos resultados obtidos. Centenas de *jin* (meio quilo) de repolhos foram salvas nas Comunas Coletivas do Povo Tal e Tal e, assim, nossa alimentação durante o inverno estava garantida.

Como eu não era filha de camponeses, meus colegas me chamavam de "carinha branca", uma imagem vinda da ópera chinesa tradicional que representava os espertos que vivem à custa dos camponeses vermelhos. Para meus colegas, não fazia diferença que meus pais fossem membros do Partido Comunista. Afinal, aqueles meninos e meninas tinham apenas dez anos e odiavam porque foram ensinados a odiar: meus pais eram intelectuais, e portanto meu sangue não era tão vermelho quanto o daqueles colegas. Levei anos para lhes perdoar e aceitar que eram apenas crianças inocentes tentando fazer o jogo dos adultos. Infelizmente, a inocência às vezes também pode matar.

O problema começou numa manhã de inverno, quando cheguei na sala de aula. Vi alguns meninos já em suas carteiras, parecendo agitados. Como sempre, entrei de cabeça baixa e sentei em silêncio na minha carteira. Tirei todos os livros da pasta e enfiei-os sob a carteira. Mas eles não cabiam. Vi então que a carteira estava cheia de cinzas de carvão. Os garotos atrás de mim riram, satisfeitos.

Não virei para trás, continuei de cabeça baixa. Tentei ignorar os cochichos e risos, mas ouvi tudo. Outros colegas chegaram. Aumentaram os cochichos e risos.

— Ela merece — disse uma menina.

— Vamos ver o que vai fazer. — Mais risos satisfeitos.

Sem saber que atitude tomar, coloquei os livros no colo.

A sineta tocou e nosso jovem e musculoso professor de ciências entrou na sala. Imediatamente, o representante de classe gritou:

— De pé!

Mas eu não podia me levantar, com todos os livros no colo.

— Por que não se levanta? — perguntou o professor, parando ao meu lado e olhando bem para mim.

Todas as lágrimas e a tristeza que tentei conter irromperam. Lágrimas grossas pingaram nos meus livros cuidadosamente empilhados.

— O que foi? — o professor chegou mais perto e perguntou, gentil.

Eu não conseguia falar, estava sufocada de lágrimas. Olhei para a carteira e mais lágrimas escorreram.

— Alguém pode me dizer o que há? — perguntou, ríspido, o professor para a classe.

Só se ouviam os meus soluços.

Depois do que pareceu ser uma eternidade, uma vozinha quase inaudível disse:

— Colocaram carvão na carteira dela.

O professor viu a carteira cheia de cinza.

— Quem fez isso? Quem? — perguntou, em voz alta, com o rosto enrubescendo. — Seus pequenos idiotas. Melhor confessarem. Se eu descobrir quem fez, vocês vão pagar. Pagar caro. Podem ter certeza de que vou descobrir... e vocês vão se arrepender. Se pensam que podem fazer isso na minha presença, estão enganados! — A voz dele virou um berro e o rosto ficou mais vermelho. — Quem vai me ajudar a limpar a carteira?

Um robusto menino camponês se adiantou. Os dois carregaram a carteira para fora da sala e jogaram o carvão no pátio. Enquanto estavam lá, senti que a classe inteira olhava para minhas costas e cochichava. Sabia que muitos estavam se divertindo com aquilo. Sentei na carteira, humilhada. Mas eu estava com raiva só de mim. Gostaria de ser mais forte para me defender. Uma voz alta dentro de mim, no tom que minha mãe usava, disse para eu parar de chorar. Mordi os lábios e apertei bem as mãos, mas não consegui conter as lágrimas.

A partir desse dia, passei a sentar na primeira fila, que foi meu lugar nos três anos seguintes. A cinza continuou aparecendo na minha carteira, mas eu não chorava nem contava para o professor. Um dia, quando entrei na sala e achei mais cinza, simplesmente virei a carteira e joguei a cinza na frente da classe. O professor de geologia perguntou o que estava acontecendo. Olhei bem para a frente e não respondi.

Então, pararam com as cinzas. Talvez por eu mostrar que não me incomodava, a brincadeira deixara de ter graça. Mas a batalha passou para fora da sala, onde podiam me causar mais sofrimento.

Sempre participei de atividades extracurriculares na escola. Durante algum tempo, me interessei muito pelo grupo de dança, que ganhou prêmios em concursos nos arredores de Pequim. Fiz até um pequeno papel num filme de propaganda. Os ensaios do grupo costumavam ser cansativos e exigentes. Dois dançarinos profissionais do Grupo Cultural de Música e Dança vinham dar aulas regularmente.

Depois dos ensaios, eu percorria a rua principal da aldeia e às vezes colhia alguns temperos para mamãe, com a pasta dependurada no ombro. O caminho estreito e sujo era ladeado por compridos muros e casas de barro.

— Carinha branca, aonde vai? — Surgiu um rosto no alto de uma casa de barro.

Levei um susto. Olhei para cima e vi o bando de crianças, a maioria adolescentes, sentado num muro. Reconheci dois meninos menores da escola.

Virei-me sem dizer nada e andei mais depressa.

— Você se acha melhor do que nós, não é? Ah, olha só a blusa e as mãos brancas... Ah, olha só a carinha branca capitalista — gritou o menino mais velho. Continuei andando. De repente, algo duro bateu nas minhas costas e perdi o equilíbrio. Ao me virar para ver o que era, outra pedra me atingiu, no braço esquerdo. Senti uma dor aguda e meu cotovelo sangrou.

Corri. Continuei levando pedradas, acompanhadas de risos altos.

Minha mãe quase chorou ao limpar meus machucados. Sentei no meu banquinho e ela se ajoelhou ao lado com uma toalha umedecida em água morna. Num balde no chão, a blusa branca, manchada de sangue, flutuava na água, e o sangue ia se dissolvendo aos poucos.

— Como foi isso? Quem eram esses meninos maus? — perguntou mamãe.

— Não sei. Vi o mais velho na aldeia, mas não sei quem é. Não é da escola.

Mamãe colocou iodo no meu machucado e disse:

— Vai doer, mas faz bem. O machucado vai melhorar logo. E amanhã vou falar com o diretor e descobrir quem são esses meninos.

Minha mãe e a escola tentaram saber quem eram os autores, mas os ataques continuaram. Por mais tarde que eu saísse, o bando parecia estar sempre me esperando, sentado no muro baixo, de barro. Os machucados e cortes mudavam de lugar, conforme o lugar onde as pedras acertavam. Às vezes, quando uma ferida criava casca, outra pedra abria o machucado. Os dias foram esquentando, as moscas e mosquitos aumentaram, e meus ferimentos infeccionaram. Por baixo da nova casca, um pus amarelo e espesso saía e formava uma crosta. Com isso, eu às vezes ficava com o cotovelo inchado e não podia dobrá-lo nem cobri-lo com a manga da blusa.

Minha irmã havia voltado da casa de nossos avós para morar conosco e, no próximo mês de janeiro, quando completaria cinco anos, teria idade para frequentar a mesma escola que eu. Logo ficou evidente o nosso parentesco, e ela também começou a ser atacada. Eu aguentaria mais se fosse contra mim, mas não conseguia ver minha irmãzinha ser empurrada no riacho ao voltar para casa, ou ser xingada apenas por ser minha irmã. Às vezes, eles vinham até nossa casa para irritá-la.

Um dia, eu estava no quarto fazendo o dever de casa quando ouvi minha irmã pedir socorro. Olhei pela janela e vi um bando de valentões da escola empurrando-a no pátio. Eram bem mais altos que ela e tinham o dobro do tamanho. Empurravam-na de um para outro e berravam:

— Quer me bater?

Antes que ela conseguisse se equilibrar, eles a empurravam de novo. Ela caía no chão sujo e chorava mais a cada vez. Aquilo me indignou. Peguei um facão e desci a escada correndo. Mal sabia o que estava fazendo. Só sabia que odiava aquilo e queria que parassem. Um vizinho ouviu meu grito e saiu de casa. Parou-me na escada quando viu o facão e perguntou o que eu ia fazer. Quando saí de casa, gritando, berrando e chorando, ao lado do vizinho, os valentões já tinham sumido. Minha irmãzinha estava machucada e chorando, ao lado de sua corda de pular.

Minha mãe finalmente identificou o líder do bando, um menino que tinha largado o secundário e morava com o avô nos arredores da aldeia. Como não era aluno da escola, os professores não podiam fazer nada. E o avô dele pertencia ao Comitê do Partido da Comuna Coletiva do Povo, que não quis se manifestar. Como o menino tinha um longo histórico de violência, disseram para minha mãe ir à polícia, em vez de falar com avô e neto.

— Pode ter certeza de que nós tentamos, camarada Kang — disseram para ela. — Esse menino é um tigre que ficou grande demais para esta montanha.

Os policiais riram da minha mãe quando ela os procurou.

— O que quer que a gente faça? Alguém morreu? Temos tanto trabalho todos os dias, pegando contrarrevolucionários, e a senhora vem pedir para cuidarmos de uma briga de escola?

Briga de escola pode ser um delito sem importância para a polícia, mas uma faca no coração de uma mãe. Desesperada, ela me levou para falar com o avô do menino, achando que isso o impediria de continuar incomodando a mim e a minha irmã.

Numa tarde nublada, nós duas seguimos pelo caminho enlameado até o final da aldeia. Lá, cabanas baixas, de camponeses, pareciam prestes a desmoronar. Crianças pequenas, sem calças, brincavam com a terra e umas com as outras. Mulheres mais velhas, de cócoras na frente das cabanas, mastigavam ruidosamente sementes de girassol assadas e cuspiam a casca.

Próximo ao campo, havia uma cabana com cheiro de esterco e fezes. Minha mãe bateu na porta meio empenada e ouvimos uma voz suave, de velho. Mamãe abriu a porta devagar e a luz do entardecer entrou no cômodo escuro.

De mão dada com ela, eu vi o homem mais velho que já tinha encontrado. Estava sentado num canto escuro em cima de sabugos secos de milho que eram sua cama. Dentro, a cabana tinha o mesmo fedor de fora. O velho apertou os olhos, tentando enxergar quem tinha entrado na casa dele.

Minha mãe se aproximou e, como não havia nenhum móvel por perto, ficou na frente do velho e explicou o motivo da visita.

— Aquele idiota inútil. Envergonha a família. Deve ser maldição de nossos antepassados. Pagamos pelos pecados que eles cometeram. A pobre mãe faleceu por causa dele, sabia? — O velho acenou com a cabeça, como para mostrar que tinha certeza daquilo.

— Nunca foi bom aluno, repetiu dois anos no primário. Depois, foi expulso do secundário por brigar. Com catorze anos, ele não tem aonde ir nem ninguém o quer. O que fizeram os nossos antepassados? Coitada da falecida mãe. — O velho suspirou.

— Avô, peça a ele, por favor, que pare de atacar minha filha. Ela não fez nada para ninguém — disse minha mãe.

— Sou quase cego, não tenho muita utilidade na Comuna Coletiva do Povo nem em nada. Pelo menos meu neto traz água para casa e me ajuda quando está por aqui. Ele não me ouve mais, se é que um dia ouviu. A coitada da falecida mãe cansou de mandá-lo tomar jeito. Camarada, o que posso fazer? Os pecados de nossos antepassados... a pobre mãe falecida... — O velho ficou repetindo.

Mamãe segurou minha mão e saímos. As nuvens estavam mais densas, parecia que ia chover.

Passei anos detestando a escola. Odiava cada dia que passava lá e odiava voltar para casa. Antes das aulas terminarem, eu guardava os livros quieta. Era como um soldado esperando o comando, ou um atleta esperando o sinal de partida. Assim que a sineta tocava, eu pulava da carteira e saía da sala correndo. Parecia um pássaro voando. Lutava para ser livre. Corria na chuva forte, no vento uivante e na neve espessa. Era o único jeito de escapar dos ataques: sair da escola antes que os valentões tivessem tempo de se ocupar de mim. Mais tarde, no secundário e na faculdade, meus professores de ginástica ficaram impressionados com minha capacidade para correr longas distâncias. No secundário, ao me ver numa competição pela primeira vez, meu treinador disse:

— Você tem muito talento. É uma medalhista de ouro por nascença.

Infelizmente, eu não era boa atleta por talento, mas por vontade de fugir. No primário, eu tinha duas colegas que também eram filhas de intelectuais e sofriam com o bando de uma forma parecida, embora não idêntica. Acho que eles me escolheram porque eu não tinha pai nem irmão para me proteger.

Em casa, o ambiente era sempre aconchegante. Todos os dias, quando chegava da escola, eu acendia o fogão, colocava a panela com mingau e ia fazer o dever de casa na mesa. Minha mãe só chegava duas horas depois. Lá fora, eu via as crianças brincando no pátio, mas eu nunca participava. Lá fora, era frio.

Eu detestava meus professores, porque, embora gostassem de mim, não me ajudavam. Detestava também minha mãe, que parecia fraca demais para me proteger e, acima de tudo, detestava meu pai. Se não fossem as fotos no álbum, teria esquecido como ele era. Todo ano ele aparecia por uns dias e ia embora me deixando sozinha contra o mundo. Nunca estava quando eu precisava que me pegasse na escola, que me ajudasse a enfrentar os valentões, que me desse segurança, que me garantisse esperança e fé de que um dia, em algum lugar, o sol brilharia. Eu me sentia enfrentando o mundo sozinha e, de certa forma, nunca perdi esse sentimento.

Em 1976, meu pai finalmente recebeu autorização para morar em Pequim, e o apartamento foi pintado, as cortinas foram lavadas e os móveis mudados de lugar. Quando saíamos de casa, os vizinhos, amigos e conhecidos confirmavam com minha mãe a notícia que tinham ouvido.

— Lao Liang vai chegar?

— Vai, em julho — respondia minha mãe, alegre.

— Que ótimo. Você vai ter alguém para sustentá-la — diziam, como se minha mãe não tivesse criado duas filhas sozinha e trabalhado por quase dez anos. Doze anos antes, recém-formada na faculdade, usando os cabelos presos em maria-chiquinha, ela era chamada de *Xiao Kang*, que significa Jovem Kang. Agora, na meia-idade, com duas filhas, o rosto com olheiras, as pessoas a tratavam respeitosamente de *Lao Kang*. Velha Kang.

Mas minha mãe não se incomodava. Ela estava apenas contente, esperando a família se reunir. Eu ficava feliz por ela e por mim, pois achava que agora alguém ia impedir que os valentões me perseguissem.

A noite em que meu pai chegou foi mágica, mas ofuscada pelo que ocorreu na manhã seguinte, quando acordei e vi meu pai gritando para mim:

— Acorde, acorde!

Abri os olhos, ele me tirou da cama e saiu correndo comigo no colo.

O teto da casa tremia, a tinta e o reboco das paredes caíam, as lâmpadas quebravam, havia vidros estilhaçados por todo canto. O corredor tinha um eco de tigelas e jarros caindo e sendo pisados pelas pessoas descendo a escada. Em toda parte, gritavam, com medo:

— Terremoto, terremoto!

Lá fora, a uns três metros de distância, estavam muitos vizinhos e minha mãe carregando minha irmã.

— Wei! — Mamãe acenou freneticamente com a mão direita, ao nos ver sair do prédio. Corri para ela. Ela colocou minha irmã no chão e me abraçou como se nunca mais fosse me soltar.

O céu continuava a rodar e o chão, a tremer. Todos ficaram aterrorizados com um barulho alto que vinha do centro da terra para o pátio cercado por prédios de três andares que podiam desabar a qualquer momento. Algumas vidraças estavam partidas. De vez em quando, clarões iluminavam o céu e as pessoas se juntavam, imaginando onde devia ser o incêndio.

Quando os tremores diminuíram, alguns moradores entraram no prédio e trouxeram cadeiras e lençóis. No dia 18 de julho de 1976, a reunião da minha família começou quando sentamos nas cadeiras e nos protegemos embaixo dos lençóis. Juntos, demos as boas vindas ao nascer de um novo dia.

O terremoto, que foi de 7.8 graus na escala Richter, ocorreu às 3h42min. Abalou Pequim e trouxe o caos à cidade, embora seu epicentro tenha sido na cidade de Tangshan, que fica a 200 quilômetros a leste da capital, famosa por sua porcelana e seu carvão. Arrasou completamente a cidade e deixou sob os destroços 250 mil mortos.

Assim que amanheceu, o céu ficou coberto de nuvens e começou a chover. A chuva não parava, e o medo de ocorrerem mais tremores fez com que todo mundo ficasse fora de casa. Como os vizinhos, meus pais prenderam um plástico grande nas pontas de quatro bambus e fizeram um teto para nós. Colocaram também nossa cama dobrável sob o plástico para minha irmã e eu dormirmos um pouco. Mas a chuva aumentou e nossa pequena tenda ficou insegura. A água começou a entrar pelos buracos nas pontas, o chão ficou mais enlameado e nossos lençóis, mais molhados.

Moramos um mês ao relento. Nossos pais pegaram suas economias para comprar plástico maior e mais grosso e para aumentar nossa tenda. Assim que a chuva acabou, o sol apareceu e brilhou por duas semanas. De dia, a temperatura na nossa tenda podia chegar aos 40 graus. À noite, mosquitos entravam por todos os buraquinhos às centenas.

No meio de todo o caos e a loucura, soube que uma amiga querida, Dong Nian, tinha perdido os pais no terremoto. Eles eram colegas de minha mãe e trabalharam em Tangshan no ano anterior. Iam voltar para casa e já estavam num hotel, quando o terremoto começou. Alguns dias após o terremoto, Dong Nian, que tinha onze anos, e a irmã de quinze souberam que o hotel tinha sido arrasado e não havia sobreviventes. Do dia para a noite, as duas ficaram órfãs. Os corpos dos pais nunca foram encontrados. Durante anos, sempre que a via, pensava no dia em que soubera da notícia e como a vida dela devia ter mudado naquela hora. Mas nunca falei dos pais com ela. Vinte anos depois, a vi brincando com o filho ao sol. Parecia contente e feliz, mas, no sorriso, detectei a mesma sombra dos últimos vinte anos.

A escola voltou a funcionar. Mas nada estava normal. Como a estrutura do velho prédio ficara abalada pelo terremoto, passamos mais de duas semanas tendo aulas do lado de fora. Finalmente, em setembro, voltamos para o prédio reforçado e ocorreu o fato que mudou a China e nossas vidas para sempre.

Na manhã de 9 de setembro de 1976, as três rádios da cidade (Central Um, Central Dois e Rádio Pequim) informaram que às quatro da tarde transmitiriam um anúncio importante. Todo mundo ficou imaginando o que seria. Nós nos reunimos na sala para ouvir.

Primeiro, as três rádios tocaram música fúnebre sem parar. Depois, às quatro em ponto, a notícia foi dada:

— O chefe do Comitê Central do Partido Comunista Chinês, fundador e líder da República Popular da China, Mao Tsé-Tung, morreu aos dez minutos de hoje, 9 de setembro de 1976.

Há algum tempo Mao não estava bem de saúde e já havia sofrido dois ataques do coração naquele ano. Até que, em 2 de setembro, outro forte ataque foi demais para seus 83 anos. O chefe de um quarto da população do mundo e de um país maior do que toda a Europa morreu sete dias depois.

A caminho de casa, pensei no que nossa professora tinha dito: que o dirigente Mao nos amara e que devíamos ficar tristes e enlutados com a morte dele. Achei que devia chorar por tão grande homem e pelo líder que tinha salvado a China de ser humilhada pelas forças estrangeiras. Todos os lugares tocavam música fúnebre, mas, apesar de todo o amor que nos ensinaram a ter pelo grande dirigente Mao, não chorei.

Meus pais e os colegas deles se controlaram. As unidades de trabalho organizaram enormes cerimônias para demonstrar luto. Mas não era uma emoção igual à da morte de uma pessoa querida. Com o falecimento de Mao, o povo sentiu como se tivesse perdido um apoio, alguém de quem dependera nos últimos 27 anos estava perdido, assim como qualquer certeza. Durante toda a vida deles, Mao tinha ditado a sorte deles e o destino da China. Com ele morto, as pessoas se preocupavam com o futuro do país e como a situação poderia afetar cada um.

Nas duas semanas seguintes, o país todo ficou de luto. Visitas programadas para se despedir dele provocaram filas imensas no Grande Salão do Povo, onde o caixão de Mao estava coberto pela bandeira do Partido Comunista. Cerimônias fúnebres foram realizadas em todas as unidades de trabalho do país para reconhecer e agradecer os grandes feitos de um grande homem. Artigos nos jornais citavam as grandes conquistas de Mao, como a passagem da China a membro permanente do Conselho de Segurança da ONU e a sua transformação numa potência nuclear.

Na época, eu era considerada uma aluna-modelo na escola, por isso recebi uma tarefa na nossa rede pública de rádio: ler o discurso feito em homenagem a Mao durante seu velório em 18 de setembro. Antes, treinei várias vezes com minha mãe e sozinha para ler certo e de forma profissional. Segura e solene, comecei o discurso.

Mas, a certa altura, comecei a rir. Pode ter sido pelo contraste entre a minha seriedade e a displicência dos outros alunos na sala, ou por causa do treino excessivo, que me deixara enjoada da minha própria voz. Não conseguia parar de rir. O supervisor ficou apavorado e me tirou da sala de transmissão.

— O que você tem? — berrou.

Continuei rindo, as lágrimas pulavam e eu mal conseguia me manter ereta.

— Volte para sua sala! — Ele me arrancou da rádio.

Até hoje não consigo explicar por que fiz aquilo. Foi uma dessas maluquices. Por sorte, não fui punida por demonstrar tendências contrarrevolucionárias. Fui simplesmente despedida.

Menos de um mês após a morte de Mao, foi noticiada a prisão do Bando dos Quatro. O país ficou sabendo que, quando Mao morreu, a mulher dele e três aliados conspiraram para derrubar o Comitê Central do Partido e Hua Guofeng, primeiro-ministro da China e sucessor escolhido por Mao. Primeiro, três aliados de Madame Mao, Wang Hongwen, Zhang Chunqiao e Yao Wenyuan, foram presos no Grande Salão do Povo. Uma hora depois, Madame Mao foi presa em casa, em Zhongnanhai.

As manifestações de apoio às prisões começaram imediatamente na praça da Paz Celestial. O resto do país fez o mesmo. Meus pais participaram das comemorações com alegria.

— De agora em diante, tudo será ótimo. Melhores dias virão! — diziam. O Bando dos Quatro, responsável por muitas atrocidades cometidas durante a Revolução Cultural, depois foi julgado e condenado a quinze anos de prisão. Em 1995, Madame Mao suicidou na cela.

A Revolução Cultural, que arruinara a vida de milhões de chineses nos últimos dez anos, tinha finalmente terminado.

Capítulo 3

Amor

Procure-o milhares de vezes, olhe para trás;
e ele está sozinho na penumbra.

Xi Qi Yi, século IX

Após a morte de Mao, ocorreram enormes mudanças. Deng Xiaoping voltou ao poder no início de 1977. Hua Guofeng, que Mao tinha escolhido como seu sucessor, foi logo rebaixado na hierarquia do Partido. A velha guarda, que tanto sofreu durante a Revolução Cultural, ressurgiu. A educação tradicional voltou e as universidades foram reabertas. Milhões de jovens que foram afastados das universidades e que agora estavam mais velhos, casados e com filhos, com seus sonhos destruídos e as costas curvadas, voltaram para casa, ansiosos, procurando trabalho.

Parte do esforço para restaurar a normalidade no país incluiu, em 1978, a reabertura de quatro internatos de elite em Pequim. Dos três mil alunos formados no primário, os oitocentos melhores entravam para esses internatos. Eu tive uma das maiores notas no exame de admissão e me tornei uma das primeiras internas na Escola Secundária número 174, mais tarde chamada Escola Secundária da Universidade do Povo. No mesmo ano, os Estados Unidos e a China estabeleceram relações diplomáticas. A China abriu as portas para o resto do mundo, após trinta anos de isolamento.

Como o resto do país, eu tinha uma nova perspectiva de vida. A geração anterior à minha passara a maior parte dos seus anos escolares fazendo a revolução e os melhores anos da vida adulta nas Comunas Coletivas do Povo. Mas eu podia estudar e aprender línguas estrangeiras, e, quando terminasse o secundário, ir para a universidade.

Dez anos passaram depressa, após o fim da Revolução Cultural. Quando eu ia fazer vinte anos, era esguia, de olhos claros, com cabelos negros e compridos e algumas sardas leves no rosto. Estava no segundo ano da Universidade de Pequim, cursando psicologia. Era o ano de 1986: *Ases indomáveis* era o filme mais visto nos Estados Unidos e o reator nuclear de Chernobyl tinha explodido na Ucrânia. E eu encontrei Dong Yi.

Tinha terminado o namoro com Yang Tao, um rapaz que conheci no primeiro ano. Ele tinha ambições políticas e pressa; antes de passar um ano fora do país, foi presidente da Associação de Estudantes Universitários de Pequim, que era mantida pelo governo. Ele me oprimia com seu comportamento dominador e fiquei bem contente quando foi fazer o último ano da faculdade no exterior. Terminei o namoro pouco depois de ele viajar.

Eu estava despreocupada, envolvida com os estudos, e não esperava encontrar nenhum amor. Passava meu tempo livre lendo e escrevendo no lago Weiming (em chinês, Lago Sem Nome) no centro do campus da universidade. O nome do lago vem de um poema anônimo: "Ainda que esteja por receber um nome/ pois amanhã é eterno/ pois esse dia chegará." O lago era rodeado de colinas verdes e de construções com o tradicional telhado em cunha, além de salgueiros-chorões e um tradicional pagode de 43 metros de altura. O lugar era especialmente lindo à noite, quando a luz da lua dançava sobre a água, os namorados andavam pelas trilhas de pedra e os rouxinóis cantavam nos bosques perfumados. Muitos poetas o consideravam um dos lugares mais românticos da cidade.

Apaixonei-me pelo lago aos dezessete anos, quando fui visitar o campus. A Universidade de Pequim era a melhor da China, como Harvard e Yale, nos Estados Unidos, ou Cambridge, na Inglaterra, e claro que todo bom secundarista queria estudar lá. Infelizmente, na época eu não tinha certeza se queria. Mas, ao ver o lago, concluí que meu destino era ali. Nos quatro anos que passei lá, ia muito ao lago com meus livros. Sentava à margem e, nesses momentos, eu era sempre a pessoa que queria ser, uma escritora e uma amante.

Na noite que mudaria minha vida, eu voltava de bicicleta do lago para meu dormitório na universidade. A noite recendia as flores da primavera. Uma brisa suave levantava meus cabelos compridos. Passei pela biblioteca e vi um grupo em volta da entrada leste, aos pés da enorme estátua de Mao Tsé-Tung. A biblioteca tinha sido terminada há pouco tempo, mas a estátua estava lá desde antes de eu nascer. Mostrava nosso grande líder na meia-idade, usando a túnica que era sua marca registrada e um boné do Exército de Libertação do Povo. Estava com o braço esquerdo levantado, como se saudasse todos os que passavam por ali. Olhava para baixo com seu sorriso paternal, capaz de dar um arrepio de frio em qualquer um. Era muito real, apesar de Mao ter morrido dez anos antes, aos 83 anos.

Toda quarta-feira à tarde, formava-se um Cantinho Inglês aos pés da estátua. Estudantes chineses e ocidentais iam lá para conversar em inglês. O Cantinho foi um fenômeno que começara dois anos antes numa esquina do parque do Bambu Roxo, onde alguns jovens estudantes encontravam ocidentais aos domingos para praticar inglês. Na época, a semana de trabalho tinha seis dias e só se descansava no domingo. A reunião informal foi aumentando aos poucos. Centenas de pessoas iam lá, vindas de muito longe. Quando o lugar ficou muito cheio, começaram a surgir Cantinhos Ingleses em outras regiões da cidade, em toda parte: em parques comunitários ou na cidade antiga. Logo, cada universidade tinha seu Cantinho.

Eu já havia passado por lá várias vezes. Não participava porque falava mal o inglês. Mas, naquela tarde, me senti mais confiante e resolvi parar. Encostei a bicicleta na cerca viva e entrei em algumas conversas. Fiquei meia hora passando de uma conversa a outra, sem entender o que discutiam e pensando se não era melhor ir embora. Então, um jovem de ombros quadrados e olhos grandes me convidou, em inglês perfeito, para participar do grupo dele. Ao ver que meu inglês era insuficiente, falou mais devagar, repetindo as palavras várias vezes e esperando a resposta, paciente. Algumas pessoas ficaram irritadas e foram embora.

— Você ficaria mais à vontade falando chinês? — perguntou ele, gentil, quando ficamos só os dois. Concordei com a cabeça. Nós nos afastamos do grupo.

— É a primeira vez que vem ao Cantinho, não?

— Ficou tão evidente assim? — perguntei.

— Não. É que venho todas as semanas e nunca vi você. Seu inglês não é tão ruim; só é preciso um pouco de prática para você ficar mais segura — disse ele, sorrindo.

Seu inglês era muito bom. Disse isso a ele e lhe perguntei como conseguira chegar a esse nível.

— Principalmente, pela prática. E preciso melhorar para ter boa nota nos testes de admissão às universidades americanas, com o TOFFLE e o GRE.

Eu sabia que os testes eram de inglês como segunda língua, exigidos por todas as universidades norte-americanas para alunos de países onde o inglês não era a língua oficial. Mas eu nunca tinha ouvido falar em GRE, e ele me informou que era o teste de admissão às faculdades. — Quero fazer o doutorado em física quântica, que é a minha especialidade.

Foi assim que conheci Ning, estudante de física e um dos que integravam o contingente cada vez maior de jovens que se preparavam para estudar e viver no exterior. Ning era inteligente (conseguiu registrar uma patente mundial aos 23 anos) e educado. Sua generosidade me ajudaria no futuro. A partir daí, ele passou a me visitar quase todos os dias. Lia os mesmos livros que eu e me emprestava obras de poesia. À medida que nos víamos com mais assiduidade, reparei nele uma inquietude, sempre mexia a mão ou batia o pé enquanto falava. Parecia não suportar o silêncio, precisava estar sempre se mexendo. Pouco tempo depois, ele me disse estar apaixonado por mim. Eu podia ter me apaixonado por ele, mas o amor é engraçado. Às vezes, o destino se intromete e ordena quem vai gostar de quem e quando.

Umas três semanas depois de conhecer Ning, fui visitá-lo no dormitório. O colega de quarto abriu a porta e disse que Ning devia estar chegando, e, se eu quisesse, podia aguardá-lo lá.

— Aliás, sou um dos colegas de quarto dele. Meu nome é Dong Yi.

Na Universidade de Pequim, como, aliás, em quase todas as universidades chinesas, os dormitórios são pequenos demais para que caibam cadeiras. Meu dormitório tinha oito garotas em quatro beliches, com uma mesa no centro. Os padrões de vida nas acomodações dos universitários eram bem melhores. O dormitório de Ning tinha só três camas mas, mesmo assim, nenhuma cadeira. Então, Dong Yi e eu sentamos, como era costumeiro, em duas camas, de lados opostos da mesa.

— Ele vai logo para os Estados Unidos, quase não fica mais aqui — disse Dong Yi, mostrando a terceira cama. Pareceu-me uma pessoa delicada e tímida. — Você é a garota que faz Psicologia. Ning falou muito sobre você.

— Espero que só tenha falado coisas boas — observei.

— Ah, sim, coisas absolutamente incríveis.

Sua voz era suave e, ao mesmo tempo, segura. Tinha o mesmo efeito de um sorriso, compreendendo você exatamente como você queria, elogiando exatamente o quanto você achava que merecia e com um saldo completamente a seu favor.

— Mas nunca falou em você. Pensei que, a essa altura, eu já tinha conhecido todo mundo que fazia parte da vida dele. — Subitamente, fiquei irritada com Ning.

Dong Yi riu.

— Colegas de quarto não costumam ser importantes. Quer um copo de água? Eu quero — disse ele.

— Aceito, se não der trabalho.

Ao contrário de nós, secundaristas, que tínhamos de empilhar os livros em cima da cama, os universitários tinham uma estante. Dong Yi pegou dois canecos da parte dele na estante, que tinha uma cortina feita à mão escondendo livros cuidadosamente arrumados, papéis e coisas. Quando se levantou para pegar a garrafa térmica, olhei para a cama dele. Ao contrário das camas desfeitas, tão comuns entre os rapazes, a dele era limpa e arrumada. Havia dois livros ao lado do travesseiro. Uma lâmpada de leitura presa à cabeceira da cama iluminava um grande calendário de parede: o retrato do mês de Maio era de uma jovem atriz iniciante.

— A água está quente. Acabei de trazer do aquecedor. — Ele serviu dois canecos da garrafa térmica, pois a água em Pequim precisava ser fervida antes de beber. Peguei o caneco e meu coração disparou quando nossos dedos se tocaram.

Dong Yi era lindo. O rosto parecia uma escultura de mármore do homem chinês, de maçãs altas como os nativos do Sul e feições simétricas como os do Norte. Tinha lábios grossos e assim como seus olhos, conseguiam transmitir uma enorme proximidade.

— Está lendo Tolstói? — perguntei, sabendo muito bem o que ele ia responder.

Dong Yi pegou o livro ao lado do travesseiro. — Estou; ganhei o livro. Já leu? — Encarou-me com seu sorriso terno e olhos curiosos.

Passou-me o *Ana Karenina*. Abri a página onde estava o marcador: era o trecho em que Ana estava no trem, de volta para São Petersburgo.

— Já. Mas prefiro *Guerra e paz*. Embora seja mais sangrento e o príncipe Andrei morra no final, a história de amor não é tão triste quanto a de Ana Karenina. É uma história esperançosa e não predestinada — disse eu.

— Obrigado por me contar o final.

— Você deve saber como termina *Ana Karenina*. É o livro mais comentado do momento. — Ri. Na época, era o livro dos chineses inteligentes. As pessoas pareciam encontrar semelhanças entre a Rússia do século XIX e a China do século XX. Na verdade, as normas sociais eram mais duras na China do século XX do que na Rússia do século anterior. A liberdade de amar ainda era um sonho distante para muitos chineses e fugir de casa com o namorado ainda podia causar a morte de ambos. A sociedade punia cruelmente os que não se sujeitavam às normas.

— Não, eu me referia ao final de *Guerra e paz* — disse Dong Yi, irônico. — Talvez um dia eu leia. Ning contou que você também é escritora, não?

Ning só voltou bem tarde. Então Dong Yi e eu tivemos muito tempo para nos conhecermos. Ele me contou sua história.

Tinha 25 anos, cinco a mais do que eu, e nascera na mesma cidade de minha mãe, Taiyuan, capital da província de Xanxi, produtora de carvão nas Planícies Amarelas perto da Mongólia Interior. A província tem poucos recursos, a terra é quase toda infértil e a região sofre com os excessos do clima, muito frio no inverno e quente demais no verão. Na década de 1950, atendendo ao pedido de Mao para reconstruir o interior pobre, o pai de Dong Yi mudou da província de Guagdong, perto de Hong Kong, para Xanxi. Ele era professor de Matemática do secundário quando começou a Revolução Cultural, em 1966. Do dia para a noite, os alunos dele começaram a se dizer integrantes da Guarda Vermelha, autoindicados guardiães dos pensamentos de Mao Tsé-Tung e membros da infantaria na batalha para aniquilar os Quatro Velhos (Velhas ideias, Velha cultura,

Velhos costumes e Velhos hábitos). Eles queimavam livros e torturavam professores.

Em toda a China, os livros eram retirados de bibliotecas, livrarias e casas particulares, empilhados na praça principal e queimados. Os professores eram obrigados a participar dos *pidouhui* (em chinês, espancamentos), em que eram torturados em público. Em poucos meses, milhares de pessoas foram assassinadas só em Pequim, muitas delas professores. Eram espancadas até a morte, fuziladas ou queimadas em público.

Após a primeira fase de assassinatos da Revolução Cultural, que às vezes incluía tiroteios entre facções diferentes da própria Guarda Vermelha, Mao resolveu acabar com o clima de quase guerra civil e mandou a Guarda Vermelha para o interior, trabalhar com as Comunas Coletivas do Povo. As escolas foram fechadas. O pai de Dong Yi sobreviveu, mas foi obrigado a trabalhar de gari durante os sete anos seguintes.

Dong Yi e eu estávamos sentados um de cada lado da mesa, tomando água morna. Contei de minha mãe, que cursara jornalismo antes da Revolução Cultural e, nos dez anos revolucionários, não escrevera uma linha. Passou metade da década num campo de trabalho e metade dando aulas sobre "o pensamento de Mao" para intelectuais desempregados.

Naquela tarde, contei para Dong Yi muita coisa da minha família e infância, algumas que nunca tinha contado a ninguém. Sentia uma misteriosa ligação entre nós. Ele era diferente de todas as pessoas que conhecera, falava de sua responsabilidade de filho em relação aos pais e de cidadão em relação ao país. Ao contrário de Yang Tao, ele não se interessava por poder político. Queria apenas retribuir o que tinha recebido e fazer as pessoas felizes.

— O que você acha da cidade de Taiyuan? — perguntou ele, enquanto servia mais um caneco de água para mim.

A primeira vez que fui lá, tinha apenas doze anos. Fiquei impressionada com a pobreza da cidade. As lojas ficavam quase vazias, mesmo durante o Ano-Novo chinês. Meu avô comprara doces para mim, que eram pretos e tinham um gosto horrível. Meus tios e tias usavam velhos casacos de gola Mao. Quando eu queria ir ao banheiro, um dos adultos tinha que se levantar no meio da noite e me acompanhar a um dos buracos cavados no chão do lado de fora. O fedor daqueles buracos era tão sufocante que eu não conseguia respirar.

— Meu avô pertencia ao alto escalão do Partido no governo provisório de Xanxi. O motorista dele foi buscar a mim e a minha irmã na estação de trem. Quando fui embora, jurei nunca mais voltar lá. — Ri ao lembrar.

Mantivera a promessa até um ano antes, quando meus pais pediram para que eu acompanhasse minha irmã novamente. Desta vez, vi que as coisas lá haviam melhorado. Meus avós mudaram para uma casa de dois andares construída especialmente para os funcionários graduados e que tinha mais de um banheiro. Mas, fora do conjunto residencial do governo da província, a vida das pessoas comuns ainda parecia retrógrada. Quando fui embora, prometi novamente não voltar.

— Espero não ter lhe ofendido. Mas acho que posso dizer o que penso — admiti de repente, lastimando contar coisas tão ruins sobre a cidade natal dele.

— Não, não. Gosto que você seja tão sincera. Se puder, também não volto lá. Para mim também, quanto mais fico longe de Taiyuan, mais percebo como as pessoas têm mentalidades tacanhas e como são reprimidas.

A luz forte do final de tarde diminuiu e suavizou. Os pássaros chamavam uns aos outros nos álamos como os dois corações ali naquele dormitório ecoando em harmonia. Ning chegou. Dong Yi disse, caloroso:

— Onde estava? Wei está aqui esperando há horas.

— Eu estava esperando do lado de fora do dormitório dela — respondeu Ning, olhando para mim zangado. Jogou os livros na cama, sem olhar para nós. — Do que falaram? De mim?

— Não. Dong Yi me contou da família e da infância dele. Você não acredita quanta coisa nós dois temos em comum!

— É mesmo? Que bom para vocês! Mas, se me dão licença, eu agora queria descansar — disse Ning, ainda zangado.

Peguei minha bolsa e fui embora. Não me importei nem um pouco. Naquela noite, eu tinha me apaixonado.

Até então, eu levava uma vida solitária, rejeitada pela sociedade, por meus colegas e, achava eu, por meu pai. Sabia que não era justo culpá-lo por haver estado ausente, mas, mesmo assim, me ressentia por ter tido de me defender sozinha, por ele não ter estado lá para me proteger dos valentões da escola e dos anos sombrios da Revolução Cultural. Nesses anos, irmãs ficaram contra irmãos; mulheres denunciaram maridos; amigos e amantes se traíram. Faziam isso para não morrer ou ser presos, ou para proteger os filhos, que seriam castigados por causa do parentesco. Era difícil para uma criança tentar entender o que se passava nessa época, principalmente sem um pai. Aprendi a me proteger, a guardar meus sentimentos comigo e a não confiar em ninguém.

Depois de conhecer Dong Yi, senti-me subitamente ligada ao mundo. Senti-me parte de uma família passeando num dia quente de verão, num gramado verde onde crianças brincam e riem. Naquele dia, senti que podia ir à eternidade com ele e voltar de novo até morrer. Encontrei nele o verdadeiro sentido do amor: entregar-se ao outro, acreditar e ter fé na humanidade. Vi na hora, como até hoje, que podia confiar nele, seja qual fosse o tempo e a distância que nos separasse. Na época, eu não sabia o que essa certeza iria significar para nós no futuro.

No dia seguinte, Ning veio desculpar-se.

— Perdão, Wei, fui um idiota ontem. Espero que me perdoe. Não tenho o direito de ter ciúme, mas me magoei. Claro que não foi culpa sua, mas sou egoísta com relação a você. Desculpe, você sabe o que quero dizer. Não posso competir com Dong Yi. Todos gostam dele, é bonito, simpático e maduro. Por favor, não zangue comigo. Eu podia fingir sentimentos nobres e dizer que fiquei preocupado que você não se magoasse, pois ele tem uma namorada.

— Não se preocupe. Não estou apaixonada por ele. — Desconsiderei os comentários de Ning o mais casualmente que pude, enquanto, na verdade, suas palavras me oprimiam. Por que Dong Yi e eu tivemos de nos encontrar e eu gostar dele? Por que, num mundo tão vasto, eu não encontrei uma pessoa livre para gostar de mim?

Mesmo assim, não parava nem de pensar em Dong Yi nem de encontrá-lo. Para mim, ele era como luz para uma mariposa, linda demais para resistir. Queria estar perto dele, ouvir a voz dele, confiar minha vida a ele. De certa forma, tinha certeza (ou melhor, esperava) que chegaria o momento em que ele aceitaria minha confiança e meu coração como seus olhos pareciam dizer todas as vezes em que o via.

Eu fazia vinte anos no final de junho, duas semanas antes do recesso de verão. Ning e Dong Yi deviam chegar às oito da noite para comemorar comigo. Todas as minhas colegas de quarto tinham ido estudar. Sentei na cama, olhando para o bolo na caixa: já eram oito e meia. Onde estavam os dois?

A noite estava silenciosa. Lá fora, por cima dos álamos, as estrelas piscavam. Ouvi meu coração batendo, minha respiração, a ansiedade diminuindo e a tão conhecida solidão de estar excluída do mundo. Fiquei triste. Via tudo em preto e branco. Talvez fosse a minha sina: ficar separada do resto, do filme colorido que passava em algum lugar longe de mim.

Aí, de repente, a porta se abriu e os dois entraram carregando um pacote de papel pardo.

— Desculpe, desculpe, atrasamos — gritou Dong Yi.

Sorri e a felicidade foi subindo dentro de mim como bolhas numa taça de champanhe.

— Culpa dele, que insistiu em comprar um frango assado para você. Procuramos por todo canto e só encontramos na Aldeia Amarela — contou Ning, jogando-se na cama do outro lado da mesa, ofegante.

A Aldeia Amarela ficava a meia hora de distância.

— Não precisavam se preocupar.

— Eu disse, mas ele falou que tinha de ser especial. — Ning apontou para Dong Yi acenando com a mão, como que para desconsiderar o que ele disse.

Olhei para Dong Yi, que segurava o embrulho com o frango, sorrindo. Estava com o rosto iluminado de alegria por ter ido ao fim do mundo para me fazer feliz. Naquele momento, achei que ele me amava.

— Vamos para o lago. A noite está estrelada — disse Dong Yi, pegando a caixa do bolo com a outra mão.

Uma hora depois, tínhamos comido o frango, o bolo e tomado *Chi sui* (água gasosa, em chinês) que havíamos comprado na loja da universidade. A noite ficou mais escura e as estrelas brilhavam mais. Deitamos na grama à beira do lago. A Ursa Maior estava elegante no céu onde algumas nuvens finas passavam. Segui as nuvens até a Estrela do Norte, que brilhava. Era a estrela-guia dos viajantes perdidos, mas onde estava a minha Estrela do Norte? Quem me guiaria? O que eu devia fazer? Devia contar que gostava dele?

— Daqui, o mundo parece tão grande; e nós, tão pequenos e indefesos — disse Dong Yi.

Virei-me para ele, seu rosto estava sereno sob a luz das estrelas. Se eu dissesse o que sentia, o que ele diria? Queria tanto saber o que sentia por mim. Não ousei perguntar, tinha medo de que o menor sussurro o fizesse sumir do meu mundo.

— Gosto de ser pequeno. Entende o que quero dizer? Quando você fica pequeno como um ponto, todos os seus problemas somem — eu disse. Estávamos apenas à distância de um braço, mas parecia que só podíamos compartilhar o vasto céu e a lembrança daquela noite. Tive vontade de chorar, porém havia perdido a voz.

Frequentei cursos de verão, enquanto Dong Yi e Ning foram para a casa dos pais. Fiz curso de história do Islamismo e de cinema, que era a única forma de conseguir assistir a filmes ocidentais. Nos fins de semana, ia para o apartamento de meus pais e, às vezes, fazia compras com minha irmã.

Nas ruas de Pequim, os que "enriqueceram primeiro" começaram a se sobressair, circulando em motos Yamaha. Em 1978, Deng Xiaoping criou políticas e zonas financeiras especiais para "permitir que alguns enriquecessem primeiro". Mas, para a maioria dos chineses, a vida seguia devagar em cima de bicicletas, sem muita diferença de um dia para o outro. Pais e mães iam para casa com mercadorias em cestas no guidão, jovens voltavam para o apartamento dos pais e avós. Pareciam cansados e desanimados, pedalando lentamente no meio de milhares de bicicletas, sem muita certeza de chegar a algum lugar.

Mesmo assim, era verão e eu gostava da estação. Tudo parecia mais fácil. Não precisava preocupar em fazer boas provas, pois os cursos de verão não faziam parte do meu currículo. Não tinha de lutar contra o que sentia por Dong Yi, já que ia ficar sem vê-lo por dois meses. No verão, os dias eram mais lentos e mais verdes, e eu tinha mais tempo para ler. Fui bastante ao lago, sentei sob os salgueiros-chorões e li Dickens, as irmãs Brönte, Victor Hugo e Dostoievsky.

Embora eu gostasse do verão, estava pronta para voltar às aulas assim que soprou o primeiro vento de outono na superfície lisa do lago. O hiato do verão pareceu aproximar mais nós três (Ning, Dong Yi e eu) e, assim que o novo semestre começou, ficamos inseparáveis. Íamos a cantinas e restaurantes de estudantes almoçar, fazíamos *cooper* à tarde e, claro, participávamos dos encontros pela democracia que surgiam no campus.

Em 1986, a China passou por uma fase relativamente liberal. Os alunos podiam fazer passeatas nas ruas pedindo liberdade de expressão e democracia. Nas universidades, os encontros pela democracia viraram moda, com as pessoas tomando café instantâneo (o que era outra moda, pois os chineses não tinham o costume de tomar café) e discutindo as diversas soluções políticas. Não era perigoso fazer isso. Afinal, o próprio Mao frequentara essas reuniões na década de 1920. A maioria dos encontros pela democracia eram em salas escuras, sem aquecimento nem decoração. Mesas e cadeiras eram arrumadas em círculo. Os temas discutidos mudavam a cada semana e variavam de um grupo para outro. Apesar da tolerância política, eu achava que havia um certo perigo nos tons de elitismo e nostalgia das discussões. Noite adentro, a sala enchia e o ambiente ficava com cheiro de café e fumaça de cigarro e os estudantes, com os olhos vermelhos.

A primeira vez que fomos a uma reunião dessas, Dong Yi ficou calado quase o tempo todo. Desapontei-me e não falei muito quando saímos. Já Ning ainda estava animado com a discussão e continuou expondo suas ideias.

— Sou totalmente a favor do Modelo Asiático, de livre mercado e controle político central. Por que não? Veja Cingapura e Formosa, dois dos Pequenos Dragões, que são prova de estabilidade e prosperidade econômica.

— Desconfio um pouco do chamado Modelo Asiático — disse Dong Yi. — O problema é que ele presume que se pode ter prosperidade econômica sem democracia nem responsabilidade.

— É verdade. É que a China é grande demais para ficar solta, como um trem correndo sem maquinista — argumentou Ning.

— E a corrupção? O que fazer quando o líder do governo não é "altruísta e sensato"? E aí? — perguntou Dong Yi.

— Vamos chegar a um sistema político em que os funcionários do governo serão responsabilizados por seus atos — respondeu Ning.

— Como ter um governo mais responsável sem democracia? Os funcionários do governo não vão prestar contas a ninguém. O Modelo Asiático depende muito do "nível de caráter" dos líderes. É perigoso. A China confiou num líder carismático chamado Mao Tsé-Tung e veja no que deu. — Dong Yi me pareceu convicto de seus argumentos.

Naquele instante, me senti muito atraída por ele. Seus argumentos não eram agressivos, mas ele acreditava no que dizia. Vi a inteligência e o conhecimento sob seu jeito calmo, e fiquei perplexa. Nos meses seguintes, enquanto participávamos de mais reuniões pela democracia e mais discussões sobre o futuro da China, minha admiração aumentou. Fiquei mais atraída, e, aos poucos, ele influenciou minhas opiniões.

Mas nunca esqueci da namorada que Ning mencionara. Não perguntei nada, nem ele comentou. Mas as palavras se intrometiam nos espaços entre as aulas e os estudos e nas minhas noites insones: eu pensava coisas perturbadoras sobre ela, quem era ela, como era e o quanto Dong Yi a amava.

Eu não frequentava as reuniões pela democracia só com meus dois amigos. Às vezes, ia sozinha para ouvir os debates, ou com outros amigos, entre eles um aluno do primeiro ano de economia chamado Chen Li, que havia conhecido numa das passeatas.

O ano de 1986 foi agitado na China. Hu Yaobang ainda era secretário-geral do Partido e o clima político era mais tolerante do que nunca. Grupos de estudantes e intelectuais de elite olhavam para o Ocidente em busca de ideologias e sistemas políticos alternativos; eruditos, como o professor Fang Lizhi, escreveram sobre desrespeitos aos direitos humanos e falta de democracia no país. Na Universidade de Pequim, os alunos discutiam no Triângulo, que era o local de reunião no campus, e colavam cartazes pedindo mais liberdade e democracia na China.

Em 221 a.C., quando o primeiro imperador da dinastia Qin uniu *Zhong Gou*, o Império do Meio, como os chineses chamam o país, a China vivia sob um governo rígido e controlado. Nos dois mil anos seguintes, cartazes de rua se tornaram um meio importante e, às vezes, único, para as pessoas comuns expressar sua opinião. Esses cartazes continuavam sendo o meio preferido de protesto estudantil na China comunista, pois toda a mídia era controlada pelo Partido, e, portanto, estava fora do alcance dos cidadãos.

As reformas econômicas realizadas a partir de 1978 trouxeram enormes mudanças. A economia de livre mercado, sobretudo as regiões econômicas especiais criadas por Deng Xiaoping, tiveram enorme sucesso. O padrão médio de vida do povo melhorou muito. Mas, em 1986, a reforma parecia ter estagnado. A inflação aumentava sem parar, a corrupção era enorme. Funcionários de todos os níveis do governo e do Partido abusavam do poder e "enriqueciam" primeiro. Muitos intelectuais então questionaram se o comunismo podia coexistir com a economia de livre mercado, que era a base da política de Deng Xiaoping, e exigiam reformas políticas também. Os universitários tomaram as ruas em inúmeras passeatas pedindo liberdade de expressão, eleições livres e democracia.

Foi numa dessas noites que conheci Chen Li, em meio a uma manifestação festiva de apoio da Universidade de Pequim, com papel picado e tiras de pano dependuradas nas janelas dos dormitórios como faíscas caindo do céu. Ele morava no dormitório do outro lado da rua e, como eu, estava apoiando os estudantes. Vinte minutos após, fomos com nossos amigos para o Triângulo e, depois, para as ruas.

Chen Li me levou para as muitas reuniões a favor da democracia, aperfeiçoando seus argumentos em cada uma. Ele sempre disse que ser um economista político significava que preferia ver a política do ponto de vista econômico: nenhuma política era boa se não levasse a avanços econômicos e vice-versa.

— É o caso da China, por ser um dos países mais pobres do mundo e pela maioria do povo chinês não receber educação — explicou ele.

Muitos participantes das reuniões discordavam. Os alunos de história da China achavam que política não tinha nada a ver com economia. Na China, as "lutas de pensamento", como as chamava Mao, sempre tiveram prioridade sobre o bem-estar do povo, desde as antigas dinastias até o comunismo. Os governantes se preocupavam com a mente, não com o corpo.

Quando o outono passou a inverno, o lago Weiming congelou e o rinque de patinação foi aberto. Os alunos, vestindo grossos casacos acolchoados, enchiam o local, com as garotas muito coloridas em suas toucas e cachecóis compridos tricotados à mão. Dong Yi pediu que eu o ensinasse a patinar. Tentei, mas ele sempre caía em cima de mim, em cima dos outros patinadores ou no gelo mesmo.

— Não tem jeito, desisto — disse ele, apoiado em mim enquanto eu o puxava para a grade.

— Não desista, é cedo, podemos dar mais umas voltas. Com treino, você aprende.

— Hoje não, pois é aniversário de Liu Gang. Contei que vamos dar uma festa para ele? A namorada dele veio de Hangzhou e preciso preparar as coisas. — Ele se sentou para tirar os patins e depois perguntou, como conclusão:

— Por que não vem comigo?

O aniversariante morava a poucas portas do quarto de Dong Yi e eu o conhecera uma noite em que ele abriu a porta e enfiou a cabeça para cumprimentar.

Então, fui com Dong Yi ao aniversário do amigo. Tinham mudado a arrumação do quarto de Liu Gang para a festa. Encostaram as camas de um lado, juntaram as três mesas, escreveram Feliz Aniversário e penduraram a faixa na parede. Os convidados trouxeram comida comprada em cantinas de estudantes, Coca-Cola e amendoim torrado. Dong Yi e eu levamos cerveja marca Qing Tao.

— Seja bem-vindo, Dong Yi. Como vai, Wei? — O aniversariante estava feliz. Era um jovem de cara séria. Quando o conheci, não gostei dele porque nunca sorria. Depois de encontrá-lo algumas vezes, ele continuava frio e fechado; comentei com Dong Yi que decerto não gostava de mim. Mas Dong Yi me garantiu que era do tipo de pessoa que só ficava à vontade com amigos próximos. Naquela noite, entendi por quê.

— Prazer em vê-la, Mai Li — disse Dong Yi, sorrindo para uma mulher esguia de voz rouca, que era a namorada de Liu Gang. — Quando chegou? Está frio aqui em Pequim, não?

— Cheguei na noite passada e vou passar uns dias. Essa época é muito movimentada para mim e para Liu Gang, com as aulas e a revista.

Os dois então passaram a conversar mais baixo e foram para um canto da sala. Olhei em volta, pensando se era melhor ir embora. Dong Yi percebeu o meu mal-estar. Segurou na minha mão e cochichou no meu ouvido:

— Liu Gang é editor da *Conversa Aberta*.

Eu sabia que a revista era clandestina e tratava de democracia, liberdade e reformas políticas no país. Circulava clandestinamente e fora recebida com muito entusiasmo nas passeatas estudantis de 1986, embora eu nunca tivesse lido uma.

Mai Li perguntou a Dong Yi se achava que o namorado dela corria perigo.

— Sinceramente, não sei. A revista já chamou a atenção do governo. Até o momento, Hu Yaobang tolerou os protestos estudantis e as discussões políticas. Mas, pelo que todos nós sabemos, a disposição dos líderes pode mudar a qualquer instante. — Dong Yi parou um instante e depois perguntou a Mai Li:

— O que você soube?

— Soube a respeito de quê? — Liu Gang apareceu e abraçou Mai Li pela cintura.

— Das mudanças políticas — disse Dong Yi, baixo.

Liu Gang olhou em volta, os convidados conversavam animados, tomando cerveja e comendo amendoim torrado.

Liu Gang cochichou então que soube, de fonte segura, que o governo ia mudar muito a política em relação aos estudantes e proibir reuniões públicas e passeatas.

— O que acha disso? — ele me perguntou, de repente. Ficou de olhos grudados nos meus, esperando uma resposta. Mas minha cabeça parecia ter congelado.

— Nós... nós, claro que não vamos desistir. Não vamos nos assustar — resmunguei e enrubesci. Parecia que estava sendo arguida por meu professor na frente de pessoas cuja opinião me interessava muito.

— Com o apoio de jovens como ela, não precisamos temer. Estaremos ótimos. — Pela primeira vez, Liu Gang sorriu para mim e me senti à vontade. Ele olhou para a namorada e sorriu também, como para aliviar qualquer preocupação dela.

Mais tarde, sobretudo no Movimento Democrático Estudantil, em 1989, entendi o papel de Liu Gang no movimento pela democracia. Ele foi um pioneiro, alguém que escolheu desde logo ser dissidente, ao contrário de muitos líderes estudantis que surgiram na política na primavera de 89.

— Vamos jantar — convidou Liu Gang.

Fomos para o centro do quarto. Mai Li passou logo a falar de outros assuntos e, de repente, perguntou a Dong Yi da namorada, a quem chamou de Lan. — Ela vem te visitar num futuro próximo?

Dong Yi sorriu para Mai Li, mas notei um certo constrangimento, que ele tratou de disfarçar. Afastei-me. Tinha, finalmente, sabido seu nome. Ela existia mesmo.

Sentamos nas mesas que foram unidas. Serviram chá, fumaram cigarro, abriram garrafas de cerveja, destamparam as panelas de arroz, leitão assado e frango à Sichuan. A festa estava animada.

— Experimente esses ovos de mil anos que Mai Li trouxe de Hangzhou. — Liu Gang abriu um. A clara era marrom e transparente, a gema era dura e preta. — Eles chamam esse ovo de ouro negro. Tenho certeza de que vocês nunca comeram ovos de mil anos tão gostosos quanto esses — ele disse.

Quando nos sentamos, um homem se aproximou de Dong Yi.

— Como vai? Lembra de mim. Sou da mesma província de Liu Gang, sou um *Lou Xiang*. — A palavra chinesa não tem uma tradução literal e significa um conterrâneo que, por isso, se considera tão próximo quanto um parente.

— Essa deve ser a sua namorada. Ela também veio de Xanxi? — perguntou o homem.

— Não. Ela é Wei, estudante de psicologia — respondeu Dong Yi, de repente.

— Terminou com a antiga namorada? Muita gente termina quando vem para uma cidade grande como Pequim. Mas você foi rápido.

— Somos apenas amigos — insistiu Dong Yi.

— Ah... — O homem tomou meia garrafa de cerveja de um gole só e deu um tapa nas costas de Dong Yi.

Fiquei lá no meio do calor e da fumaça, pensando quem eu era para Dong Yi. Estava irritada. Era só uma amiga ou a namorada que ele tinha na capital? Será que o tempo que passávamos juntos e o carinho que eu demonstrava significavam alguma coisa para ele?

Dong Yi ficou um instante desajeitado e depois relaxou na roda de amigos. Fiz o possível para comentar com aqueles estranhos o que estava descobrindo sobre Freud e outros psicanalistas famosos, sobre música e até sobre o tempo, mas nada disso me interessava naquela noite. De vez em quando, eu olhava para Dong Yi esperando um aceno e a garantia de que ele continuava comigo. Mas ele estava ocupado, feliz com os amigos e a bebida.

A festa terminou e Dong Yi me acompanhou a pé até o meu dormitório. A noite tinha ficado muito fria, perto dos dez graus negativos. O vento rugia. Doía respirar.

— Desculpe, Wei, pensei que você fosse gostar da festa. — Quando Dong Yi falou, fumaça e cheiro de cerveja saíram de sua boca.

— Não tem problema. Eu gostei — menti. Estava com uma dor de cabeça tão forte que parecia melhor que a cabeça rachasse ao meio.

— Não esperava que fossem falar sobre Lan, desculpe.

— Não se preocupe. Estou ótima — menti de novo. A bebida e as conversas sem graça tinham me cansado. Estava com dor de cabeça, tonta, queria dormir.

Mas, quando me deitei, não consegui dormir. Mexi e virei na cama, pensando em Lan. Será que vinha muito a Pequim? Decerto Dong Yi escondia de mim as visitas dela. Será que também escondia dela que passava quase todo o seu tempo livre comigo? Ah, como meu coração doía! O que havia entre eles e entre mim e Dong Yi?

Não sei como acabei dormindo. Ao acordar, tinha perdido a hora do café e a aula da manhã. Fui ao Jardim Yanchun no campus, restaurante que servia café da manhã até as onze horas. Pouco antes de o restaurante fechar, comprei uma tigela de mingau de arroz, dois bolos de carne e legumes cozidos. Depois de comer, minha cabeça melhorou. Contei o dinheiro que sobrou na carteira, dei tudo para o homem de cara gordurosa atrás do balcão e comprei uma garrafa de espumante chinês.

Bati na porta de Dong Yi, e ele ainda dormia. Minutos após, abriu a porta, parecendo tonto. Estava com o cabelo desarrumado, espetado em todas as direções.

— Que horas são? — perguntou, quando entrei.

— Quase meio-dia — respondi, colocando o espumante na mesa.

— Que é isso? Alguma comemoração?

— É que eu tinha dinheiro sobrando. Não tinha aula esta manhã? Pois eu perdi a minha e achei que podíamos continuar bebendo.

Então, bebemos espumante em canecos de chá. Dong Yi não tomara café, e depois de meia garrafa de espumante ficou meio bêbado.

— Comecei a namorar Lan aos dezenove anos, a mesma idade que você tem agora — disse ele, depois de eu comentar sobre Yang Tao. — Fomos colegas no secundário. Ajudei-a a se preparar para o vestibular. Eu passei, mas ela não conseguiu.

Estavam juntos há seis anos.

— É, seis anos é bastante tempo. Você pode pensar que nos conhecemos bem depois disso, mas pareço saber menos de Lan agora. Nunca falamos nos assuntos que você e eu discutimos. Nada: nem filosofia, nem política, nem literatura.

— Ela sempre foi assim?

— Acho que não. Nós nos dávamos muito bem. Podíamos conversar por horas. As coisas parecem ter mudado depois que eu vim para Pequim.

Ele então explicou que Lan era frágil, adoecia com facilidade. Passou a depender dele porque havia tido muitos problemas com os pais, principalmente com o pai. Não eram pessoas instruídas: a mãe era operária numa fábrica de tecidos e o pai, mineiro. Os pais ensinaram a ela que sua felicidade dependia de um bom marido.

— Você vai se casar com ela? — perguntei, com medo de ouvir a resposta. Seria um bom casamento, um marido com mestrado em física pela Universidade de Pequim.

Dong Yi sorriu, constrangido, e não respondeu.

— Sabe que recusei um convite para estudar fora? Minha antiga universidade queria que eu me diplomasse nos Estados Unidos para voltar e dar aulas aqui. Recusei. Sabe por quê? Porque queria sair de Taiyuan!

— Bom, conseguiu, mora em Pequim.

— Mas não posso ficar, pois Lan não pode transferir seu *hukou*. — Dong Yi parecia triste. Eu nunca o havia visto assim.

— Às vezes, a gente pensa: por que viver assim? Para quê? — perguntou, suspirando.

Os espumantes supostamente animam, mas tremi de frio. Não, a causa não era a bebida, mas a tristeza do homem de quem eu gostava. Não aguentei vê-lo sofrer.

— Não se desespere. Você pode trazer Lan para cá. Não sei como, mas é possível transferir um *hukou*. Meu pai conseguiu.

— Sim, mas ele estava em Xangai. É sempre mais fácil abaixar de nível do que subir.

— O que você quer dizer com isso?

— A única coisa que posso fazer é desistir da profissão e voltar para Lan, depois que me diplomar.

Não consegui acreditar no que ouvi. Como um jovem podia destruir o próprio futuro tão duramente conquistado? Ele estava assumindo muita responsabilidade. Tinha sentimentos nobres e abnegados demais. Eu não podia deixá-lo agir assim.

Senti na voz dele um desejo de fugir e pensei: fuja para mim, amor. Dê-me sua mão. Viemos de tão longe e estamos tão próximos agora!

De repente, Ning chegou, interrompendo a nossa conversa. O dia tinha passado. A tarde estava terminando e o espumante tinha acabado fazia tempo.

Na China onde cresci, não se aceitava que um casal solteiro morasse junto ou tivesse relações sexuais. No campo, eram comuns casamentos combinados pelos pais: os noivos se conheciam, casavam e tinham um filho no espaço de um ano. Mesmo em cidades como Pequim, o casamento combinado continuava sendo a forma mais comum de os jovens encontrar uma esposa. Foi assim que meus pais se conheceram. Depois que o casal é apresentado, passa um curto tempo se conhecendo e casa em um ano ou, às vezes, em poucos meses. Assim, um relacionamento de seis anos não era comum ou, pelo menos, era sinal de problemas e infelicidade.

Naquela noite, sentei à mesa do meu quarto e escrevi para Dong Yi. Resolvi que era hora de dizer o que senti desde o dia em que o conheci e de pedir para ele tomar minha vida em suas mãos.

Caro Dong Yi,
Espero não chateá-lo com esta carta. Não pense que me obrigou a escrevê-la, e eu, por outro lado, aceitarei o que você decidir. Mas preciso lhe falar dos meus sentimentos; senão meu coração pode se despedaçar. Está muito pesado para eu aguentar. Apaixonei-me por você desde que o conheci.
Provavelmente você sabe disso, porque não sei mentir quando se trata de sentimentos. Sei que é injusto afirmar isso, mas ninguém pode gostar mais de você do que eu. Compreendo você. Compreendo o que pensa e sonha. Gosto da sua inteligência e da sua verve, da mesma forma que gosto do jeito suave que me olha e do calor de suas mãos.
Há muito tempo estou em busca de amor e beleza que durem a vida toda. Será que você quer me acompanhar nessa busca e ser a minha estrela-guia?

Timidamente, enfiei a carta embaixo da porta de Dong Yi. Alguns dias se passaram e ele não me procurou. Então, fui atrás dele. Talvez não tivesse recebido a carta, pensei.

— Recebi, sim, e li várias vezes. — Estava com a carta na mão. Meu coração bateu forte de ansiedade. — Sinto muito — ele disse.

Apesar de ter me preparado para todas as possibilidades, as lágrimas escorreram.

— Por favor, não chore. Não quero magoar você, querida Wei. É isso que temo... magoar as pessoas de que gosto.

— Claro que você não se interessa por mim — reclamei, soluçando.

— Não é isso. Por favor, ouça, Wei. Se eu dissesse a Lan isso que estou lhe dizendo agora, ela não aguentaria — garantiu ele, olhando para mim. O que ele queria, que eu desse sinais de força ou dor? Olhei-o e vi muita dor. — Ela me disse que, se um dia eu a deixasse, ela morreria. Não sei se falou a sério. Mas é uma situação horrível. Eu sou tudo o que ela tem. Há seis anos sou tudo na vida para ela. Não posso arriscar. — Dong Yi prosseguiu, numa voz mais suave. — Você agora está magoada, mas vai aguentar. Você é forte. Vai encontrar outra pessoa para amar de novo.

— Mas não quero amar ninguém. Quero você. Você a ama? — chorei, apesar de ele ter pedido para eu não chorar.

Dong Yi não respondeu imediatamente. Desviou o olhar. Quando me encarou de novo, respondeu:

— Sim. — Parou alguns segundos e prosseguiu: — Mas é complicado. Lan e eu estamos juntos há muito tempo. Nossas famílias são praticamente uma só. Lan cuida de meus pais e da minha irmã menor, de catorze anos. Há anos os pais dela insistem para nos casarmos. Se eu terminasse a relação, todos os amigos e conhecidos dela me condenariam e o mesmo aconteceria com a minha família.

— E o que acha de felicidade e amor? Se você não se incomoda com essas coisas, não acha que Lan as merece?

— Você devia ver como ela fica feliz quando chego lá. Sou grato a ela, principalmente agora que estou longe. Há tantos anos ela é boa para mim e para minha família... não sei, Wei. Você é jovem. Pensa que o mundo é preto e branco, mas não é tão simples assim, em matéria de amor e felicidade. Podemos ser felizes longe das pessoas e da família?

Dong Yi pegou o *Ana Karenina* embaixo do travesseiro e o abriu. Guardou minha carta com cuidado lá dentro.

— Posso ficar com a carta, por favor?

— Para pensar mal de mim?

— Não. Para pensar em você.

Quanto mais Dong Yi tentava diminuir a minha dor, mais eu chorava. Por mais que eu quisesse ser forte, não parava de chorar. O que ele disse cortou meu coração e o fez sangrar. A dor paralisou meu corpo. Saí do quarto dele e desabei na escada de pedra fria da entrada do prédio. Não conseguia entender. Por que tive de conhecê-lo com seu sorriso triste? Por que tive de encontrá-lo para magoar tanto meu coração? Ele era uma estrela, só que não brilhava para mim.

O vento açoitava o campus com neve e frio. O lago que tinha me dado esperança, desejo e sonhos agora me desesperava. Minha alma gêmea tinha dito "não há esperança para nós". Tinha aparecido e sumido, desaparecendo de novo na penumbra, deixando meu coração marcado para sempre com seu nome.

Capítulo 4

Casamento

É inútil, as flores murcharam... só me resta andar
sozinho pelo jardim perfumado.

Ann Zhu, século IX

Fazia um ano que havia conhecido Ning e Dong Yi, e eu tinha mais ou menos aceitado o fato de que, se queria ver Dong Yi, precisava esconder meus sentimentos e me considerar apenas uma boa amiga dele. Assim, via-os sempre, e, como último passeio antes das férias de verão, fomos andar de barco no parque do Bambu Roxo. O parque ficava no centro de Pequim e era famoso por seus lagos interligados. O dia estava cinzento e úmido e comentamos se devíamos ir porque a previsão era de chuva. Acabamos indo, pois não nos veríamos durante as férias inteiras. Dong Yi iria, como de hábito, para Taiyuan. Pensei em fazer uma viagem para Huangshan, as Montanhas Amarelas, no sul da província de Ann Hui, que há muito eram símbolo de magnificência, beleza e mistério. O grande poeta da dinastia Tang chamado Li Bai, que viveu entre os anos 701 e 762, escreveu:

> As Montanhas Amarelas têm muitos
> mil metros de altura
> e trinta e dois maravilhosos cumes
> Como flores de lótus douradas desabrochando
> Entre penhascos vermelhos e colunas de pedra.

As Montanhas Amarelas eram as mais altas da planície do rio Yang-tsé e famosas pelo nascer do sol. Assim, como muitos chineses, um dos meus sonhos era subir até o alto delas e ver o sol surgir nas planícies centrais. Já nosso amigo Ning estava muito discreto sobre seus planos de férias e garantiu que nos contaria quando estivéssemos no barco.

Naquele dia, poucas pessoas estavam alugando barcos. Escolhemos um branco com bordas vermelhas, a tinta nova brilhando. Lá longe, no lago, barcos brancos pontilhavam o horizonte. O lago estava calmo, mas sua água escura parecia guardar segredos. Um grupo de jovens do secundário remava cantando, em quatro barcos.

> As ondas acompanham nossos remos
> O céu está azul e as nuvens, brancas
> Um brilhante amanhã
> Nossos corações almejam
> Um brilhante amanhã.

Rimos. Lembrei que costumava cantar a mesma música quando tinha a idade deles. Como ficávamos animados e esperançosos antes de entrar na faculdade! De certa forma, nós invejamos aqueles jovens despreocupados, cheios de esperança e ansiedade pelo porvir.

De repente, Ning virou-se para nós e disse:

— Na semana passada, recebi uma carta da Universidade do Novo México. Parece que alguém desistiu e meu nome era o próximo na lista de espera. Ganhei uma bolsa para o doutorado. Só queria contar quando estivéssemos juntos. Gente, aceitei a bolsa e vou para os Estados Unidos em setembro!

Virou-se para nós com os olhos brilhando, esperando a reação.

— Ótimo! Parabéns! — Dong Yi se adiantou e estendeu a mão. O barco balançou; ele caiu sobre Ning e quase o jogou na água. Cumprimentei Ning, lembrando o que me dissera quando nos conhecemos. Fiquei muito feliz por aquela maravilhosa conquista de uma pessoa tão simpática, generosa e inteligente. Também foi emocionante ver a felicidade do meu amigo querido ao realizar um sonho.

Ao mesmo tempo, era uma grande perda. Não acreditava que Ning fosse nos deixar tão cedo para ficar do outro lado do mundo, num país sobre o qual sabíamos tão pouco. Quando o veria de novo? Talvez, nunca. A seguir, pensei em Dong Yi. Na ausência de Ning, será que minha relação com ele mudaria?

— Vamos sair do lago e tomar sorvete com amendoim torrado. Isso merece uma grande comemoração. — Dong Yi sorriu.

Nos dias seguintes, ficamos os três juntos e comemos muito, com a desculpa da comemoração. Uma noite, tomamos sopa de *wonton* na barraquinha de uma rua próxima. Em outra, comemos *Tian ji gou zi*, que são palitos de massa frita com molho apimentado e panquecas. Até que, num dia de muito calor, degustamos macarrão coreano frio num pequeno restaurante.

Estava escuro quando terminamos de jantar e saímos na noite clara e fresca, com as estrelas piscando como diamantes. Senti o cheiro de jasmim vindo de trás dos muros da universidade. Pensamos em ir para o lago, como fizemos tantas vezes.

— Desculpem, não posso ir com vocês. Tenho de terminar um teste no laboratório — disse Ning.

— Não pode terminar amanhã? Que pena, está uma noite linda — insisti, calma.

— Não. Eu prometi ao meu orientador. Ele está aguardando o resultado do teste — disse Ning, balançando o corpo.

Então, nós nos despedimos dele e saímos pelo portão sul em direção ao lago Weiming.

A lua estava cheia sobre o pagode, como se alguém tivesse dependurado uma enorme lanterna de papel branco. A noite estava suave, quase sem vento, mas, de vez em quando, ondas macias apareciam do nada, turvando o reflexo da lua na água. No fundo do bosque, os grilos cantavam alto. Alguns postes iluminavam as margens do lago.

Fomos andando pela trilha principal até o lago, procurando um lugar para sentar. Quase todos os bancos à beira do lago estavam sob os galhos inclinados dos salgueiros ou atrás de moitas altas que, no escuro, eram os locais mais escondidos do campus.

— Acho que hoje todos os bancos estão ocupados — cochichou Dong Yi quando passamos por jovens abraçados. O único lugar que tinham para ficar eram os bancos do lago.

Paramos na ponte de pedra. A lua também tinha parado ali sobre a água. Dong Yi se encostou nas colunas esculpidas com leões em diversas posições. Senti minha pele tocar a dele e olhei a lua refletida na água.

— Já pensou em ir para os Estados Unidos? — ele perguntou.

— Nunca. Mas, agora que Ning está indo, posso pensar.

Na época, muitos estudantes queriam ir, e alguns deixavam de lado os estudos para se concentrar nos exames de admissão às universidades americanas. Mas eu não estava entre eles, embora às vezes pensasse como seria o mundo fora da China e que seria gostoso conhecer esse mundo um dia. Mas, até Ning ir, não estava preparada para explorar um mundo distante e desconhecido.

— E você? — virei-me para Dong Yi. Vi a sombra dele ao luar.

— Você sabe o que penso. Acho que podemos fazer mais pelo nosso país ficando aqui — respondeu, firme. Eu sabia e sempre respeitei o desejo dele de retribuir e trabalhar por um futuro melhor para a China.

— Pena que tantas pessoas inteligentes e preparadas estejam indo embora — lastimou Dong Yi. — Mas quem pode culpá-las? Está tudo proibido: cartazes, passeatas, discussões políticas.

Ir para os Estados Unidos tinha-se tornado moda desde o início de 1987, depois que o governo proibiu as manifestações estudantis. À medida que a política ficava mais repressora, os jovens perdiam a esperança e saíam do país, sobretudo para estudar nos Estados Unidos.

— Muitos alunos da minha sala estão indo este ano, e por isso pensei de novo no assunto. Liu Gang se surpreendeu quando eu disse isso. Não acho que mudei, mas que é difícil manter a esperança — prosseguiu Dong Yi.

— Se você for para lá, ficará mais longe ainda de Lan — lembrei a ele.

Dong Yi virou-se e também se debruçou na amurada. A lua refletida na água parecia mais real do que a do céu.

— Acho que sim — ele admitiu, calmo.

Nós nos encaramos ao mesmo tempo. Ficamos tão próximos que senti a respiração dele. A lua iluminou seu rosto e algo nos olhos dele confirmou que seu desejo (de se inclinar, me abraçar, dizer palavras de amor, talvez até me beijar) era o mesmo que me consumia.

Ele então recuou um passo. Uma leve brisa turvou o reflexo da lua e nós caminhamos. A mochila da faculdade começou a ficar pesada, e a mudei para o outro ombro.

— Escreveu algum poema novo? — perguntou Dong Yi.

— Sim. Aliás, terminei um ontem.

— Está com você, posso ler?

— Bem... não tenho certeza... você pode não gostar.

— Não seja boba. Adoro seus poemas. Acho que deveria pensar seriamente em publicá-los. Que tal mandar alguns para uma revista? Não entendo muito de poesia, mas você tem talento com as palavras.

— Bom, meu tema é restrito; só escrevo sobre amor e perda. Não sei se alguém se interessaria por isso.

— Todo mundo. O que mais existe na vida senão amor, felicidade, perda e tristeza? Pouca coisa, acho. Vamos, mostre os poemas, por favor.

Peguei o pedaço de papel onde tinha escrito o poema mais recente. Ficamos sob um poste de luz para ele ler. Observei os olhos percorrendo a página e esperei, nervosa, pela reação. Fiquei pensando se saberia que havia escrito sobre ele.

> Ao passar por uma janela ao sul
> O sol forma inúmeras sombras
> Ao lado da sua cama —
> Botão de flor de limoeiro cheirando a vento —
> Faz você pensar em mim?
> Como eu não consegui deixar de pensar em você?

— Wei, o poema é muito bonito. Mande para o concurso de redação e tenho certeza de que você vai ganhar — disse Dong Yi, animado.

Alguém começou a tocar um violão no barco de pedra perto da ilhota no lago. Um rouxinol ecoou o som na colina em frente.

A lua estava sobre o pagode. A noite era suave e cálida como as mãos de Dong Yi. Eu gostaria que não estivéssemos andando à margem do lago, mas entre os casais escondidos no escuro, no alto da colina, nos bancos sob os álamos. Gostaria que ele tivesse lido o poema não como crítico ou amigo, mas como amante. Gostaria...

De repente, uma luz forte iluminou a escuridão do bosque. Uma jovem olhou para a luz como uma corça sob os faróis de um carro. Estava no colo do namorado. Imediatamente, sentou-se e tentou esconder o rosto.

— O que estão fazendo aqui? — berrou o vigia, ainda com a lanterna sobre o casal. — Como se chamam? São de que departamento?

Os jovens ficaram como estátuas e não responderam.

— Por favor, deixe-os. São crianças querendo ficar juntas — pediu Dong Yi.

O guarda apontou a lanterna para ele, que levantou a mão e foi embora.

— Isto aqui é um campus e não um bordel sujo. Temos o dever de manter nossa universidade limpa — disse o guarda, iluminando o bosque. O banco ficou vazio.

O guarda se aproximou de nós e continuou falando:

— Você não sabe quantas atividades criminosas nós descobrimos aqui no lago. Outro dia, pegamos um casal fazendo, bem, você sabe o quê. Logo você verá o nome deles em cartazes. Foram avisados oficialmente de prática de indecência e isso vai constar das fichas deles para sempre. Bem feito. As pessoas deviam agir mais como vocês dois: andar, conversar, se conhecer e nada mais. — Ele continuou andando, iluminando aqui e ali com a lanterna, mantendo o campus limpo.

Perdemos o interesse de procurar um banco e fomos embora, mantendo distância entre nós.

Dong Yi foi para Taiyuan e eu, como pretendia, para as Montanhas Amarelas com minha amiga Qing, que estudava na Universidade Agrária de Pequim.

Nós duas adorávamos viajar. Naquela época, o turismo ainda não tinha se desenvolvido na China, e viajar com uma mochila nas costas não era comum, principalmente para duas garotas como nós. Com pouco dinheiro, embarcamos em trens lentos que paravam em cada aldeia do caminho e fizemos várias conexões. Às vezes, dormimos em bancos de madeira dura dos trens, usando as mochilas como travesseiros, impedindo, ao mesmo tempo, que fossem roubadas. Outras vezes, nos encolhíamos no chão de casas de banhos públicos vazias. Uma noite, numa casa de banhos, fui acordada por um barulho forte. Depois que o barulho parou, fiquei assustada com medos imaginários e não consegui mais dormir. Sombras de chuveiros, o cheiro úmido, tudo à nossa volta parecia perigoso. Tive de acordar Qing.

— Durma de novo. Aqui só há nós duas. Você está se apavorando. — E voltou a dormir.

Mas não ousei fechar os olhos pelo resto da noite.

Finalmente, quando os trilhos da ferrovia acabaram na última cidade antes das montanhas, tomamos um ônibus. Durante algumas horas, parecemos perdidas em enormes florestas de bambu. Depois, a estrada foi-se alargando à medida que o ônibus subia. Outros ônibus, dirigidos por funcionários de agências para turistas estrangeiros, nos acompanharam na estrada sinuosa até os pés da montanha Huangshan. De longe, vimos cumes nebulosos que mudavam de forma e de cor à medida que as nuvens e a neblina passavam por eles.

Chegamos ao pé das Montanhas Amarelas no final da tarde e nos hospedamos num pequeno hotel. Na manhã seguinte, começamos a escalar o pico mais alto, que tem uns 1.800 metros. A escalada era lenta e, às vezes, difícil. Em vários pontos, o caminho era ao lado de rochedos íngremes, com um enorme despenhadeiro de um lado e a pedra lisa do outro. A única segurança eram as correntes de ferro presas às pedras. A subida era um desafio principalmente para mim, pois tenho medo de altura. Mas ficamos animadas à medida que subíamos e, a cada volta, tínhamos paisagens de tirar o fôlego em meio à neblina, sempre com ar puro, picos e velhos pinheiros vicejando na pedra, parecendo que poderiam saltar de suas precárias beiradas e tocar o céu.

Na primeira noite, alugamos casacos de inverno acolchoados e tentamos ficar no alto da montanha. Mas estava frio demais e não conseguimos dormir. Passamos a noite conversando, cochilando e voltando a conversar.

Qing e eu nos conhecemos aos doze anos, no primeiro dia de aula do internato. Ela era uma das minhas sete companheiras de quarto.

— Você não imagina quem encontrei duas semanas atrás em Wangfujing: a nossa ex-colega de quarto Min Fangfang, a "ratinha Minnie". Foi engraçado, estávamos comprando batom na nova loja de departamentos. Não a reconheci. Ela melhorou muito. Como uma pessoa pode mudar em dois anos de faculdade em Xangai! Lembra daquela primeira noite no internato, quando houve uma tempestade forte e ela caiu da cama?

— E chorou. — Nós duas rimos ao lembrar.

A noite foi longa e fria. Depois de esgotar todos os assuntos do passado, falamos do futuro. Na manhã seguinte, estávamos tão cansadas que mal lembramos da conversa. De madrugada, começou a chuviscar, mas, mesmo assim, fomos para o mirante, um conjunto de pedras enormes, esperando que o tempo melhorasse antes do amanhecer. Não tivemos sorte. Então, resolvemos ficar mais uma noite no alto da montanha para assistir ao nascer do sol.

Naquela noite, dividimos quinze iuanes (cerca de uma libra esterlina) para alugar uma cama numa das tendas. E finalmente vimos o sol nascer em toda a sua glória, sobre as planícies da China. No horizonte, a rica terra dos meus antepassados se fundia com o céu em raios dourados, sem começo nem fim. Eis a China, minha terra natal. Lá, no Ocidente, estão as planícies de *Zhong Gou*, onde existe vida há milhares de anos. Mais para oeste, o rio Yang-tzé corre calmo, brilhando sob a luz matinal como um cinto prateado. À medida que o sol subiu no horizonte, a luz explodiu em centenas de milhares de raios sobre a terra. As nuvens, as rochas, os seres, tudo parecia subitamente transparente. "Dong Yi! Está vendo e sentindo o mesmo que eu?", perguntei a mim mesma.

Naquele verão, Yang Tao, que fora meu namorado no primeiro ano da Universidade, voltou após passar um ano no exterior.

Quando ele viajou, terminei o relacionamento, mas, na volta, ele simplesmente retomou tudo de onde tinha deixado. Cobriu-me de presentes comprados no Ocidente e contou sobre seu novo emprego no Departamento de Relações Exteriores, suas ambições políticas e seus planos em relação a nós. Estava prestes a ser o mais jovem diplomata da China.

Eu não sabia o que fazer, com Dong Yi na cidade dele e Ning se preparando para os Estados Unidos. Ainda não tinha considerado seriamente fazer uma viagem aos Estados Unidos, mas, como muitas garotas chinesas da época, sentia-me seduzida pelas terras distantes, por tudo o que fosse ligado ao estrangeiro e, principalmente, pelas pessoas que tinham trabalhado fora. Gostei das roupas da moda que Yang Tao trouxe para mim de Paris, Roma e Cairo. Os produtos de maquilagem tinham acabado de chegar à China e as marcas estrangeiras eram poucas e caras. As garotas que gostavam de andar na moda deixavam de comer para comprar base para o rosto e delineador de olhos. Pois Tao me trouxe não só grandes caixas de maquilagem com tudo (de sombras para olhos a *blushes* e batons), mas alguns produtos para minhas colegas de quarto. Claro que elas ficaram muito gratas e impressionadas.

— Que sorte a sua, ter um namorado tão rico e bonito — disseram. A inveja delas me animou, embora soubesse que meu ânimo era superficial. Talvez fosse o que eu precisava após a rejeição de Dong Yi. Por esses motivos tão materiais e fúteis, aceitei Yang Tao: foi o meu erro.

Ficamos juntos quase toda a última semana de férias de verão, fazendo compras nas butiques ocidentais e jantando nos restaurantes da moda, como o Maximilian, francês, do estilista Pierre Cardin. Numa tarde de sábado, Yang Tao me levou a seu dormitório para mostrar mais fotos da viagem. Ele ia começar a trabalhar no Departamento de Relações Exteriores no outono e até lá cumpriria as últimas exigências para entrar na Universidade de Línguas Estrangeiras de Pequim.

A universidade estava silenciosa, já que faltava uma semana para as férias terminarem. No dormitório vazio, não vimos nem ouvimos ninguém quando subimos para o quarto dele no primeiro andar. Embora o dia estivesse ensolarado e claro, o quarto tinha apenas uma janela para o norte e era totalmente sombreado por um enorme carvalho. O quarto era pequeno, apertado com três beliches, sendo a cama dele a inferior, à esquerda da porta.

Sentamos na cama olhando os álbuns de fotos, enquanto ele me explicava onde era cada lugar. Colocou o álbum no chão e me deitou na cama. Lentamente, começou a me beijar.

— Não se preocupe. A primeira vez dói, mas serei cuidadoso — ele cochichou, levantando minha saia e tirando minha calcinha.

Eu tinha vinte anos, mas nenhuma experiência sexual. Claro que sabia fisicamente o que ia acontecer, mas não o que fazer. Fiquei parada.

Depois, Yang Tao ficou olhando eu me vestir. Tive uma sensação horrível, a dor no meio das pernas era desagradável e a reação dele me surpreendeu: de repente, entrou em pânico e disse: — Você certamente não toma anticoncepcional. Precisamos arrumar uma pílula do dia seguinte. Você não vai querer engravidar.

Nesse momento, fiquei com medo: gravidez. O que eu faria se isso acontecesse? Como ia encarar meus pais? Minha vida estaria acabada. Seria expulsa da universidade... pensar num filho, ou num aborto, me deixava gelada. E Yang Tao podia perder o emprego no Departamento de Relações Exteriores se engravidasse uma menor de idade. A idade mínima para casar-se, e, portanto, para fazer sexo, era 23 anos. Eu sabia que ele também estava preocupado e resolveu que iríamos imediatamente para a rua principal em Haidian comprar um anticoncepcional.

A maior loja na rua era uma farmácia-herbário. Um enorme painel em frente à loja mostrava um casal revolucionário e uma criança sorridente, com o título "Case tarde, controle a natalidade". A rua estava cheia de consumidores de fim de semana, mas, para nossa sorte, a farmácia tinha pouca gente.

Na porta, ficamos indecisos. Yang Tao disse: — Precisamos ser naturais. Vamos dizer que somos casados e, por um descuido, precisamos de pílulas do dia seguinte.

Entramos e minhas mãos tremiam. A loja era mais larga do que comprida, com balcões envidraçados em toda a volta. Por trás deles, as paredes eram cobertas de imponentes armários de madeira com ervas da medicina chinesa em centenas de gavetinhas com puxadores de metal reluzente. Quando eu era pequena, achava que ir ao herbalista era como ir a um templo: o conhecimento estava guardado naquelas pequenas gavetas que iam até o teto.

Assim que entramos, sentimos o cheiro de raízes amargas e secas, ervas em pó e entranhas de animais conservadas dentro de vidros com líquidos. Atrás do balcão, uma mulher de meia-idade, de jaleco branco, lia um romance popular sobre a juventude marginalizada. Yang Tao explicou nossa situação para a mulher, que nos olhou com atenção. Eu sabia que estava perdida. "Essa mulher sabe que estamos mentindo. Vai chamar a polícia, que me levará para a universidade", pensei. Eu ainda estava muito confusa com tudo o que tinha acontecido nas últimas horas. Fora rápido, tudo se passara em minutos, mas quanta dor me custou, e ainda ameaçava arruinar o resto da minha vida; eu ainda queria fazer tantas coisas!

— Podem escolher ali, naquelas caixas — disse a mulher, enfiando a cara no livro de novo.

Por causa do excesso de população, o controle da natalidade era muito incentivado no país. O governo distribuía pílulas anticoncepcionais e camisinhas e proibia que os casais tivessem mais de um filho. Eu sabia da existência das pílulas grátis, mas fiquei surpresa com a facilidade para consegui-las. Havia de todos os tipos, além de dispositivos intrauterinos expostos em bandejas de plástico pela loja.

Pegamos uma pílula de cada tipo e saímos rápido. Li a bula atrás de uma pequena banca de frutas: era para tomar uma pílula imediatamente e outra no dia seguinte.

Voltamos então para a universidade.

Estava perto da viagem de Ning. Fui visitá-lo. Estávamos tristes por ele ir embora. Conversávamos a respeito do ano e do tempo que passáramos juntos quando, de repente, Yang Tao entrou no quarto. Sem dizer nada, deu um soco em Ning. Minha primeira reação foi ajudar Ning, mas concluí que isso só pioraria as coisas. Yang Tao tinha achado que Ning e eu éramos amantes. Aos gritos e chorando, empurrei e puxei Yang Tao dali.

Mais tarde descobri que uma das minhas companheiras de quarto tinha dito a Yang Tao que eu havia ido visitar meu amigo no departamento de física. Ele então mexeu na minha bolsa e achou o endereço de Ning. Nos dias seguintes ao incidente, ele se desculpou várias vezes, mas fiquei muito abalada com aquela agressividade.

O outono chegou. As folhas dos bordos estavam vermelhas como sangue. O céu parecia mais alto sem o sol forte do verão e os dias eram frescos e claros como cristal.

Ning foi embora da China.

Pouco antes do jantar, minhas companheiras de quarto foram para a cantina enquanto eu me maquilava para sair. Yang Tao ia me levar para comemorar a bolsa de estudos que eu havia ganhara na faculdade.

Todo ano, a Universidade de Pequim concedia uma bolsa e uma vaga na faculdade para um ou dois dos melhores alunos de cada departamento. Naquela primeira semana de volta às aulas, eu soube que tivera as notas mais altas da classe e, assim, ganhara a bolsa. Não só tinha recebido uma vaga na faculdade, mas poderia estudar com o professor que quisesse, o que era um grande privilégio, pois geralmente é o professor quem escolhe o aluno.

Contei para Yang Tao.

— Que maravilha. Vamos jantar na Casa de Chá Russa. Ponha o vestido branco que comprei para você em Paris. Passo aí às sete.

O convite era muito animador. Até pouco tempo antes, a Casa de Chá era um restaurante frequentado só pelos membros mais antigos do Partido. Eu nunca tinha ido lá, nem conhecia alguém que tivesse ido. Estava quase pronta quando bateram à porta. Imaginei que fosse Yang Tao.

— Chegou cedo. — Abri a porta.

— É mesmo? — Surpresa, vi Dong Yi na minha frente. Estava preparada para vê-lo, mas não naquele momento. Ele me olhou bem por alguns instantes e sorriu:

— Olá, Wei. Há quanto tempo. Como está bonita!

— Que bom ver você. Por favor, entre. — Senti uma onda de alegria em vê-lo, tinha vontade de abraçá-lo, segurar as mãos dele e contar as boas-novas. Mas não fiz nada disso, porque na China o contato físico é restrito aos amantes. — Quando voltou? Como foi o verão? — Assim que perguntei, pensei em Lan e no verão inteiro que passaram juntos. Preferia não ter perguntado.

— Ótimo. É bom voltar. Gostou das Montanhas Amarelas?

Contei da viagem e disse que ele precisava conhecer Qin.

— Ela é muito engraçada, mordaz e rebelde. Às vezes, acho estranho ela ser assim, considerando que os pais são membros do Exército de Libertação do Povo.

Mas Dong Yi interrompeu o que eu dizia, coisa que não costumava fazer, e mudou de assunto.

— Na verdade, vim aqui para lhe contar uma coisa.

— Também tenho o que contar. Estou tão animada. Recebi uma bolsa para a faculdade!

— Parabéns! Que maravilha, Wei.

Bateram à porta outra vez.

— Um instante. Vou ver quem é.

Abri a porta. Era o namorado de uma das minhas colegas de quarto. Informei que ela fora jantar na cantina quatro. Quando ia fechar a porta, meu diplomata apareceu.

— Parabéns, querida! Estou orgulhoso. Trouxe isso para você. Abra. — Ele segurava o capacete da moto numa mão e uma pequena caixa vermelha na outra.

— Você não precisava fazer isso. Este é meu amigo Dong Yi, que está indo embora. — Fiquei constrangida. Não tinha tido tempo de contar a Dong Yi sobre o diplomata. E fiquei preocupada, lembrando do que ocorrera com Ning; queria que Dong Yi fosse embora logo.

— Olá — cumprimentou Yan Tao. Depois, virou-se para mim e repetiu: — Abra.

Abri a caixa. Tinha uma corrente de ouro com um pingente de coração.

— Coloque. Foi a primeira coisa que comprei para você quando estava fora. Combina com você. — Ele me ajudou a colocar a corrente e depois me beijou no rosto.

Quase morri. Olhei para Dong Yi, que estava muito constrangido. Não consegui dizer nada.

— Está pronta? Temos de chegar na hora em que reservei a mesa — disse ele, ainda sem dar atenção a Dong Yi.

— Acho melhor eu ir embora. Desejo a vocês um ótimo jantar. — Dong Yi levantou-se para ir embora, e era evidente que estava magoado.

— Vejo você depois, pode ser? Você queria me contar uma coisa...

— Não era nada. Não se preocupe — disse Dong Yi, e foi embora rápido.

A Casa de Chá Russa era o único restaurante ocidental que sobrevivera à Revolução Cultural; pelo jeito, os líderes do Partido gostavam da comida. Talvez os frequentadores mais velhos se lembrassem dos bons tempos em que a República do Povo tinha acabado de ser criada e os mais jovens dos anos em que viveram na União Soviética como promissores integrantes do Partido. O restaurante ficava num jardim no suntuoso estilo russo, com pé-direito alto e colunas enormes. Abrira para o público em 1984; antes disso, era de uso "exclusivo dos membros, familiares e amigos do Partido". Porém os fregueses assíduos continuavam sendo líderes do Partido, suas famílias e amigos. Recentemente, tinha se tornado um lugar da moda para chefes de estatais jantar à custa das empresas, embora muitos não soubessem usar talheres ocidentais, mas só os pauzinhos chineses. Ao contrário dos restaurantes tradicionais chineses, os garçons vestiam camisa branca e calça preta e eram solícitos com os clientes. Naquela noite, tivemos um grande jantar. Yang Tao pediu caviar e champanhe. Quando corrigiu a maneira como usei as facas e garfos, pensei em como Dong Yi estaria se sentindo e no que queria me contar. E no que eu não tinha contado para ele.

No dia seguinte, não procurei Dong Yi. Senti-me mal por ele ter descoberto a existência de Yang Tao daquela maneira. Alguns dias depois, encontrei-o na cantina e notei um distanciamento entre nós. Perguntei o que queria me contar, e ele repetiu que não era nada.

Desconfiei que não estava dizendo a verdade, mas calei-me. Nem disse o que tinha acontecido entre mim e Yang Tao. Pensei em outras coisas. Depois que tive uma vaga garantida na faculdade, a pressão por estudar diminuiu e passei mais tempo longe do campus. Yang Tao estava com os dólares que recebera ao servir no exterior e me levou para fazer compras nas lojas de grife recém-inauguradas. Fomos a restaurantes e bares caros — a vida noturna em Pequim estava começando a existir, mas só para os que podiam pagar. Logo me tornei uma das estudantes mais bem vestidas do campus. Acho que nunca fui contra aqueles presentes porque minha relação com Dong Yi tinha esfriado bastante, embora, de vez em quando, eu ainda pensasse nele. No fundo, sabia que gostava dele, e, para não lembrar, enfiei-me no mundo de gratificação imediata que Yang Tao me concedia: dinheiro, joias, roupas de grife, álcool e sexo.

Uma noite, Yang Tao contou que pedira ao representante da Universidade de Pequim na Associação de Alunos para prestar atenção em mim. E que havia gente tentando retomar os "supostos debates democráticos" e incentivar o sentimento antigoverno no campus. Yang Tao não queria que eu me aproximasse deles, porque tanto a Associação quanto a Liga da Juventude estavam acompanhando de perto a situação e sabiam nomes de estudantes e departamentos.

— Se esses alunos não pararem com as atividades, logo alguém vai se dar mal.

Ele disse que eu devia tomar cuidado porque seria a futura esposa de um importante diplomata. Senti-me um pássaro numa gaiola dourada. Às vezes, quando ia ao lago Weiming sozinha, sentia o vazio dentro de mim. E sonhava com os dias maravilhosos que passei com Dong Yi e Ning. Quando terminava o devaneio, ficava muito triste, com uma sensação de perda. Pensava em Ning: depois que ele foi embora, nada era igual. Parecia que era o culpado pela falta de sentido da minha vida.

Com as aulas, minha vida ficou cada vez mais sem graça. Os estudos não me davam prazer; na verdade eu os detestava, mas não tinha jeito. Fiquei deprimida. Minhas notas caíram e me afastei dos amigos. O relacionamento com Yang Tao ficou complicado, pois ele insistia em saber de tudo o que eu fazia e isso aumentava minha frustração. Muitas amigas invejavam a minha vida, mas eu estava louca para acabar com aquilo. Sentia falta de Dong Yi, de Ning e dos tempos felizes que passamos juntos.

Três dias antes de me apresentar na faculdade, descobri de repente como resolver aquela situação. Passei três noites sem dormir, pensando na vida. E resolvi que, em vez de me diplomar na Universidade de Pequim, eu ia estudar nos Estados Unidos, mesmo que precisasse tomar aulas extras de inglês. O eldorado da liberdade e da fartura era a solução que eu procurava.

Assim, não fiz minha matrícula. O departamento mandou cartas e meus colegas me procuraram. Quando disse aos professores que tinha resolvido abrir mão da vaga, eles não acreditaram. Meus pais ficaram irritados.

— Como pode jogar fora uma oportunidade dessa? O que vai fazer se não der certo nos Estados Unidos? Não é tão fácil quanto você pensa! — Mamãe berrou. Mas eu estava decidida. Ninguém ia me convencer a mudar.

Eu estava livre; o pássaro tinha escapado da gaiola. Não me arrependia de nada. Tinha só uma enorme vontade de voar pelo céu aberto.

Virei celebridade no campus. No ano letivo seguinte, sempre que visitava o dormitório das amigas que estavam na faculdade, as pessoas vinham me olhar. Diziam que tinham ouvido falar tanto de mim que queriam ver como eu era. Acho que a maioria delas, como meus pais, achava que eu tinha enlouquecido.

Quando resolvi largar a faculdade e ir para os Estados Unidos, também estava pronta para terminar minha relação com Yang Tao. Por sorte, na época ele estava de novo no exterior. Então, escrevi-lhe uma carta. E combinei de jantar com Dong Yi.

Naquela noite, a cantina número três estava cheia. Havia centenas de pessoas. Liam alto o cardápio para os amigos, escrito em quadros-negros dependurados nas janelas. Tentavam entrar na fila. Cumprimentavam colegas e novos conhecidos com a animação de um início de ano letivo.

Dong Yi e eu tentamos nos entender por cima da barulheira de colheres batendo em tigelas de alumínio e conversas em voz alta. Contei a ele o que tinha resolvido da vida. Ele não pareceu surpreso.

— Como seus pais reagiram?

— Estão furiosos. Acham que troquei o certo pelo duvidoso. E que estou maluca. Claro que é bem possível que eu não consiga entrar em nenhuma faculdade lá. Mas não significa que não vou tentar. Por outro lado, eles gostaram muito de saber que não estou mais com aquela pessoa. Não gostavam dele. Jamais gostaram de nenhum namorado meu. E você? Como foram as férias de verão? Fez muitas coisas? — perguntei.

— Bom, pode-se dizer que sim. Primeiro, trago notícias de Liu Gang. Lembra dele?

— Claro, fomos ao seu aniversário. Ele se formou no ano passado, não?

— Isso mesmo. Mas, como está desempregado, voltou para Pequim e vai morar comigo por algum tempo.

— Lastimo que tenha acontecido isso. Como está ele? — Fiquei surpresa com a notícia.

— Várias pessoas do departamento o estão ajudando, incluindo a professora Li Xuxian e o marido, professor Fang Lizhi. O professor dava aulas de física e foi durante muitos anos o principal membro da oposição na China. Em 1987, foi expulso do Partido Comunista por apoiar as manifestações estudantis no ano anterior. Seus textos sobre direitos humanos e democracia lhe deram fama internacional, além de muitos problemas com o governo. A mulher dele foi professora de Dong

Yi e também uma figura de destaque no Movimento Democrático Chinês.

Dong Yi prosseguiu:

— Aliás, se alguém lhe perguntar sobre Liu Gang, não diga nada. Desconfiamos que a polícia secreta esteve no campus à procura dele.

— Polícia secreta? Por quê?

— Ele chamou a atenção da polícia quando foi editor da revista *Diálogo Aberto*. Depois que voltou a Pequim, passou a se manifestar mais ainda sobre reformas políticas. Tem feito discursos em passeatas no campus.

Interrompi Dong Yi ao perceber que ele também podia correr risco.

— Se a polícia secreta está procurando Liu Gang, você também corre perigo.

— Não se preocupe, pois estou bem. Sinceramente, estou ótimo. — Ele sorriu.

— E o que mais? Você disse que essa era a primeira notícia — perguntei animada, em parte para mudar de assunto mas também para satisfazer minha curiosidade. Queria descobrir logo tudo sobre ele para poder contar dos meus planos.

— Eu me casei. — Desta vez, ele falou calmo, como se contasse que comprou uma camisa ou trocou o calendário na parede.

— O quê? — Fiquei pasma. Não sabia o que pensar. Parecia que a vida tinha se escoado de mim. — Já estava planejando isso? Por que não me contou?

— Não planejei. Nem imaginava. Quando cheguei em casa, a minha família e a dela queriam que nos casássemos. Primeiro, achei que era só o mesmo drama que fazem toda vez que chego. Mas dessa vez foi diferente. Lembra daquela noite no ano passado, quando voltei de lá? Fui encontrar você para dizer que pensava em terminar com Lan. Durante aquele verão, tinha pensado muito em você e no que eu queria da vida.

Fiquei chocada de ouvir aquilo e a surpresa me emudeceu. Tentei imaginar o que ele queria dizer naquela noite, mas não me ocorreu que fosse a vontade de largar a namorada.

— Pensei no que você disse sobre *Ana Karenina*, a história de amor maldita. E pensei que não seria justo com Lan também casar-me sem gostar dela. Vim dizer tudo isso, mas você estava com seu diplomata. Como ele se chama?

— Yang Tao — respondi.

— Eu não podia competir com ele. Não podia comprar joias ou frequentar restaurantes caros. Você parecia feliz. Parecia ter acertado suas arestas.

Será que eu era superficial assim? Era. Mas se ele soubesse a verdade do meu relacionamento, se soubesse da minha solidão sem ele...

— Por que não me disse? — perguntei.

Por que ele não me salvou? Não sabia que eu largaria tudo se ele me chamasse para o outro lado do mundo?

— Agora não interessa mais. A verdade é que, à medida que os anos se passaram, foi ficando cada vez mais difícil terminar a relação. Todo mundo dizia que, se não nos casássemos, Lan ficaria com má fama. Jamais conseguiria encontrar um bom homem para casar.

— O que quer dizer isso?

— Bem, é que ela não era mais virgem.

Fiquei surpresa, mesmo sabendo do moralismo rígido do interior do país. Talvez Lan fosse mais moderna do que eu pensava, talvez eles se gostassem o bastante para enfrentar a hostilidade dos outros. Talvez... parei de pensar. Estava triste, enciumada e irritada. "Isso é mais do que eu quero saber", pensei.

Dong Yi continuou: — Quando falei em você para Lan, ela ficou muito magoada. Eu não suportava vê-la infeliz. Nós nos amávamos há tanto tempo. Eu precisava ajudá-la e trazer a felicidade de volta à nossa vida.

— Mas nós jamais sequer nos beijamos — argumentei.

— Para ela, não importava. Era o que eu sentia por você que a magoava. Tinha razão, pois, se fosse uma coisa simplesmente física, magoaria menos. Ela também se magoou por termos continuado tão amigos. Perguntou o porquê da amizade, eu não soube dizer. Ela achava que, como o Partido Comunista, eu "preferia o novo ao velho". E que, desde que vim para a universidade aqui, eu a menosprezava, havia sido ingrato por tudo o que fizera por mim: cuidara dos meus pais, cozinhara, limpara etc. Todo mundo lhe disse a mesma coisa.

A voz dele passou a um sussurro.

— Lan contou de você aos meus pais e aos pais dela. Todos ficaram do lado de Lan. Wei, você sabe que a vida pode ser complicada, não?

Ele se calou. Será que esperava compreensão ou apoio da minha parte? Meu amor, o que quer que eu diga? Eu queria me perder nos olhos dele, tão suaves. Mas estava arrasada. Então, não disse nada. Não podia ajudá-lo naquele momento.

— Fizemos o que era mais simples e nos casamos. Estava na hora de acabar com tanto sofrimento.

— Seu ou meu?

— Não seja cruel, Wei. Gostaria de ser mais parecido com você. Aliás, jamais conheci alguém assim. Num piscar de olhos, você pode recomeçar a vida. Já eu sou um covarde. Mas acho que foi melhor para todo mundo. Eu sou tudo que Lan tem; já você tem o mundo a seus pés.

— Não seja tão exigente consigo mesmo — eu disse. De repente, lembrei que estávamos numa cantina, com calouros falando alto, cheiro de comida gordurosa e molho apimentado.

— Você não é covarde; é apenas mais gentil do que eu.

Naquele momento, mergulhei no barulho do mundo agitado à minha volta e vi que sentado na minha frente estava o homem que era tudo que eu queria e tudo que eu tinha perdido. Dong Yi tinha entregue sua vida e sua felicidade a outra pessoa.

Capítulo 5

Corrida do ouro

> Chegará o dia em que o vento atingirá as ondas. Nós então
> levantaremos as velas e partiremos para o mar.
>
> Li Bai, século VIII

Conheci Eimin numa festa do departamento de psicologia na primavera de 1988, três meses antes de receber meu diploma. Ele tinha acabado de fazer o mestrado na Escócia e ser indicado para professor-assistente. O chefe do departamento pediu então para ele dar uma palestra aos alunos sobre sua experiência na Grã-Bretanha, o que foi uma grande honra, já que o chefe era mais velho do que ele. Eimin nos surpreendeu e, em vez da palestra a que estávamos acostumados na China, ele mostrou um estilo ocidental: respondeu às perguntas da plateia e, assim, a envolveu no tema. Tinha um talento natural para dar a impressão de que você estava ao lado dele na viagem, andando, vendo, explorando e avaliando tudo, de psicologia e decadência da sociedade ocidental até o monstro do lago Ness. Sentada no fundo da sala, achei que a voz dele parecia vir de um lugar distante.

Eimin era doze anos mais velho que eu e havia passado a juventude numa remota Comuna Coletiva do Povo, durante a Revolução Cultural. Quando Deng Xiaoping reabriu as universidades em 1977, Eimin pegou emprestado livros dos colegas afastados da universidade e os leu à noite, à luz de lamparinas a óleo. Era filho de um professor de faculdade que um dia confiou num amigo e criticou o papel de Mao na Revolução Cultural. O amigo delatou-o. Ele foi torturado e enviado para trabalhos forçados, a família foi expulsa da casa onde morava e os filhos foram levados para Comunas em partes diferentes do país. Eimin tinha quinze anos quando foi recolher com pás o excremento de vacas no norte da China. Passou oito anos lá, sem permissão para visitar o pai.

A experiência dele era bem diferente da minha. Ele vivera a Revolução Cultural e sobrevivera a ela. Ficara cinco anos no Ocidente e vira mais do que apenas o que ensinavam nas salas de aula. Para mim, ele era maduro, enigmático, bem-sucedido e inteligente, tudo o que me atraía nos homens. Além de servir ao que eu queria na época: romper com o passado.

O fato de ser meu professor fez com que ele ficasse mais carismático. Na cultura ocidental, a aluna deve respeitar o professor e, às vezes, considerá-lo um amigo. Na China, o aluno ou aluna deve se dedicar ao mestre e vê-lo como fonte de inspiração. No Ocidente, amor entre professor e aluna é inadequado, mas na China é muito comum e serve de tema para romances de artes marciais.

Eimin e eu éramos amigos há algum tempo quando, numa noite de novembro, ele me convidou para um baile no campus. Na época, eu já tinha saído da universidade e voltado a morar com meus pais. Passava o dia todo em aulas de inglês, me preparando para estudar nos Estados Unidos, e à noite fazia os deveres de casa. Sentia falta da vida no campus e, assim, aceitei de bom grado o convite.

Ele dançava mal e fiquei me perguntando por que me convidara, mas não me importei. Dancei a noite toda enquanto ele ficou sentado, me olhando de soslaio e sorrindo.

Fomos dos últimos a sair do salão. Era mais de meia-noite e ele disse que eu não devia voltar de bicicleta para o apartamento de meus pais àquela hora, no frio. Sugeriu que eu dormisse no sofá da sala dele. Quando voltou da Escócia, ele tinha recebido uma pequena sala no primeiro andar do Edifício do Jovem Professor. O prédio tinha telefone, e liguei para avisar meus pais que ia ficar no dormitório de uma amiga. É claro que sabíamos o que ia ocorrer naquela noite e que era algo que nós dois queríamos. Quando ele se aproximou de mim no escuro, abri os braços e retribuí o beijo.

Logo me apaixonei e, em fevereiro de 1989, comecei a passar muito tempo no pequeno quarto privativo dele. Em janeiro, acabei de fazer os exames de seleção para as universidades americanas. Candidatei-me a uma vaga no ano letivo seguinte, que lá começa em setembro. Infelizmente, Eimin era um pouco ambicioso e viciado em trabalhar e passava muito tempo dando aulas e orientando testes. Uma noite, esperava encontrá-lo, mas ele estava fazendo uma pesquisa no campus. Por isso, fui visitar Chen Li, sabendo que seria um encontro animado.

Após um dia cheio de agitação, o campus estava calmo. A noite estava perfumada, agradável e a areia amarela que ficara no ar o dia todo, vinda do deserto da Mongólia, tinha assentado.

Nós nos encontramos no bar Jardim Redondo. Passamos por uma portinha e descemos ao porão por uma escada estreita.

O bar era uma sala grande, sem decoração, só com mesas e cadeiras. Mas era o lugar da moda no campus. Integrava um conjunto de três prédios residenciais onde se hospedavam os estudantes e visitantes estrangeiros da Universidade de Pequim. Os alunos chineses só podiam entrar no conjunto se fossem convidados por um morador. O bar tinha sido inaugurado dois anos atrás e era o único no conjunto onde os alunos chineses tinham entrada livre. Os alunos estrangeiros passavam quase todas as noites lá, compartilhando histórias sobre a China ou seus lugares de origem. Os alunos chineses iam, apesar de ser um lugar caro, para ter um sabor do estrangeiro e para se sentir um pouco exóticos.

Tiramos nossos pesados casacos de inverno, sentamos numa mesa próxima à entrada e pedimos café. O bar cheirava a fumo doce. A luz fraca dava um clima romântico em meio à fumaça dos cigarros. As caixas de som berravam uma mistura das canções em inglês mais populares na China, das bandas The Carpenters e Wham! e do cantor Lionel Richie.

Olhei em volta nas mesas e notei elegantes garotas chinesas. Seus cabelos compridos e negros brilhavam como cetim e elas tinham os lábios pintados de vermelho brilhante. Namorar um estrangeiro era arriscado, mas muitas tentavam, pois casar com um ocidental era o sonho de muitas garotas. Assim, poderiam ir embora da China para sempre. Alguns jovens estrangeiros pareciam apreciar sua popularidade, como reis adorados por seus súditos. Iam ao bar para ficar rodeados de garotas, beber e ser seduzidos pelas formas e cheiros da feminilidade oriental.

Naquela noite, Chen Li estava contente. Havia descoberto que tinha muita chance de ser convidado para trabalhar em Xenzhen, uma cidade próxima a Hong Kong e a primeira zona econômica especial da China. Não só a primeira, mas a mais bem-sucedida das zonas econômicas criadas por Deng Xiaoping.

— Sabia que a renda média lá já é dez vezes maior do que em Pequim? A economia de livre mercado fez milagres. Imagine o que seria da China se a prosperidade de Xenzhen se espalhasse pelo país inteiro!

— Você não quer ficar em Pequim? Afinal, é a capital, e onde se faz a política — observei.

— Muitos colegas meus querem ficar aqui na capital; alguns chegam a estar desesperados, dispostos a fazer qualquer coisa, entrar por baixo do pano ou subornar. Mas eu, não. Não me interesso por política. Bom, não é bem isso; quero estar mais ligado à economia. Você sempre disse que pareço mais engenheiro do que economista. Sou um economista de campo, ou seja: como os engenheiros, gosto de meter a mão na massa.

A imagem de Chen Li trabalhando no campo parecia combinar com ele. Era filho único de operários de fábrica e sempre se interessara por problemas e soluções concretos. Eu gostava das inúmeras qualidades dele, entre as quais seu entusiasmo ingênuo. Ele realmente acreditava que as coisas são pretas ou brancas, boas ou ruins, certas ou erradas e agia de acordo com isso. A segurança dele, com essa visão simplista, era bem refrescante depois de haver passado quase todo o meu tempo com um homem doze anos mais velho que eu, que via tudo complicado, cinzento e indefinido.

Tomei meu café devagar, enquanto ouvi os planos de Chen Li. É tão bom se animar com o futuro de alguém, pensei. Gostaria de ser tão positiva a respeito do meu. Nesse instante, Hanna chegou.

Hanna era filha de uma família amiga e tinha sido aluna de minha mãe. Um ano antes, largara a universidade e fora para os Estados Unidos. Tinha uma tia distante, uma atriz muito conhecida em Hollywood, que aceitou pagar as despesas dela. Entendi que estava tudo certo para ir, e por isso fiquei pasma ao ver que ela continuava no país e, ainda por cima, naquele bar.

— Hanna, o que faz aqui?

— Ah, dou aulas de chinês para *Lau Wai* (estrangeiros). Aliás, este é Jerry, meu aluno. Podemos ficar na mesma mesa? Hoje está lotado — disse ela, olhando em volta.

— Claro — e apresentei Chen Li.

Hanna estava feliz e mais bonita que nunca. Tinha uma beleza natural, 1,80m de altura, pele morena e corpo curvilíneo, sabia de seus dotes e não se acanhava em exibi-los. Quando ria, o corpo todo ondulava junto com os cabelos. Todos os homens do bar a notaram e não conseguiram mais tirar os olhos dela.

— Jerry é professor na Universidade de Kansas.

— Professor de quê? — perguntou Chen Li, em inglês.

— História da Ásia — respondeu Jerry, num chinês quase perfeito.

Hanna colocou um cigarro na boca e Jerry o acendeu.

— Jerry fala línguas muito bem. Já falava muito bem o chinês quando respondeu ao meu anúncio quatro meses atrás. Ele também fala japonês fluente.

Com cinquenta e poucos anos, Jerry ainda era um homem bonito. Alto, atlético, com cabelos grisalhos e um ar de superioridade.

— Hanna é a melhor professora que se pode ter. Foi muita sorte encontrá-la. — Olhou-a com adoração e ela respondeu com um lindo sorriso.

— Por que você ainda está em Pequim? — perguntei.

— Acredita que não consigo o visto de estudante? Achei que o apoio da minha tia seria suficiente. Ela é muito rica. Mas o bobo da embaixada americana quer a carta de admissão da faculdade. Minha tia está resolvendo. Enquanto isso, como preciso de dinheiro, vim aqui e deixei meu cartão na recepção.

Jerry então explicou a dificuldade para estudantes estrangeiros entrarem nas faculdades americanas.

— O problema não é só dinheiro. Os alunos precisam ser aprovados nos testes de admissão.

— Mas agora é tarde para fazer as provas deste ano — disse Hanna, soprando a fumaça do cigarro. — Tomara que eu não tenha de ficar na China mais um ano; vou para os Estados Unidos de qualquer jeito. Tenho de ir. Aqui não posso trabalhar no que quero. Sabe quanto eles pagam por uma autônoma sem diploma de faculdade? Quase nada. Por isso vim ensinar chinês aqui. Dá bom dinheiro. Mas não é uma solução definitiva. Afinal, estudei inglês e jornalismo: por que vou dar aulas de chinês?

— A China é maravilhosa, gosto muito daqui. Mas acho que os jovens devem viajar para ver como vivem os outros povos. Por exemplo, outro dia — disse Jerry, gesticulando para Hanna e prosseguindo —, eu disse a ela que nunca vi tumulto igual ao de passageiros entrando em ônibus aqui. Cada ônibus que vinha parecia ser o último: os passageiros que queriam sair empurravam que queriam entrar e vice-versa. E o ônibus não pôde sair porque ficam todos entalados na porta. — Ele imitou apertos, empurrões e atropelos enquanto falava.

Nós rimos. Jerry gostou e prosseguiu.

— Adoro as chinesas. São lindas, gentis, carinhosas, sensuais e femininas. Mas, quando as vejo empurrando e berrando para entrar num ônibus, tenho vontade de ir embora.

Fiquei meio envergonhada pelas mulheres e pelo país Quando alguém mostra erros que fazem parte do nosso país, você se sente um pouco responsável, embora deteste aquilo como todo mundo.

Chen Li contou para Jerry e Hanna quais eram seus planos para depois da formatura. Jerry se interessou e começou a perguntar sobre Xenzhen e a zona econômica especial. Dali a pouco, Hanna estava entediada. Queria ir ao balcão comer alguma coisa. Acompanhei-a. Quando fomos até os balcões de vidro, muitos olhos nos acompanharam. Hanna jogou os fartos e negros cabelos para o lado e mostrou o lindo rosto para os inúmeros admiradores.

— O que acha de Jerry? — ela perguntou.

— Parece simpático e engraçado.

— É muito mais maduro que esses adolescentes. — Ela indicou com a cabeça os olhos agitados pelo bar. — É divorciado e tem um filho adolescente que mora com a mãe na Filadélfia. Ele e o filho são muito amigos. Praticam equitação e outros esportes juntos. Imagine se na China pai e filho podem ser bons amigos! Jamais.

Aqui, a relação do filho com o pai é de obediência e respeito, e não de amizade.

— Sabe que ele é especialista em Ásia? — continuou Hanna.

— É capaz de me ensinar história chinesa e japonesa! Viajou o mundo dando palestras. Você precisa ouvi-lo contar coisas lindas dos lugares onde esteve. — Ela pegou um pratinho de amendoins salgados e prosseguiu:

— Quero conhecer esses lugares, ou seja, preciso sair daqui para um país de fronteiras abertas, onde as pessoas possam ter passaporte e viajar para onde quiserem.

— Você quer ir para os Estados Unidos para viajar pelo mundo?

— Em parte. E você? Ouvi dizer que também está tentando ir.

— Quero mudar de vida. E também gostaria de conhecer o mundo — acrescentei, depois de pensar um instante.

Nesse momento, um jovem americano que eu conhecia vagamente veio nos cumprimentar. — Wei, quem é essa linda jovem? — Ele estava com cheiro de bebida e os olhos vermelhos.

— Tony, é minha amiga Hanna.

— É aluna da Universidade de Pequim? Como nunca a vi? Devo estar cego — disse ele, levantando o copo.

— Você não está cego, está bêbado. Vamos voltar para a nossa mesa — disse Hanna, em inglês perfeito, pegando a minha mão.

Despedi-me de Tony, que ficou de pé no bar, sem entender. Talvez não esperasse uma rejeição tão direta de uma garota chinesa.

— Garotos. Não tenho paciência com eles, são tão infantis e autocentrados — disse Hanna.

Sentamos à mesa e servimos a Chen Li e Jerry amendoins torrados e chocolate quente. Os dois discutiam História.

— Como pode ter tanta certeza depois do que aconteceu com o seu país? Afinal, a Revolução Cultural terminou apenas dez anos atrás — disse Jerry, de olhos fixos em Chen Li.

— Não sei muita coisa sobre a Revolução Cultural. Tinha onze anos quando ela terminou. Mas, se há alguma coisa positiva nessa fase da história da China, é que a Revolução mostrou às pessoas instruídas o que era ser pobre e isolado. Pessoas como meus pais são a favor de reformas, mas não por entender de economia. Meus pais não terminaram o secundário. Só sabem que não querem voltar à época da Revolução Cultural. Deng Xiaoping uma vez disse a famosa frase: "Vamos deixar algumas pessoas enriquecer primeiro." Hoje, outras pessoas viram que a vida pode ser boa e querem enriquecer também.

— Você estuda economia política: acha que a prosperidade pode continuar sem pluralismo e democracia? Algumas pessoas, como o professor Fang Lizhi, acham que a corrupção é consequência direta da falta de democracia, que certamente entraria em choque com a política econômica. Você também acha?

Dong Yi concordava, pensei. Embora eu não soubesse se tinha lido a obra do professor Fang.

Chen Li respondeu: — Não conheço todas as ideias do professor Fang, pois grande parte de sua obra foi proibida na China. Mas acho que, a certa altura, a China terá de fazer uma reforma política que indubitavelmente vai ser mais dolorosa que a reforma econômica. Por enquanto, a falta de democracia não parece ter impedido o crescimento nas zonas econômicas especiais, por exemplo.

— Mas você não quer liberdade de expressão? Quer dizer... afinal, a liberdade é um direito concedido por Deus.

Eu invejava os americanos pela facilidade com que falavam qualquer coisa sem se preocupar com a polícia secreta ou em ser processados. O mundo estava aberto para Jerry, mas ainda não estava para Chen Li e para mim.

— E o lado negativo da liberdade de expressão? O excesso dela levará à desordem e ao caos? — perguntei a Jerry. Eu concordava que a liberdade de expressão é um direito humano essencial, mas o ar superior dele, o fato de ter essa liberdade e nós não, me deu vontade de entrar na discussão.

— Não vejo lado negativo na liberdade de expressão. Pelo contrário, quando ela não existe, ocorre a injustiça, que, sim, leva à desordem e ao caos.

— Estão falando de política outra vez? Jerry, diga para Wei o que aconteceu com você em Berlim Oriental. Contei que você viajou o mundo todo e ela quer escutar algumas das suas histórias — disse Hanna, colocando um ponto final na discussão.

Jerry gostou da ideia. Suas histórias invadiram nossa imaginação e, ali no bar, sonhamos com lugares exóticos.

Noite adentro, o bar encheu ainda mais e ficou mais barulhento. Um grupo de estudantes japoneses cantava alto. Na mesa ao lado, uma garota chinesa lia a mão de um rapaz louro americano, enquanto as amigas dela riam alto. Chinês, falado com sotaque inglês, japonês e alemão, misturava-se com inglês falado com sotaque chinês. George Michael cantava *Careless whisper*. Conversamos mais sobre a China, os Estados Unidos, o mundo e bebemos mais café (Chen Li e eu), cerveja (Jerry) e champanhe (Hanna).

Naquela primavera, a corrida do ouro estava a toda, fosse em direção aos Estados Unidos ou às zonas econômicas especiais. A nova prosperidade e a liberdade que prometia pareciam ao nosso alcance.

Capítulo 6

Funeral

> Por mais que os pássaros cantem, não podemos manter a primavera: espalhados pelo chão estão o vermelho estilhaçado e a glória enxovalhada.
>
> Wang Ann Gou, século IX

A primavera de 1989 mudou tudo na China. A morte de um dos líderes do alto escalão do Partido Comunista desencadeou um movimento que iria se tornar a maior manifestação de massa do século e chamar a atenção do mundo para o país.

Mas, à medida que a neve derretia em março, ninguém imaginava que isso ocorreria e Pequim estava, como sempre, cheia de expectativa. Os enfeites para o Ano-Novo Chinês tinham sido guardados, as lanternas vermelhas retiradas das portas e os papéis recortados com os ideogramas desejando *Shuang Xi* (sorte dupla) tirados das janelas. Um aviso foi colocado ao lado do vazio rinque de patinação no gelo. O primeiro vento sul tomou o lugar do vento norte.

Durante o inverno, esperei ansiosamente notícias das universidades para as quais me candidatara. Para me distrair da agonia da espera, meus pais me arrumaram um emprego temporário na agência de viagens mantida pela empresa onde meu pai trabalhava.

Aquele foi o início da jornada do país para a prosperidade, e todo mundo queria ir junto. Empresas estatais, como aquela em que meu pai trabalhava, tinham criado todo tipo de subsidiárias para faturar. O turismo parecia a escolha perfeita para aquele escritório, já que administrava todos os parques da capital. Burocratas passaram a trabalhar como guias de turismo, novas marcas foram pintadas nos ônibus do departamento e excursões eram divulgadas no exterior.

Fiquei satisfeita com aquela oportunidade. No ano anterior, depois que larguei a faculdade, voltei para o meu antigo departamento e candidatei-me a um emprego. Num país onde apenas um por cento da população chega à faculdade, eu tinha chance de conseguir trabalho, mesmo sem ser a primeira aluna da classe na universidade. Mas fui informada de que as vagas haviam sido preenchidas alguns meses antes. No sistema chinês centralizado, cada parafuso tem um lugar determinado e, como eu larguei o meu lugar, virei indesejada. O professor Bai, solidário chefe do meu Departamento, disse que podiam enviar meu *hukou* para os meus pais. Assim, pelo menos, eu poderia ficar como dependente lá.

— Mas e a sua ficha? — indagou o professor.

"Para que serviria a minha ficha", pensei.

Na China, todo mundo tinha uma ficha, embora ninguém soubesse direito quais as informações que ela continha: o que dissemos sobre o Partido, conclusões, autocríticas que escrevemos anos afora, avaliações feitas pelos membros do Partido, depoimentos secretos que outras pessoas forneceram a nosso respeito... Só os membros do Partido podiam consultar as fichas. Elas eram um perfil secreto de cada pessoa, e, aonde quer que fosse, a ficha ia junto. Mais dados eram sempre acrescentados. Em chinês, chama-se *Gua Dang* e significa, literalmente, "dependurar a ficha". Todo mundo precisava de um lugar onde dependurar a ficha e, assim, existir oficialmente.

Naquele momento, em que eu tinha saído do sistema, onde estaria minha ficha? Sem ela, eu não era ninguém e não receberia um passaporte.

Assim, fui para casa com meu *hukou* e meu pai deixou que eu "dependurasse a ficha" no escritório dele. Mas sem receber salário nem ser funcionária da firma. Em vez de abrir meu caminho com uma bolsa de estudos, voltei a depender dos pais para tudo. Mas estava muito contente de levar os turistas a passeio. Assim, diminuía um pouco o peso sobre meus pais.

Infelizmente, eu não gostava do trabalho. Ficava sempre entre dois lados, pois os chineses tinham seus esquemas montados e os turistas tinham suas reclamações. A maioria dos viajantes eram velhos chineses que moravam no exterior e voltavam para procurar suas raízes e, talvez, ver o país pela última vez. Muitos eram de Formosa e viajaram bastante, passando por Hong Kong, até o interior. Sempre na noite anterior ao final da excursão, os guias e motoristas ameaçavam não levar os turistas ao aeroporto se não recebessem uma gorjeta por fora. Argumentavam que os turistas eram ricos e podiam pagar. E queriam gorjetas iguais às dos guias e motoristas ocidentais. Não se davam conta de que o padrão de vida na China era bem inferior.

— Vamos receber menos só por sermos chineses? — reclamavam. As gorjetas pedidas eram maiores que o salário anual de um chinês comum. Também não se incomodavam com o fato de não oferecerem o mesmo nível de serviço do Ocidente.

Os turistas sempre acabavam pagando. Como eu era autônoma, não entrava nesse esquema. Mesmo assim, me sentia muito mal, pois sabia o que se passava e ficava difícil me despedir daqueles vovôs e vovós no aeroporto. Ficava com pena deles. Tinham voltado ao país para reencontrar suas raízes e rever seu país talvez pela última vez. Mas que lembranças iam levar? Eu ficava com vergonha das pessoas com quem era obrigada a trabalhar, com vergonha de sua ganância e por ser, de certa forma, conivente com aquilo. Eu recebia um salário semanal de sessenta iuanes e ia embora rápido. (Na época, essa quantia correspondia a seis libras esterlinas. Vinte iuanes dava para jantar. Anos depois, daria para um sorvete.) Comentei com meu pai da exigência de gorjetas extras, mas ele não podia fazer nada: a corrupção era onipresente.

Enquanto isso, eu continuava esperando um telefonema ou um envelope grosso vindo dos Estados Unidos, e, numa ensolarada manhã de primavera, ele chegou. Haviam dito a mim que cartas finas significavam que o candidato não fora aceito, e cartas grossas, boas-novas. Meus pais ficaram olhando, nervosos, enquanto eu abria o envelope: fui aceita em Austin, na Universidade do Texas, com uma bolsa completa. Um dia depois, ligaram da outra universidade à qual me candidatara, a Faculdade William and Mary, na Virgínia, para informar que também recebera uma bolsa completa. Abracei minha mãe e gritei de alegria. A primavera chegou em Pequim e cumpriu sua promessa.

Esperei Dong Yi sob o grande carvalho em frente ao saguão inglês. Meses antes, havíamos tido aulas de inglês na mesma sala e tínhamos feito o exame de admissão à universidade. O campus estava calmo; muitos estudantes foram ler ou descansar após o almoço. O sol passava pelos galhos desfolhados das árvores e tocava meu rosto com uma ternura cálida. Lá longe, a cor tinha começado a voltar às colinas. Na encosta ao sul do lago, os lírios roxos estavam em botões de diversos tons.

Dong Yi apareceu sozinho, de bicicleta, iluminado pelo sol como um príncipe de armadura brilhante. Sempre achei que o melhor amor é aquele que, ao ver os olhos do amado, o faz sentir em casa. Naquela tarde, eu ainda me senti assim quando ele se sentou ao meu lado. Que inveja eu tinha de Lan. Suspirei. Fiquei deprimida ao pensar na mulher que tinha o amor que eu não podia ter. Mas não disse nada disso. Falei das bolsas de estudo.

— Duas! Que maravilha! Quais são as faculdades? Quando começam as aulas?

Contei tudo em detalhes.

— Parabéns! Parece que você está pronta para ir — disse ele, parecendo triste. Mas logo voltou a sorrir.

— Não foi só por isso que marquei com você aqui. Queria sua opinião sobre uma coisa. Por favor, seja sincero, seu conselho é o que mais respeito.

— Claro — concordou ele.

— Você sabe que Eimin já tem o doutorado e, assim, não pode ir para os Estados Unidos como estudante. — Ele concordou com a cabeça, sem imaginar o que eu ia dizer a seguir. — Eimin disse que é difícil encontrar emprego nos Estados Unidos, que pode demorar anos. Se eu quiser que ele vá também, o melhor é nos casarmos.

Dong Yi olhou bem para mim durante um longo tempo e o sorriso sumiu de seu rosto. Não disse nada. Esperei, mordendo os lábios. Depois, ele perguntou, com uma voz que eu nunca tinha ouvido:

— Você ficou maluca, Wei?

Olhei a cara séria dele e chorei. Minutos antes, estávamos rindo, alegres. E agora eu estava em lágrimas.

— Quero ser feliz, Dong Yi, você sabe disso melhor do que ninguém. Sempre quis ser feliz. E se Eimin for a minha felicidade? Se eu for embora, fico sem ela.

— Eimin não é a sua felicidade.

— Por que garante isso?

— Porque você não tem certeza. Wei, ouça, por favor: há quanto tempo nos conhecemos? Três anos. Acho que posso dizer que a conheço bem. Você é apaixonada, segura, cheia de vida. Eimin parece não confiar em ninguém. Ele é diferente e não afirmo isso por ele ser mais velho. Você merece alguém que a ame com sinceridade e vice-versa.

— Bom, você se casou — eu disse, agressiva. Fez-se um pequeno silêncio. — Desculpe, eu não queria ser desagradável. — Eu não precisava dizer que ele se casou e me arrependi na hora. — Mas não quero ficar sozinha, principalmente nos Estados Unidos. Estou com medo.

Por fora, minha vida não podia estar melhor, nem meu futuro mais promissor. Mas, por dentro, eu estava desesperada. Tinha perdido a felicidade uma vez e olhar para Dong Yi só lembrava a dor daquela perda. Não podia sentir de novo, mesmo se para isso casasse com alguém que não era perfeito para mim. Ser amada era melhor do que ser só.

Dong Yi pegou o lenço no bolso e enxugou minhas lágrimas com carinho, o que me deixou mais triste ainda. Deixou-me encostar a cabeça no ombro dele, segurou minha mão e a apertou.

— Por favor, imploro que você não se case com Eimin. Concentre-se em ir para os Estados Unidos. Você precisa preparar muitos documentos. Não desista. A felicidade chega para quem sabe esperar.

Ele falava como se fizesse uma promessa.

No dia 14 de abril, Eimin e eu andamos até o Jardim Redondo, sob um céu claro e estrelado. Já era noite em Pequim e cerca de dez da manhã na Virgínia, nos Estados Unidos. No caminho, passamos pela biblioteca toda iluminada e cheia de alunos estudiosos debruçados sobre livros. Do lado de fora, alguns casais que deviam estar num intervalo dos estudos: as garotas andando de mãos dadas como duas irmãs; os namorados, cochichando.

O Jardim Redondo era o único lugar do campus onde se podia fazer uma ligação internacional embora o minuto de conversa custasse o salário de um mês. Eu tinha resolvido ir para a Faculdade William and Mary para fazer o mestrado e não o doutorado, que faria na faculdade do Texas. Achei que não conhecia os Estados Unidos, nem sabia direito quais eram os meus interesses para fazer logo um doutorado. A ligação telefônica se completou e, quando entrou a voz da secretária do departamento de psicologia, surpreendi-me com a clareza. Parecia que ela estava na sala ao lado. Informou que aguardavam minha resposta e perguntou se eu tinha alguma dúvida sobre a bolsa. Eu disse que não.

— Então você aceita a bolsa?

— Aceito — respondi, firme. Meu futuro tinha finalmente começado a tomar forma.

No dia seguinte, soubemos da morte de Hu Yaobang no noticiário televisivo vespertino. O antigo secretário-geral do Partido, membro mais importante do Partido Comunista Chinês e do Governo Central, morrera de complicações de um ataque cardíaco. Como o resto do país, fiquei surpresa e triste com a notícia. Hu Yaobang foi um reformista e um líder de mente aberta que simpatizava com os protestos estudantis, e os estudantes e intelectuais o consideravam um amigo. Muitos achavam que essa simpatia fora a causa de seu afastamento em 1987. Naquela noite, a morte dele era o único assunto no campus.

Imediatamente, apareceram no Triângulo cartazes com homenagens, artigos e poesias, embora ali fosse o lugar, na universidade, onde se penduravam avisos ou se anunciavam prêmios. A maioria dos artigos lembrava a integridade do falecido e sua contribuição para a reforma. Muitos questionavam seu afastamento injusto e, portanto, a avaliação dos líderes do Partido Comunista. Alguns o chamavam de Alma da China. À medida que foram surgindo mais cartazes durante o dia 16 de abril, também apareceram pedidos por democracia e liberdade.

À tarde, o Triângulo estava cheio de artigos, poesias e cartas abertas. Uma multidão se juntou para ler e refletir. Passei pelos muros cobertos de cartazes, com tanta coisa para ler.

"O camarada Hu Yaobang costumava dizer 'trabalhe até morrer e então estará tudo acabado' Agora, o nosso querido amigo está morto [...]. Ele jamais abusou do poder nem buscou favores. Sua maior preocupação era com o povo. Estará vivo para sempre em nossos corações."

"Hu Yaobang era amigo dos estudantes e defensor da educação [...]. Mas hoje nosso governo gasta muita moeda estrangeira em carros de luxo do Japão e da Alemanha Ocidental e pouco com a educação [...]. Este é um momento crítico para a reforma; ela precisa continuar."

Continuei percorrendo o muro e li: "Setenta anos se passaram desde o Movimento de 4 de Maio. E nós ainda não temos democracia e liberdade. O camarada Hu Yaobang teve de renunciar porque se afastou da linha do partido e apoiou os estudantes [...]. A China precisa de democracia."

O Movimento de 4 de Maio de 1919 foi comandado pelos estudantes e estabeleceu a base da moderna cultura chinesa. Eles foram às ruas chamando a Sra. Democracia e a Sra. Liberdade para a China. Naquele momento, tantos anos depois, meus contemporâneos lembraram o espírito do Movimento e viram a morte de Hu como uma ameaça à reforma e uma perda no processo de modernização.

Que incrível, pensei. O povo está enlutado e, ao mesmo tempo, pensando no futuro. A China, o gigante adormecido, tinha finalmente acordado. O povo estava retomando o controle dos fatos. No meio da multidão, também me senti forte.

Aos poucos, estudantes às centenas encheram o local e, à medida que a quantidade de pessoas aumentava, alguns começaram a gritar palavras de ordem. Como se esperasse por isso, a multidão ficou animada e cheia de emoção. Alguns estudantes pediram que a demonstração de luto passasse para a praça da Paz Celestial.

— Vamos fazer coroas de flores de papel.
— E faixas também.

Chegaram mais estudantes. A multidão começou a juntar material para as coroas. Alguns distribuíram tarjas pretas para colocar nos braços. Peguei uma e prendi no braço esquerdo.

A praça Tiananmen não era apenas o coração da China moderna, mas o local onde todos iam quando havia motivo para uma manifestação pública. Zhou En-Lai, que foi o braço direito de Mao durante cinquenta anos e primeiro-ministro do país, tinha morrido no começo de 1976. Ele também fora solidário durante a Revolução Cultural, resgatando muitos intelectuais e antigos revolucionários da Guarda Vermelha. Para muitos chineses, Zhou En-Lai foi um líder sensato e símbolo de humanidade. Poucos meses após a morte dele, quando se aproximou a tradicional festa dos mortos (*Qingming*) em 5 de abril, milhares de cidadãos desafiaram a proibição do governo e se reuniram na praça para demonstrar luto.

Pela primeira vez na história do comunismo chinês, o povo desafiava os grandes "heróis" que ajudaram a fundar e administrar a República. As pessoas levaram para a praça cartazes, flores de papel branco, elogios fúnebres e poemas. Operários, professores, alunos de primário, intelectuais, soldados e idosos fizeram pilhas de coroas que encheram a base do Monumento e chegaram a quinze metros de altura. Outros pegaram as flores brancas que usavam nos paletós e colocaram nos pinheiros e moitas em volta da praça. Essas flores acabaram cobrindo as sempre-verdes, como se a neve tivesse caído recentemente sobre a praça.

Eram dez da noite e me lembro de ver minha mãe e suas colegas fazendo uma coroa na nossa sala. Todas estavam de tarja negra e minha mãe tinha feito uma pequena para mim. Pouco se falava, e os únicos sons na sala eram das tesouras cortando e do papel sendo dobrado. O vapor das canecas de chá quente aquecia a sala. Quando terminaram a coroa, minha mãe se ajoelhou e disse:

— Wei, você ajudou bastante esta noite; agora está tarde. Vá dormir. Mamãe precisa levar a coroa para a praça.

Naquela noite, tropas da polícia foram para a praça e retiraram todas as coroas. Quando milhares de pessoas chegaram na manhã seguinte, viram apenas restos quebrados. Toda a Pequim se indignou. Mais coroas foram trazidas, apesar dos bloqueios nas entradas da praça. Uma van da polícia, que estava ali mandando as pessoas irem embora, foi virada. Colocaram fogo em vários veículos e também no prédio cinzento, de três andares, onde funcionava o Centro de Comando Unido. Depois ficamos sabendo que, às nove da noite, Wu De, primeiro-secretário do Partido, ordenara, por meio de alto-falantes, que o povo saísse da praça. Muitos obedeceram, mas cerca de mil pessoas ficaram. Três horas depois, acenderam holofotes e dez mil soldados do exército, além de três mil policiais, entraram na praça e cercaram as pessoas que ficaram, ameaçando-as com cassetetes e bastões. Inúmeras pessoas foram espancadas e 38 foram presas.

Treze anos depois de minha mãe ter ido lá, eu estava aos pés do Monumento aos Heróis do Povo. Andei de bicicleta mais de duas horas pela praça Tiananmen com Chen Li e alguns colegas dele. Queríamos ver a manifestação de luto por Hu Yaobang e ler os cartazes que surgiam às centenas. Mais de cem mil estudantes e civis reuniram-se na praça naquele 19 de abril para homenagear Hu. Coroas e buquês de flores cobriam toda a base do monumento, além de textos e poemas em memória de Hu e exaltando a democracia e a liberdade. No centro do monumento, havia uma enorme foto dele e uma faixa perguntando: "Onde você foi? A alma volta!"

Pessoas entravam como ondas na praça e mais coroas eram passadas por cima das cabeças delas para ser depositadas ao pé do monumento. Algumas liam poemas em voz alta; outras choravam. Cada vez mais gente se manifestava para lamentar a morte de Hu, condenar a corrupção e pedir democracia. A plateia aplaudia e apoiava cada discurso. Chen Li estava muito animado e aplaudia com entusiasmo. Fiquei contagiada e passei a aplaudir também.

Depois de meia hora ouvindo discursos, Chen Li e eu demos a volta na praça lendo os cartazes nos muros. Alguns artigos mostrando os "bandos de príncipes" atraíram minha atenção. Esses bandos eram de descendentes de funcionários importantes e de líderes do Partido que usavam suas ligações para garantir bons empregos, dinheiro e poder.

— Não é de estranhar que o povo esteja tão irritado. Veja como os príncipes aproveitam o poder dos pais — disse Chen Li após ler um dos cartazes. Na época, o custo de vida do chinês comum tinha subido muito, a inflação era galopante e o abismo entre a cidade e o campo, os ricos e os pobres, tinha aumentado demais.

— Enquanto isso, Hu Yaobang vivia com simplicidade e se dedicava ao povo. Mas morreu — li alto, sentindo muita pena não só por sua morte, mas pelo que ele representava: desapego, honestidade e amor pelo país. Aquela morte deu ao povo uma oportunidade de mostrar sua tristeza, indignação e desejo de mudança. Mas tudo isso se perdeu quando o governo aumentou o controle da mídia após as manifestações estudantis de 1986.

Naquela noite, fui ao Triângulo para ler os novos cartazes no muro. Enquanto estava lá, soube que a polícia tinha dispersado cerca de dez mil estudantes e civis em Xinhuamen, uma das entradas do conjunto de prédios de elite Zhongnanhai, onde moram os líderes do Partido. Quando os últimos estudantes se recusaram a sair, a polícia os cercou, com três ou quatro policiais para cada aluno. Espancaram-nos e depois levaram todos para ônibus estacionados ali perto.

Era quase meia-noite e eu estava indo embora do Triângulo quando vários jovens distribuíram panfletos sobre "a verdade a respeito da tragédia de 20 de abril". Um aluno leu no megafone um texto sobre "o espancamento de estudantes" repetidas vezes. O clima contido das pessoas que estavam ali passou a indignação. Eu estava tão irritada quanto qualquer um, mas também muito cansada para ficar mais. Tinha passado o dia inteiro na praça da Paz Celestial e a noite no Triângulo e estava exausta. Peguei o folheto e saí da multidão indignada. Na manhã seguinte, avisos de greve circulavam por todo o campus. Os estudantes ficaram na porta das salas de palestra e de aula convencendo os colegas a ir embora. "Hoje, greve" estava escrito nos quadros-negros do campus, e, em poucos dias, alunos de trinta universidades e instituições de ensino superior de Pequim entraram em greve.

O velório de Hu Yaobang era para ser às dez da manhã de 22 de abril, no Grande Salão do Povo, no lado oeste da praça da Paz Celestial. Só os líderes do Partido e os funcionários do governo deveriam comparecer. Mas centenas de milhares de estudantes enlutados queriam prestar sua homenagem. Queriam ver pela última vez o amigo deles.

Na noite de 21 de abril, mesmo dia em que Dong Yi tinha chegado de Taiyuan, fomos jantar. Depois, passamos pelo Triângulo para ler os mais recentes cartazes no muro. O campus tinha começado a se acalmar quando, de repente, ouvimos gritos e canções vindos do portão leste. Todos correram. Algumas pessoas montaram em bicicletas e correram na direção do barulho.

— Deixem as bicicletas, vamos correr, é mais rápido — gritou Dong Yi.

Corremos para ver o que era o barulho que aumentava, enquanto mais estudantes passavam correndo de bicicleta. As pessoas que estavam nos lados também correram.

— O que está acontecendo? — gritou um estudante.

Chegamos ao gramado Leste, ao lado da biblioteca, e vi uma multidão vindo em nossa direção. Na primeira ala, uma larga faixa dizia: Universidade de Qinghua.

— Qinghua à frente! Onde estão nossos colegas da Universidade de Pequim? — gritavam.

— Democracia para a China! Liberdade de expressão!

— Como eles ousam dizer isso? A Universidade de Pequim sempre foi a líder! — gritou alguém na multidão que aumentava do lado de fora da biblioteca.

Desde o Movimento de 4 de Maio de 1919, a Universidade de Pequim se orgulhava da fama de berço da democracia e da liberdade no país.

Espalhou-se por todo o campus a notícia de que alunos da Universidade de Qinghua estavam a caminho e vinham chamar os alunos da Universidade de Pequim para participar do Movimento Democrático. Milhares de jovens com bandeiras e faixas de Pequim correram para encontrar os da outra universidade.

— Vamos mostrar a eles quem lidera o Movimento Estudantil! — gritaram alguns ao passar por nós. Milhares se juntaram na rua principal que dava no portão sul, empunhando bandeiras e faixas. Todos juntos, cantamos o Hino Nacional:

— O povo chinês chegou ao momento mais difícil... — e cantamos o hino da Internacional Socialista. O canto ecoou pelos prédios e chegou ao céu noturno.

Mais tarde, alunos das universidades próximas, como a do Povo, também vieram participar. Quando o caminho para o portão sul estava completamente lotado, milhares de alunos saíram da Universidade de Pequim para a praça. Dong Yi e eu acenamos e cumprimentamos os colegas que passavam por nós. Uma faixa dizia: "Viva a democracia! Viva a liberdade!" Outra: "Luto pela alma da China" e mais outra: "Punição para os burocratas aproveitadores". Eu lia alto, olhava para Dong Yi e sorria. Ele também sorria. Meu coração batia cada vez mais rápido e o rubor subia para meu rosto, tão orgulhosa eu estava naquela noite.

Nas ruas, cidadãos comuns saudavam os alunos que passavam:

— Viva os estudantes.

Naquela noite, eu não queria deixar a animação que dominava a Universidade de Pequim, mas voltei para a casa de meus pais, como prometera. Quando acordei na manhã seguinte, liguei a tevê para assistir à cobertura do velório de Hu, exibida nos três canais.

— Venha ver — chamei minha mãe.

Devia haver cem mil estudantes sentados nas frias lajes de pedras do Grande Salão do Povo, no lado oeste da praça da Paz Celestial. Três fileiras de policiais armados ficaram de frente para os manifestantes estudantis. O sol se refletia no Monumento aos Heróis do Povo e iluminava os quatro enormes ideogramas em chinês, cada um com quatro metros de altura e três de largura, que significavam "Tristeza".

De um canto da praça veio o som do Hino Nacional:

— Construam uma nova Muralha da China com nossos corpos e nosso sangue! A China está num momento difícil! Levante-se! Levante-se! — Uma outra onda de estudantes se levantou e continuou o hino. Depois, veio o hino da Internacional:

— De pé, ó vítimas da fome ! De pé, famélicos da terra!

A bandeira nacional foi hasteada a meio mastro para homenagear Hu Yaobang.

Pouco depois das dez da manhã, os alto-falantes da praça transmitiram ao vivo o velório, enquanto as tevês mostravam o memorial dentro do Grande Salão do Povo. Deng Xiaoping chegou e foi cumprimentado pelo secretário-geral do Partido, Zhao Ziyang, pelo primeiro-ministro, Li Peng, filho adotivo do falecido Zhou En-Lai, e por outros membros mais antigos do Partido. Zhao Ziyang entregou o discurso em homenagem que só faltou chamar Hu Yaobang de "grande marxista" e, portanto, herói nacional, como foi sugerido pela família dele e pelos intelectuais mais destacados.

Meia hora depois, o velório terminou. Carros de luxo com os líderes mais antigos do Partido saíram por trás de um paredão de policiais. As câmeras focalizaram de novo a praça. A multidão se aproximou gritando:

— Queremos diálogo! Queremos diálogo!

Alguns representantes estudantis se aproximaram do Grande Salão para entregar um pedido. Um deles falou com um funcionário, enquanto o mar de pessoas na praça gritava ritmadamente:

— Saia, Li Peng! Saia, Li Peng!

Pensei na maneira como a história pode ser irônica e olhei para minha mãe, que, treze anos antes, tinha participado na mesma praça do luto público pelo pai de Li Peng, o primeiro-ministro Zhou En-Lai.

Nesse momento, a tevê mostrou a imagem que trouxe lágrimas aos olhos de todos na praça e de milhões de pessoas que a assistiram de casa. Nos degraus sob as imponentes colunas do Grande Salão, três jovens se ajoelharam segurando um pedido acima das cabeças. A praça subitamente silenciou, e subiu da multidão um grande suspiro como uma onda num mar agitado.

Com lágrimas escorrendo pelo rosto, garotas e senhoras na praça gritavam para as três pequenas figuras na escada do Grande Salão:

— Levantem! Levantem! Levantem!

— São crianças! — gritou minha mãe ao ver a cena na tevê. Fiquei olhando a tela e não consegui pensar. As palavras de repente ficaram insuficientes.

Os três não se mexeram. Uma cena que se repetia há dois mil anos na China estava mais uma vez ocorrendo no final do século XX. Ajoelhar-se na frente do imperador era a forma de os cidadãos comuns pedir para os governantes ouvir suas reclamações. Muitas vezes, isso causava a morte do pedinte, porque irritava o imperador. Na história do país, muitos corajosos que ousaram isso foram mortos. Naquele momento, muita gente pensava se a geração de jovens que subia a escada do Grande Salão estava dizendo ao mundo que estava preparada para um sacrifício parecido.

Os três jovens ficaram quarenta minutos ajoelhados nos duros degraus do Grande Salão do Povo. Tinham três pedidos:

1) que o caixão desse a volta na praça para os estudantes poderem homenageá-lo pela última vez; 2) que Li Peng dialogasse com os estudantes; e 3) que os jornais publicassem as atividades estudantis daquele dia.

Mas ninguém veio receber o pedido.

Capítulo 7

Divórcio

> Vivi na nascente do rio Yang-tsé e você, na foz
> Aonde essa água vai dar?
> Quando essa angústia termina?
>
> Li Zhi Yi, século IX

Na noite de 21 de abril, quando jantei com Dong Yi, ele tinha acabado de chegar de Taiyuan, onde estivera com Lan. Esperei-o na porta do restaurante Pequeno Pato Pequinês. Estava preocupada. Quase todos os amigos dele estavam envolvidos no Movimento pela Democracia e desconfiávamos que a polícia estava vigiando Liu Gang. Eu temia que Dong Yi fosse seguido. Mas, por sorte, meus temores eram infundados. Esse medo era novo para mim e foi difícil me adaptar; mas, com os dias, me acostumei.

O restaurante Pato Pequinês original era o mais famoso de Pequim, além de muito caro e de exigir reservas com muita antecedência. Portanto, as idas até lá só aconteciam em ocasiões especiais, como minha entrada na Universidade de Pequim. Ficava perto da praça da Paz Celestial, no Centro da cidade, e minha família levaria mais de duas horas para chegar lá. Depois de escolhermos na vitrine a ave abatida, ela era levada para o forno. Os patos desse restaurante são criados numa fazenda fora de Pequim e assam durante vinte minutos para ficar com a pele crocante e vermelha. O pato cortado em fatias finas era trazido para a mesa com um molho de trigo doce, compridas lascas de cebolinha e finas panquecas quentes. Os ossos eram retirados para fazer sopa. Com as mãos, colocamos fatias do pato, cebolinha e molho na panqueca, antes de comê-la gulosamente. A cada mordida, o molho se espalhava pelos dedos e o sabor era divino.

O Pequeno Pato Pequinês era a primeira filial do original. Abrira em 1988 na aldeia de Haidian, do outro lado do campus. Desde então, tornara-se o local preferido dos executivos das empresas de tecnologia que ficavam perto e também dos estudantes da Universidade de Pequim. Apesar dos preços, estava sempre cheio. Os que tinham dinheiro, ou algum motivo especial para comemorar, iam lá. O serviço era rápido.

Naquela noite, entretanto, o que Dong Yi queria contar era mais motivo de lástima do que de comemoração. Ele tinha ido a Taiyuan para pedir o divórcio.

Na época, o divórcio era raro na China, pois o casamento era considerado mais um dever de família do que qualquer outra coisa. Até as ideias ocidentais sobre amor e casamento chegarem ao país, no começo do século XX, a única saída para um casamento infeliz era a morte. Mas as coisas mudam lentamente na China, e, depois de instaurada a República do Povo, a lei só permitia o divórcio quando aceito por ambas as partes. Se o pedido fosse por um problema especial, como doença mental ou atividades contrarrevolucionárias, então se permitia o divórcio não-consensual.

Alguns anos antes, quando eu tinha sete anos, um pintor famoso se apaixonou pela aluna e quis se separar da esposa. Esta não só passou quinze anos se recusando a conceder o divórcio como percorreu o país para obter apoio. O pintor teve a carreira destruída, a aluna deixou-o e o caso inspirou a criação da Associação de Mulheres, que ajudava esposas a se vingar dos maridos de coração volúvel. Sua recusa em conceder divórcios aos maridos provou-se poderosa. Ao contrário do Ocidente, um casal chinês não pode viver junto se não for legalmente casado, e a situação ainda piorava se fosse a mulher quem pedia a separação. Não teria apoio dos homens nem das mulheres. Na maioria dos casos, a mulher passava a ser considerada uma vagabunda, ou um "sapato velho", xingamento bem explícito. Os valores tradicionais pesavam mais sobre a mulher, que devia ser obediente e submeter-se a sua sina de esposa, não importando como. E as filhas eram avisadas de que teriam de acompanhar os maridos, fossem eles quem fossem. Na melhor das hipóteses, uma divorciada ficava com a reputação manchada pelo resto da vida. Poucos homem queriam se casar com uma. Muitas eram expulsas da sociedade. Uma escritora foi desprezada pela sociedade quando se divorciou a primeira vez; no terceiro divórcio, foi obrigada a sair do país e buscar asilo político na Alemanha.

Portanto, divorciar-se era para os corajosos, e eu não conhecia nenhum homem ou mulher que fosse divorciado. Nem nunca imaginei que Dong Yi fosse escolher esse ato drástico; ele era tão gentil e carinhoso e nem pensava em magoar Lan. Mas ele me disse que planejara sair do país, pois achava que a separação seria mais fácil estando num lugar distante. E que se candidatara a vagas em universidades americanas.

Naquele momento, ele queria arriscar tudo. Não ia esperar mais. Ele não era do tipo que faz muitas promessas; mesmo assim, vi nos olhos dele a promessa de amor e felicidade pela qual eu tanto esperara.

Havia uma comemoração de casamento no restaurante, em quatro mesas grandes que exigiam o serviço de vários garçons. Quando chegamos, a festa estava começando e o pai do noivo tinha acabado de escolher os patos. Pela tradição, é ele quem paga a festa. Cerveja e vinho de arroz foram servidos e os noivos circulavam entre seus convidados, brindando.

Dong Yi não estava com a camiseta da Universidade de Pequim, mas com uma elegante camisa branca que refletia a luz ambiente e dava a ele feições serenas. Enquanto aguardávamos os pratos, perguntou dos acontecimentos na capital durante sua ausência. A morte de Hu Yaobang e os protestos que se seguiram pegaram o país de surpresa. Dong Yi queria saber tudo o que tinha acontecido no campus.

Fiquei satisfeita de falar no Movimento Estudantil e discutir o que acontecera. Assim, não precisava comentar da viagem dele. Não queria saber se Lan tinha aceitado o divórcio. Estava muito nervosa; queria saber, mas, ao mesmo tempo, tinha muito medo.

Até que só restou um assunto para comentar: a viagem dele e o encontro com Lan.

Os pais dele moravam em Taiyuan, capital da província de Xanxi, na região do rio Amarelo. Xanxi era um baluarte do Partido Comunista. O Exército de Libertação do Povo liberara a cidade em 1948, um ano antes da fundação da República do

Povo. Meu avô foi um dos que marcharam na cidade nesse dia e ficou lá para formar e depois administrar o governo da província. Nunca mais saiu: minha mãe e os irmãos cresceram no conjunto residencial do governo em Taiyuan.

No final dos anos 1980, a cidade ainda era pobre e atrasada; os novos tempos na China tinham chegado há muito, mas não alcançaram Taiyuan. O pai de Dong Yi queria voltar para sua cidade natal, Guangdong, onde a reforma econômica tinha trazido prosperidade para o povo, mas seu pedido se perdera em alguma pilha de papéis. O tempo passava devagar em Taiyuan e os pais de Dong Yi ainda aguardavam que o pedido fosse atendido.

Dong Yi era a luz dos olhos dos pais. Era o filho gentil e honesto que eles haviam educado, além de o melhor aluno no secundário e na universidade. Como se esperava de um filho mais velho, ele honrou e respeitou os pais, além dos amigos, colegas e conhecidos. Os pais ficaram mais felizes e orgulhosos ainda quando ele entrou para a Universidade de Pequim.

Mas, quando Lan os procurou chorando para dizer que Dong Yi se apaixonara por uma mulher em Pequim, os pais ficaram chocados. Sentaram-se com o filho e conversaram com ele sobre honra e respeito.

— Desde que você e Lan tinham dezenove anos você dizia que a amava. Como pôde mudar de ideia agora? Você deu sua palavra de honra para essa moça e agora tem de cumpri-la, pelo amor de Deus — disse o pai. — Não pode acabar com a vida de uma pessoa porque quer outra mulher ou outra vida. Um homem sem honra é um homem sem amigos e sem respeito.

Dong Yi e Lan então se casaram, e os pais dele ofereceram ao casal um grande banquete e as economias de toda a vida.

Queriam que Lan tivesse o melhor que pudessem oferecer. E que soubesse que tinha o apoio e o amor deles. Dong Yi compreendeu. Sempre tentou viver de acordo com o exemplo do pai. Quando se lembrava dos anos que o pai passara varrendo as ruas durante a Revolução Cultural, perguntava-se se teria essa coragem, se aguentaria tudo isso em nome da honra. Passou a respeitar ainda mais o pai, pois a honra era para se levar a sério. E promessas eram para ser cumpridas.

Mas Dong Yi não foi feliz. Passava mais tempo em Pequim, e, nas horas livres, participava de debates políticos com pessoas como Liu Gang. Aos poucos, o casal sentiu que a harmonia, o cuidado e a ternura recíprocos foram se esgarçando. A distância entre eles aumentou.

Assim, não era de estranhar que, ao chegar em casa, fosse difícil para ele falar em divórcio com a esposa. Mas disse-me que, quando saiu de Pequim de trem, estava decidido. Viu o dia amanhecer pela janela:

— O sol surgia nas colinas amarelas do Grande Norte; uma luz dourada parecia vir dos campos para tocar o céu. — Dong Yi previu um novo começo de vida, enquanto o dia também começava. E viu essa nova vida linda e gloriosa como a manhã lá fora. Teve vontade de gritar de alegria para os campos e colinas de sua infância. Sentiu a força de um renascer empurrando-o para abraçar a vida.

O trem chegou a Taiyuan e ele foi envolvido pela cidade. À medida que o ônibus se aproximava da casa, Dong Yi sentia o estômago se enroscar e doer. Parecia que alguém estava socando a barriga dele. Ficou tonto e começou a perder a energia que sentira desde Pequim.

Ao chegar do trabalho e encontrar Dong Yi, Lan ficou tão animada e feliz que correu para abraçá-lo.

— Por que não avisou que vinha? Vai ficar quanto tempo?

Lan então percebeu que o rosto dele estava branco como papel. Na mesma hora, foi preparar a sopa de macarrão que ele mais gostava e mandou que comesse tudo. À noite, quando foram para a cama, segurou nas mãos dele e beijou o peito e os lábios dele; estava tão terna e sensual como se não houvesse distância alguma entre eles. Fez amor com seu marido pela primeira vez em meses. Depois, Dong Yi ficou parado no escuro. Sentiu o sabor das lágrimas. Tinha perdido toda a coragem que trouxera de Pequim.

Deitado ao lado dela, Dong Yi lembrou da última vez que quis deixar Lan. Ela procurou os pais, os sogros, os amigos e todos os conhecidos. Ele me contou que viu aquela mulher frágil e delicada lutar desesperadamente para salvar a relação. E que podia desistir, pois Lan jamais lhe concederia o divórcio.

— No dia seguinte, enquanto Lan estava no trabalho, olhei nossos álbuns de fotos — disse Dong Yi. Tinha a foto do casamento, feita num estúdio no centro da cidade. Lan estava linda, mas ele parecia sério e infeliz. Lembrou que passaram horas no estúdio, enquanto Lan fazia a maquilagem e as poses. No final, tiveram uma grande briga. Ele ficou tão frustrado que só queria ir embora.

Dong Yi admirou-se por ter passado tanto tempo com Lan. Gostaria de ter ficado só até o verão de dois anos antes. Foi a primeira vez que percebeu como estavam distanciados, em virtude do crescente interesse dele pela política e pelo mundo exterior, enquanto ela se concentrava na rotina doméstica. Ele me olhou do outro lado da mesa.

— Wei, percebi então que eu tinha cometido um erro enorme. Mas, quando voltei para Pequim, era tarde demais. — Ficou com raiva por ter esperado tanto. Ele se retirou para seu velho mundo e se casou com Lan como ela e, pelo jeito, todos queriam.

Nos últimos dois anos, ele aguentou a vida falsa que tinha criado para si. Disse:

— Mas as paredes estavam se fechando sobre mim e eu queria sair do mundo de minha esposa e ir para o lugar mais distante possível.

Com o tempo, Dong Yi retomou as forças em Taiuyan. A decisão foi surgindo aos poucos, mas com clareza: ele precisava dizer a Lan o que realmente pretendia fazer. Lan ficaria melhor se soubesse da verdade, pensou ele. Era melhor se divorciar, se já não havia amor no casamento.

— Era domingo. Lan tinha planejado irmos às compras. Pedi para ficar e contei da minha decisão. Ela ficou chocada; nunca notou como eu estava infeliz. Chorou. Senti a dor dela. Queria que não chorasse mais. Então, Hu Yaobang morreu de repente. Procurei, ansioso, as notícias das manifestações estudantis e assisti a tudo na tevê. Pensei em você, em Liu Gang, no professor Li Xuxian e nos outros. Tinha certeza de que a China estava chegando numa encruzilhada. Pensei: algo maravilhoso e interessante está acontecendo lá e quero participar. E não era hora de cuidar da vida pessoal, principalmente de um demorado processo de divórcio.

— Meu orientador já tinha me convidado para fazer o doutorado com ele — continuou Dong Yi. — Então, não vou para os Estados Unidos este ano. Nem voltarei a Taiyuan. Talvez vá para os Estados Unidos no ano que vem. — Ele segurou minhas mãos.

— Não se preocupe. Tome sua sopa de pato. Está esfriando. — Vi que ele estava com o coração dividido entre as duas mulheres de sua vida. Pensei se a morte de Hu Yaobang fora apenas uma desculpa para fugir da dificuldade que ele não estava preparado para encarar. Depois, parei de pensar nisso. Precisava confiar nele: sem confiança, onde ficaria o amor?

Pensei também em Eimin. Estávamos os dois numa confusão. O que eu ia fazer?

Não havia aulas: as classes estavam vazias e o giz jogado sobre as carteiras empoeiradas. Os alunos da Universidade de Pequim estavam em greve.

Desde 15 de abril, Eimin dava normalmente suas aulas e ia ao escritório e ao laboratório. Embora também passasse à noite pelo Triângulo para ler os cartazes nos muros e ouvir os discursos de ativistas estudantis, a tempestade não o atingira como aos alunos.

— Na minha época, envolvi-me muito nos movimentos políticos. Agora, só quero pesquisar, dar aulas e viver em paz.

Não digo que eu entendesse os motivos dele, mas certamente entendia o passado. No começo da Revolução Cultural, ele fora tão ativo quanto qualquer estudante de catorze anos na China. Ia, com os amigos e membros da Guarda Vermelha, "tomar o poder", mas, um dia, um grupo da Guarda Vermelha apareceu e levou de casa o pai dele. Amarraram suas mãos nas costas, colocaram uma cartola em sua cabeça e dependuraram um cartaz no pescoço dele que dizia: "Sou do bando preto". Foi então arrastado para fora de casa, exibido nas ruas de Nanjing e espancado na praça principal durante a noite toda. Na manhã seguinte, quando Eimin e a mãe finalmente conseguiram levar o professor para casa, ele estava coberto de sangue e mal conseguia andar. As roupas viraram farrapos; a cara estava pintada com tinta preta; e a cabeça, quase toda raspada. Muitos integrantes da Guarda Vermelha que o espancaram tinham sido alunos dele.

Do dia para a noite, Eimin caiu em desgraça. Tornou-se um "canalha do bando preto". O pai foi enviado para um campo de trabalho, a família foi separada e Eimin foi para uma Comuna Coletiva do Povo no norte da China. Mesmo lá, não teve sossego. A Guarda Vermelha, que administrava o campo, mandou-o "à merda" e o incumbiu das piores tarefas. Ele comia pão de milho e sopa de arroz rala; mais nada. Só um ano depois, ele fez um amigo, um soldado aposentado que morava na aldeia. Com ele, aprendeu Kung Fu. À noite, depois de trabalhar o dia todo no campo e de todos irem dormir, Eimin praticava Kung Fu à luz da lua, cercado apenas de silêncio e neve. Assim, encontrou paz e força. Fechou o coração para o mundo e jurou nunca mais participar de nenhum movimento.

Eram essas histórias do passado de Eimin que me impediam de falar com ele sobre Dong Yi. Eimin tinha precaução com as pessoas. Eu era a única, além do pai, em quem confiava plenamente. Não podia traí-lo e destruir essa confiança. Eu gostava de muitas coisas nele, principalmente sua energia e a vontade de vencer a adversidade que enfrentara na juventude.

Mas, naquele momento, parecia haver pouca chance de Dong Yi e eu ficarmos juntos como eu desejava há tanto tempo. Eu tinha perdido essa esperança tantas vezes que não queria perdê-la de novo. Mas a escolha era difícil e, pela primeira vez na vida, estava num verdadeiro dilema. Comecei a entender Dong Yi e como eram difíceis as escolhas que ele tinha de fazer.

Resolvi dizer a Dong Yi que preferia vê-lo menos e não mais, como ele queria, pois precisava resolver o que fazer. Eu estava aprendendo que não vivíamos num vácuo isolado e que nossos atos afetavam as pessoas ao nosso redor. Precisava de tempo e de palavras certas para decidir o que fosse melhor.

Também não queria passar muito tempo com Eimin. Então, voltei para a casa de meus pais. Fiquei quase dias inteiros me preparando para a viagem aos Estados Unidos, ou seja, preenchendo os documentos necessários para o passaporte. À noite, eu lia os cartazes colados pelos alunos da universidade onde minha mãe dava aulas. O conflito cada vez maior entre alunos e governo era uma digressão e um espaço para respirar longe dos meus problemas.

Dois dias após o velório de Hu Yaobang, em 22 de abril, mais de 50 mil estudantes não foram às aulas em 39 universidades na capital. Ao mesmo tempo, os alunos da Universidade de Pequim instalaram uma estação de rádio no edifício número 38, ao lado do Triângulo. Alguns amigos meus estavam organizando o movimento. Minha amiga Li, que era dois anos mais adiantada que eu no curso de psicologia, envolveu-se com a rádio e transmitia avisos, notícias, discursos gravados de ativistas estudantis e recados de apoio de pais, moradores da capital e amigos que moravam fora do país.

Enquanto os estudantes se organizavam em Pequim, alguns alunos foram a outras províncias buscar apoio. Durante a Revolução Cultural, esse foi o primeiro método de conexão (em chinês, *Chuanlian*) usado pela Guarda Vermelha para divulgar a revolução. Na época, eles viajavam de trem para todos os cantos do país e iam a fábricas, escritórios, escolas e Comunas Coletivas do Povo. Agora, os estudantes usavam o mesmo método para informar o que estava acontecendo na capital. Só assim a informação podia circular fora da mídia controlada pelo governo. Dois estudantes de Pequim visitaram a universidade de minha irmã, na província de Xandong, e os alunos logo começaram a fazer greve também.

No campus da Universidade de Pequim, mais cartazes apareciam diariamente. Os professores, como Li Xuxian, do departamento de física, deram total apoio aos alunos, enquanto outros davam conselhos sobre como aumentar o movimento. Jornalistas estrangeiros lotavam o campus, entrevistando alunos, fotografando e gravando as atividades.

Na noite de 25 de abril, a rádio nacional e as TVs transmitiram um editorial a ser publicado pelo *Diário do Povo* no dia seguinte. Muitos acreditavam que o editorial trazia a visão de Deng Xiaoping, e seu título era "É preciso mão firme contra a anarquia". Dizia:

> O movimento estudantil é uma conspiração bem calculada para confundir o povo e jogar o país na anarquia. Sua verdadeira meta é rejeitar a liderança do Partido Comunista Chinês e o sistema socialista. Esta é a luta política mais séria que o Partido e a nação enfrentam.

No começo daquela noite, fui encontrar Eimin. Assistindo à tevê na sala dele, eu não conseguia acreditar no que ouvia. Era a primeira vez que me aproximava de uma luta política e estava pasma. Depois de passar pela crueldade e a maldade da Revolução Cultural, Eimin tinha certeza de que esse era o prelúdio de uma reação dura do governo.

— Temo que seja. O editorial rotulou o movimento de anárquico. Essa é a avaliação oficial do Partido, que jamais contrariará a afirmação. Os estudantes precisam recuar para evitar um fim desastroso.

Eimin estava sinceramente preocupado. Foi a partir desse momento que ele se envolveu no movimento, embora sem querer. Sabia como poderia ser o castigo e não queria que recaísse sobre seus ingênuos e inocentes alunos.

Descemos e fomos até o Triângulo, onde as pessoas já estavam se reunindo. As opiniões que circulavam divergiam: uns achavam que os estudantes deviam recuar; outros pediam cautela. Outros ainda queriam que a recém-formada Associação de Estudantes Independentes reagisse. À medida que anoitecia, mais pessoas foram chegando. De repente, apareceu uma carroça com um jovem em cima que incitava as pessoas a avançar e continuar até a democracia chegar ao país. Disse também que, no dia anterior, tinha sido criada a Associação de Estudantes Independentes para representar todas as universidades da capital. Terminou seu discurso com o já conhecido grito de passeatas:

— O movimento não é anarquia!

Ele era um dos líderes estudantis e se chamava Feng Congde. Pelo jeito, estava reunindo os alunos do campus para fazer uma reunião de emergência naquela noite no Triângulo. A rádio estudantil passou a transmitir o editorial do *Diário do Povo*. Gritos de protesto surgiram das centenas de pessoas em volta do Triângulo. Fui cumprimentar Feng Congde, que era casado com minha antiga colega de quarto, Chai Ling, que eu não via há muito tempo. Queria saber notícias dela.

— Como vai sua esposa? — perguntei.

— Vai bem. Ela estará na reunião mais tarde.

Foi quase por acaso que Chai Ling se tornou minha colega de quarto. Transferiu-se de geologia para a classe acima da minha. Era a primeira vez que se permitia uma transferência na

Universidade de Pequim. Muitas pessoas faziam restrições ao novo sistema, por permitir que alunos sem boas notas no exame de admissão mudassem para cursos mais procurados.

Na época, o curso de psicologia tinha um dos mais exigentes testes de admissão da universidade, e por isso o departamento era contra as transferências. Ninguém queria ficar no mesmo quarto que os transferidos.

Eu fui uma exceção desde que entrei na faculdade. Minha classe tinha nove alunas, uma a mais do que caberia num dormitório, e, assim, uma sempre ficava com as de outro ano. Como eu morava em internato desde os doze anos, não me incomodei de ter sido a escolhida. Assim, passei o primeiro ano no mesmo dormitório das alunas da última série e o ano seguinte com as do primeiro ano. Minhas colegas de classe ficavam a algumas portas no corredor, mas, fora das aulas, eu as encontrava raramente.

Claro que, quando chegaram as alunas transferidas, o departamento pediu que eu ficasse com elas, já que eu não tinha um dormitório fixo. Certamente, não me incomodaria de mudar de novo, desta vez para ficar com as transferidas. Não me incomodei mesmo: estava acostumada a ser diferente.

As transferidas sabiam que não eram benquistas nem bem-vindas, e por isso agiam com cuidado na nova casa. Eram muito educadas, gentis e prestavam atenção à reação das outras antes de falar qualquer coisa. Era como se estivéssemos numa continuação das aulas de psicologia, com as novatas com medo de dar um passo errado. Bom, quase todas.

Chai Ling era pequena, de rosto redondo e olhos miúdos e suaves. Usava os cabelos curtos, emoldurando o rosto. Era animada, rebelde e, às vezes, agressiva. Parecia não ter medo de dizer o que achava e dizia com voz suave e aguda.

Como tinha muito para aprender no novo ano, frequentava as nossas aulas e as da classe dela. Às vezes, passávamos quase o dia todo juntas, trocando anotações e fazendo o dever de casa juntas. Apesar de ter entrado tarde no curso de psicologia, ela progrediu rápido e um ano depois teve notas suficientes para ganhar uma vaga.

Infelizmente, os professores não estavam satisfeitos com ela, talvez por seu comportamento rebelde. Muitos consideravam difícil trabalhar com ela e não queriam aceitá-la. No final, após muito insistir, o curso deixou a decisão por conta de cada professor com quem ela queria estudar.

A essa altura, Chai Ling tinha mudado para um quarto num cantinho do corredor e eu estava finalmente no mesmo dormitório das minhas colegas de classe, depois de mais uma troca. Um dia, ela veio falar comigo.

— Wei, você é a melhor aluna da sua classe. Todos os professores gostam de você. Pode falar com a professora Wang? Eu gostaria muito de estudar emoções humanas com ela.

Procurei a professora e pedi, mas ela foi irredutível: não aceitou. Fiquei mal ao contar isso para Chai Ling. Mas, quando o curso finalmente a admitiu sob a supervisão de outra professora, ela recusou a oferta dizendo que preferia mudar de universidade a estudar com uma professora escolhida por outra pessoa.

Alguns meses depois, matriculou-se na Universidade Normal de Pequim.

Muitas colegas, incluindo eu, se surpreenderam com a decisão, achando que Chai Ling estava sendo obstinada e inflexível e, com isso, sofrendo desnecessariamente.

Alguns meses depois de se formar, Chai Ling foi ao meu dormitório. Eu a encontrei no campus algumas vezes, quando foi visitar o namorado, Feng Congde.

Fiquei contente de vê-la. Conversamos sobre a nova vida como aluna e o que estava achando da faculdade. Ela então deu a notícia-bomba: tinha se casado com Feng Congde. Na época, os jovens só podiam casar-se após terminar a faculdade e completar 23 anos. Chang Li tinha acabado de fazer 23.

— Eu não sabia — desculpei-me com Chai Ling, pois tinha acabado de tratar Feng como namorado dela. Cumprimentei-a então pelo casamento.

— Alugamos um quarto fora do campus. Você precisa nos visitar — convidou.

Na época, era pouco comum particulares alugarem quartos, pois ninguém era proprietário da casa onde morava, e alugar um quarto do Estado era ilegal. Eu tinha ouvido falar de pessoas que fizeram isso, mas correndo o risco de ser presas. A maioria consistia em camponeses que vinham trabalhar na cidade, não tinham escolha e estavam muito desesperados para se preocupar com o castigo. Mas Chai Ling não fazia parte desse grupo. Alunos casados viviam em dormitórios separados, o que era considerado uma generosa concessão, já que a maioria esperava anos para suas unidades de trabalho conseguirem um lugar para morarem juntos. Muitos jovens tinham de continuar morando com os pais e avós.

Fiquei, portanto, pasma com o comportamento pouco convencional de Chai Ling e, ao mesmo tempo, intrigada: era uma nova forma de viver que eu não tinha experimentado. Então, aceitei logo o convite para visitá-la.

O quarto alugado ficava numa tradicional casa com pátio, na aldeia de Haidian, do outro lado do campus da Universidade de Pequim. Chai Ling me levou pelos estreitos pátios e compridas alamedas. Lá, as famílias se apertavam em pequenas casas cuja existência eu desconhecia, cercadas por uma confusão de paredes. Estava perto da hora do jantar e havia fumaça por toda parte, já que muitas famílias cozinhavam em fogões a carvão nos pátios. Acima de nós, o céu estava escuro e cheio de nuvens pesadas. O vento de outono tinha começado a esfriar as noites.

Era um mundo diferente do da universidade, com gerações da mesma família morando juntas, crianças correndo barulhentas no pátio, roupas dependuradas no varal e água suja sendo despejada nas ruas. Fomos andando, enquanto eu pensava na maneira como o casal tinha encontrado aquele lugar. E por que preferira morar lá, em vez de num lindo campus, onde tudo era perfeitamente organizado pela universidade?

Depois de uns dez minutos, eu estava perdida. Andamos outros tantos minutos até finalmente chegarmos. Uma senhora idosa apareceu na entrada baixa da casa. Estava cozinhando. Eu mal conseguia enxergar dois metros à frente, fosse porque as nuvens tinham aumentado ou porque o pátio era escuro. Andei mais devagar, com medo de tropeçar em alguma coisa. Chai Ling me apresentou à dona da casa que deu um grande sorriso, mostrando a falta de alguns dentes. As duas conversaram animadas sobre os acontecimentos do dia. Fiquei surpresa por Chai Ling estar tão à vontade com a senhora. Senti-me deslocada, sem saber o que dizer. Desde os doze anos eu vivera em internatos e universidades de elite. Pouco sabia da vida fora daqueles muros.

Fomos para o quarto de Chai Ling, tão escuro que ela precisou acender a lâmpada dependurada no teto. Uma cama dupla, dois baús, uma escrivaninha e duas cadeiras eram toda a mobília. Alguns minutos depois, juntamos os ingredientes para cozinhar e voltamos para o pátio, onde ela foi acender o pequeno fogão. Quando o fogo pegou, ela se inclinou para soprar o carvão. A fumaça subiu e ficou ainda mais difícil enxergar.

Perguntei como ela havia encontrado aquele lugar e ela respondeu que havia sido por meio de amigos. A proprietária tinha ficado viúva há pouco e precisava de dinheiro.

— Não tem medo de ser pega?

— Não — ela respondeu e explicou que cada vez mais gente tinha de agir assim. O governo não podia pegar todo mundo. — Mas claro que peço para você não comentar com ninguém.

Perguntei então do que ela gostava ali. Ela disse que a vida era mais verdadeira fora da torre de marfim. Gostava de estar com pessoas como a proprietária, envolvida com fatos e problemas reais.

Chai Ling cozinhou dois pratos simples e um pouco de arroz. Feng Congde não pôde participar da refeição porque tinha aula naquela noite. Conversamos sobre os velhos tempos e o futuro. Às dez da noite, tive de ir embora, porque a porta do meu dormitório fecharia logo. Agradeci o convite e voltei depressa.

Depois que as luzes foram apagadas no nosso dormitório, fiquei acordada muito tempo. Minhas colegas dormiam há horas e Wei Hua estava, como sempre, falando enquanto dormia. Mas a visita não me saía da cabeça cheia de imagens, conversas e pensamentos. Chai Ling não tinha mudado desde que a conhecera, mais de um ano atrás. Na verdade, ficara mais decidida a não deixar que ninguém dissesse como ela deveria viver.

Talvez fossem aquela determinação e aquele desejo de liberdade que deram coragem para ela lutar pela causa dos estudantes.

Só vi Chai Ling no dia seguinte. Para minha surpresa, minha antiga colega de quarto parecia mais jovem e mais radiante, com olhos brilhantes de animação. Estava decidida a lutar pela democracia na China.

A maior batalha entre o povo e o Partido Comunista estava tomando forma rapidamente.

Capítulo 8

Passeata

Se quisermos, podemos mover montanhas com as mãos.

Ditado chinês, 200 d.C.

O editorial do *Diário do Povo* de 26 de abril marcou uma mudança para os estudantes: a palavra "anarquia" instigava fortes emoções nos campi de toda a capital. Do dia para a noite, a chama da ira ardeu no peito de centenas de milhares de alunos e professores. Naturalmente, esse sentimento foi mais acirrado na Universidade de Pequim.

No dia 26, acordei cedo, ao ouvir gritos e barulho. Olhei para Eimin, que continuava dormindo, saí da cama, me vesti e fui até a janela que dava para o Triângulo. Havia uma grande multidão. O céu azul tinha nuvens leves, prometendo um dia quente e claro.

De repente, bateram à porta e ouvi Li chamar:

— Eimin, Eimin!

Eimin abriu logo a porta. Li viera chamá-lo para uma reunião de emergência no departamento de psicologia.

— Na noite passada, a Associação de Estudantes Independentes decidiu organizar um grande protesto contra o editorial — disse Li, tentando retomar o fôlego. — O reitor da universidade pediu para todos os departamentos discutirem a situação e darem uma declaração oficial em nome dos professores e da universidade.

Os dois saíram rápido. Depois, tranquei a porta e fui para o Triângulo.

Lá estava um caos, nunca havia visto tanta confusão. Do dia para a noite, novos cartazes tinham coberto o muro e outros eram colocados enquanto eu olhava. Uma multidão lia e discutia os cartazes; por isso, eu só conseguia ler os que estavam no alto. De vez em quando, ficava na ponta dos pés para ler os textos até o fim. Às vezes meu corpo cambaleava, depois de eu ficar muito tempo na ponta dos pés. As pessoas na minha frente viravam-se, irritadas, e eu me desculpava e andava.

Depois de circular um pouco pelo Triângulo, fiquei frustrada por não conseguir ler a maioria dos cartazes. Chegou mais gente; alguns abriam caminho no meio da multidão, que ficava mais barulhenta. Chamavam amigos, comentavam os fatos e discutiam os prós e contras dos textos.

"Não é possível, tenho de entrar lá!", pensei. Eu me sentia isolada das notícias dos colegas e ia empurrando, enfrentando olhares irritados.

As pessoas traziam mais cartazes e descobriam que não havia espaço para colocá-los.

— Aqui! — gritou um jovem carregando um balde com a conhecida cola de farinha feita em casa.

Os alunos que seguravam os cantos do cartaz correram. A multidão foi atrás. O jovem espalhou bastante cola no muro ao lado do prédio dos professores e o cartaz foi afixado.

Desta vez, dava para eu ler bem:

"O que fizemos de errado? Falamos a verdade em nome do povo. Queremos acabar com a corrupção e os privilégios. Queremos o poder da lei, não o dos homens. Queremos democracia, não ditadura. Demonstramos isso de forma pacífica. O que fizemos de errado? Pais, nós não estamos errados."

— Wei — ouvi e levei um susto. Virei e Chen Li estava bem ao meu lado.

— Olá. Há quanto tempo está aí? — perguntei, satisfeita por encontrá-lo.

— Desde a hora em que você chegou, mas esperei você terminar de ler — disse ele, sorrindo.

Encontrá-lo ali, entre centenas de estranhos, num clima político tão tenso, era como achar um velho amigo em terra estranha. Naquela manhã, o sorriso gentil dele parecia ainda mais acolhedor. Não o via desde a nossa ida à praça, quase dez dias atrás. Queria contar da minha bolsa para os Estados Unidos, mas achei que não era o lugar nem a hora adequados.

— Participou das passeatas?

— Sim, estava na praça no velório de Hu Yaobang — respondeu ele, enquanto nos afastávamos da multidão no muro.

— Você foi! — Invejei-o por estar tão envolvido com as passeatas. As imagens que vi na tevê dias antes ainda estavam claras na minha cabeça.

— Conte como foi, por favor — pedi, impaciente, querendo saber todos os detalhes daquele dia na praça. Por meio do meu amigo, senti que eu também estava ligada aos três corajosos e anônimos jovens que se ajoelharam na escada do Grande Salão do Povo.

Minha barriga resolveu então me lembrar, roncando de forma constrangedora, que eu não tinha tomado o café da manhã. Chen Li riu e me acompanhou à loja da universidade para comprar algo. E me contou daquele dia: entrara na praça, depois de marchar horas pela cidade, e as pessoas levaram comida e doações para os alunos, que ficaram irritados quando o governo recusou o pedido dos três estudantes que desceram de joelhos a escada do Grande Salão do Povo enquanto muitos colegas em volta choravam.

— Nunca vou esquecer — garantiu Chen Li. — Na hora, percebi que nosso governo tinha traído a confiança dos jovens. Senti que não só nós, que estávamos na praça, mas os estudantes de outros campi, assim como o país todo, havíamos sido insultados. Fiquei com vergonha, pois sou membro do Partido.

Olhei para ele, os olhos brilhantes de emoção. A voz dele começou a falhar.

— Chen Li, não se culpe pelo que não fez. Você entrou para o Partido porque acreditava que ele era do povo. Eu ainda acho que é. — Pensei nos meus pais, que mantinham a fé no Partido, apesar de terem passado pela Revolução Cultural. — Nem todos os membros do Partido são ruins; a maioria, como meu avô e meus pais, são pessoas ótimas que querem o melhor para o país.

Quando saímos da loja, fazia mais calor. A multidão no Triângulo diminuíra, já que muitos tinham ido almoçar. Bem na frente da cantina número três, instalaram uma câmera de tevê e uma equipe de jornalistas estrangeiros se preparava para entrevistar alunos. Dois jovens da Universidade de Pequim empilhavam exemplares do *Diário do Povo* na frente da câmera. Mais além do comprido muro, outro câmera gravava pessoas lendo os cartazes.

Na noite passada, a Associação de Estudantes Independentes decidiu por unanimidade realizar amanhã uma manifestação geral. Protestamos contra as acusações que nos fizeram. Não queremos derrubar o governo ou levar o país ao caos. Pelo contrário, queremos prosperidade e liberdade para o povo da China [...]. O Movimento Estudantil não é anarquia. Nossa manifestação pacífica está garantida pela Constituição!

Achei que o entrevistado era porta-voz da Associação ou um de seus representantes.

O aluno respondeu algumas perguntas do repórter, a câmera focalizou a pilha de jornais e alguns jovens atearam fogo nela. Um deles pegou uma página em chamas e acenou com ela, gritando para o microfone na frente:

— Isto é mentira!

— Queimem as mentiras, queimem! — Outros alunos gritaram.

Mais exemplares do *Diário do Povo* foram trazidos e jogados na pilha em chamas, aumentando-a e espalhando fagulhas. Senti o calor chegar a mim.

Depois veio um aviso formal da Associação: "Amanhã, haverá uma passeata gigante de alunos de todas as instituições de ensino superior de Pequim. Começa às oito da manhã e esperamos que nossos colegas venham bem preparados."

— Temos de ir a essa passeata — disse eu, com o calor do fogo refletindo a minha animação. Senti uma necessidade súbita de participar do que estava acontecendo e me senti culpada por não ter ido com meus colegas às passeatas anteriores. Chen Li e eu resolvemos nos encontrar na frente do dormitório às 7h30min e ir juntos para o portão sul.

À tarde, quando Eimin voltou para o quarto, contou das discussões entre os professores. A maioria estava preocupada com o rápido desenrolar do conflito. Temiam que a manifestação do dia seguinte piorasse a delicada situação e colocasse os estudantes em perigo.

— Então os professores não apoiam a manifestação? — perguntei.

Ele disse que a universidade achava melhor os professores e alguns intelectuais destacados escreverem uma carta aberta a Deng Xiaoping pedindo para alterar os termos do editorial e a palavra "anarquia".

— Participei também de uma reunião em nome do departamento de psicologia, e por isso voltei tão tarde — explicou Eimin. A universidade pediu que os alunos mantivessem a calma, tomassem cuidado e fossem discretos, já que a manifestação do dia seguinte seria de muito confronto.

Contei que tinha combinado ir com Chen Li. Eimin ficou surpreso e, depois, preocupado.

— Se você quer, claro que não posso impedi-la, mas pense bem — disse ele, e acrescentou que admirava a coragem dos estudantes, porém achava que era uma batalha perdida. Não conseguia imaginar como alguns milhares de estudantes poderiam ir contra o governo chinês e o exército sem que a situação se tornasse muito perigosa. — O exército e a polícia estão bem preparados e esperando por vocês. Quem comparecer amanhã estará se colocando diretamente contra a liderança do Partido. Pense na sua ida para os Estados Unidos. O governo chinês poderia impedi-la de sair do país. — Continuamos discutindo isso mais um pouco até que, uma hora depois, no noticiário da noite, como para confirmar os temores de Eimin, a Central de Rádios e a Televisão Pequim retransmitiram as "Dez leis para passeatas" na capital. Avisavam das graves consequências para os que participassem no dia seguinte.

Isso colocou uma sombra escura sobre o campus da universidade. Pela primeira vez, o Movimento Estudantil precisava encarar a possibilidade real de perigo ou até morte. Mas estava decidido. Naquela noite, muitos fizeram seus testamentos e alguns os colaram no Triângulo no dia 27, quando a passeata estava saindo do campus.

"Não me esqueça, Universidade de Pequim."

"Perdoe, mãe, tenho de ir. Gosto de você, mas também gosto do país."

O dia da passeata começou com uma verdadeira manhã de primavera, clara, alegre, com os pássaros cantando ao sol. As árvores debruçadas sobre a rua que levava ao portão sul tinham flores em botão e pequenas folhas verdes brotando no frescor do dia. Chen Li usava jeans e uma jaqueta leve e desbotada. Eu, um grosso suéter vermelho sobre saia branca.

Ficamos entre milhares de estudantes que saíam da Universidade de Pequim. Mais alunos assistiam e aplaudiam dos dois lados da rua. Alguns subiram nas árvores para ver melhor.

Chen Li e eu estávamos na frente, e, ao passarmos pelo portão sul, vi filas e mais filas de manifestantes lado a lado, impedindo a separação das alas. Bandeiras vermelhas dos departamentos e da universidade surgiam tendo o céu azul como fundo. Não dava para ver até onde iam as bandeiras e faixas. Sob elas, um mar de pessoas.

Centenas de jovens estavam sentados apertados nos muros do portão. Do outro lado da rua, outras centenas, se não milhares de cidadãos comuns, assistiam, solenes. Quando entramos na rua Haidian, fizemos o sinal de vitória para todos.

Os organizadores da passeata andavam para cima e para baixo, ao lado das fileiras, pedindo que seguíssemos mais rápido ou mais devagar. Chen Li e eu estávamos quase no começo, onde uma bandeira vermelha e outra da Universidade de Pequim tremulavam ao vento fresco da primavera.

— Manifestação pacífica de estudantes não é anarquia! — gritei junto com Chen Li e meus companheiros. Milhares de cidadãos estavam nas ruas, enquanto outros tantos assistiam das janelas dos apartamentos. O calor primaveril e a animação de marchar ao lado dos colegas fizeram com que me sentisse viva como nunca.

"Primavera, que bela estação", pensei.

Depois da morte e da pobreza, vem a vida.

Olhei para os álamos cheios de botões de flores.

Sorri para Chen Li enquanto seguíamos as instruções do líder da nossa ala pelo megafone e cantávamos:

— Não tememos dar nosso sangue ou nossa vida!

Eu estava animada por participar de vida e renovação. À frente, vi estudantes marchando, com bandeiras tremulando sobre as cabeças. Olhei para trás e dezenas de milhares de jovens faziam o mesmo. O entusiasmo da minha geração injetava ânimo nas minhas veias. "Um novo mundo virá", pensei.

Dois grupos de estudantes vieram correndo de mãos dadas pelas laterais da nossa ala. Soubemos que estavam lá para impedir que entrassem estranhos na ala da Universidade de Pequim. Era sempre possível que a polícia secreta usasse a passeata para desacreditar os estudantes.

Notei um rosto conhecido: era meu ex-colega Cao Gu Ran, agora formado em psicologia. Não o via desde nossa formatura, quase um ano antes. Acenei e fiquei ao lado de Chen Li.

Cao Gu Ran usava seu uniforme preferido: jaqueta azul-marinho e tênis. O rosto era moreno e áspero. Tinha pouca estatura, metro e meio, mas era um rapaz musculoso. Durante a faculdade, ele mantivera a boa forma física correndo quilômetros diariamente. Uma vez, perguntei se não estava exagerando, e ele respondeu que o exercício não era nada comparado com o trabalho no campo que costumava fazer em casa. Ele vinha de uma aldeia pobre na província de Hunan, onde a maioria das crianças não cursava além do primário. Nunca descobri como ele conseguira ter as maiores notas do vestibular na província. Os pais não foram visitá-lo em Pequim porque não tinham dinheiro, mas ele vivia na universidade como se os três estivessem juntos todos os dias. Cao Gu Ran queria que os pais se orgulhassem dele por se formar com as melhores notas na melhor universidade do país.

— Não acredito que seja você. O que faz aqui? — perguntou ele, dando um tapinha nas minhas costas enquanto corria.

— O mesmo que você — respondi, animada. — Que bom ver um velho amigo, principalmente hoje.

Apresentei-o a Chen Li. — Abaixo-assinado para o povo! — gritamos, enquanto seguíamos.

Cao Gu Ran também estava muito envolvido na greve e nas passeatas desde o começo. Como Chen Li, ele estivera na praça durante o velório de Hu Yaobang e se emocionara com os três corajosos jovens na escada do Grande Salão do Povo.

— As coisas hoje estão diferentes — disse ele. — O editorial do *Diário do Povo* impôs limites. Não podemos mais fazer manifestações espontâneas. Temos que ser mais organizados.

— Como organizar dezenas de milhares de pessoas? — perguntou Chen Li.

— Ou centenas de milhares. As faculdades têm muitos alunos; vai ser difícil organizá-los. Até agora isso esteve por conta de cada departamento. Na psicologia, temos representantes da passeata, seguranças e coordenadores de apoio local — disse ele.

— O que você acha que vai haver hoje? — perguntei, lembrando da minha conversa com Eimin na noite anterior.

Meu ex-colega avisou que o governo faria uma demonstração de força, já que os estudantes tinham desafiado o editorial do jornal e os avisos. Via grandes confrontos pela frente.

— Não importa o que haja. Estou aqui e ficarei até o fim. Se alguma coisa me acontecer, só espero que meus pais compreendam. Escrevi para eles explicando por que estou fazendo isso e meu colega de quarto vai colocar a carta no correio se eu não voltar.

Fiquei sensibilizada por aquelas palavras, sabendo o quanto ele significava para os pais e vice-versa. E senti quase como um peso a enormidade do que estávamos tentando.

— Também acho que alguma coisa importante vai acontecer hoje durante a passeata. Por isso, é importante fazer uma manifestação pacífica. Não devemos perder o controle. Não podemos dar uma desculpa ao governo para ele usar a força — disse Chen Li.

De repente, paramos. Tínhamos acabado de passar pela Universidade do Povo e já se via o cruzamento com a Loja da

Amizade, que era exclusiva para consumidores estrangeiros. Uma multidão de pessoas se juntou ali para assistir. Alguns gritavam:

— Não batam nos estudantes! — Cerca de dez metros depois, vimos dois carros, seis vans da polícia e cinco fileiras da Polícia Armada do Povo, de uniforme verde escuro, bloqueando a rua. Os que estavam na frente da passeata ficaram cara a cara com os policiais. Pararam de cantar e fez-se um estranho e súbito silêncio.

Era o momento que esperávamos: quase meio-dia, e o sol brilhava tanto que quase ofuscava a vista. Meus olhos turvaram, o azul do céu e as árvores com flores em botão se misturaram e as pessoas nos lados da rua ficaram incolores. Olhando bem para frente, meu coração passou a bater a mil por hora e vi bem as caras dos policiais. Eram iguais às dos jovens perto de mim, mas não dava para saber o que pensavam ou sentiam. As caras não tinham expressão e eles pareciam seres alienígenas.

Ficamos em silêncio uns cinco minutos, que me pareceram uma eternidade. Lembrei do que minha mãe contou sobre a polícia e o exército na praça Tiananmen, treze anos antes: eles bateram nos manifestantes que lamentavam a morte de En-Lai. Será que aqueles policiais na minha frente também tinham barras de ferro? Seriam tão agressivos à luz do dia quanto seus colegas foram anos antes, numa noite escura? Pensei em meus pais. Eles não sabiam que eu estava lá. Seus rostos não saíam da minha cabeça, por mais que eu tentasse. De repente, pensei se iria vê-los de novo.

— Polícia, deixe passar! Polícia, deixe passar! — gritavam as pessoas na rua. Um grande grupo de civis avançou junto com a nossa ala. Os estudantes que estavam na nossa frente deram-se os braços. A polícia foi empurrada para trás, mas não cedeu. Cao Gu Ran e seus companheiros tentaram de todas as maneiras impedir que as pessoas que avançavam sobre a polícia entrassem na passeata. A polícia recuou. Todos gritavam, mas eu já não ouvia nada. Só ouvia meu coração e nossos passos ecoando no asfalto. Chen Li enganchou seu braço no meu.

Outra onda de estudantes veio por trás. Senti o aperto e um gosto ácido na boca. Mas meus pés andaram. Meu corpo se jogou para a frente. De braços dados, fomos para cima dos policiais outra vez. Cheguei tão perto deles que dava para encará-los. Foi o que fizemos, empurrando para lá e para cá, enquanto Chen Li me puxava para trás.

Para surpresa e sorte de todos, a polícia não estava armada. No final, não puderam conter a enorme quantidade de pessoas, desfizeram o bloqueio e passamos.

Milhares de vozes aplaudiram e gritaram:

— Viva os estudantes! — As pessoas, de suas varandas, jogaram alimentos, dinheiro, papel colorido e faixas para demonstrar apoio. Toda a frente da passeata, incluindo Chen Li e eu, pulava de alegria. Os policiais retiraram-se para as vans; alguns sorriam e gesticulavam mostrando que não podiam fazer nada. A ala de estudantes, que parecia não ter fim, passou.

Ao seguirmos, de braços dados, cantamos o hino da Internacional. Duas pessoas da equipe médica vieram correndo com um estojo de pronto-socorro. As cruzes vermelhas estampadas nas bandanas brancas que usavam na cabeça brilhavam sob o sol de primavera. Um rapaz, a três fileiras de Chen Li e de mim, foi recolhido na rua. Milhares de estudantes de outras universidades se juntaram a nós nos cruzamentos seguintes, com bandeiras e faixas. Hinos e cantos ecoaram pelos prédios e ruas de Pequim.

— Haverá um novo amanhã! — cantamos.

Capítulo 9

Greve de fome

> Que o compromisso que assinamos com nossas vidas ilumine o céu da nossa República.
>
> Declaração de um jovem em greve de fome,
> 13 de maio de 1989

Mais de cem mil estudantes participaram da passeata de 27 de abril e mais de um milhão de pessoas ficaram assistindo das ruas ou se juntaram aos estudantes na passeata. Nas primeiras horas do dia seguinte, Chen Li e eu finalmente fomos para a Universidade de Pequim com nossa ala, depois de percorrermos mais de 45 quilômetros no segundo anel rodoviário da cidade. Quando nos aproximamos do portão sul, fomos saudados por professores e funcionários de cabelos grisalhos, enfileirados para receber seus alunos de volta. Ficaram muito felizes por estarmos bem. Ouviam-se tambores e gongos, e fogos de artifício explodiam no céu noturno.

Passei quase todos os dias seguintes na casa de meus pais, preparando o pedido de passaporte. As opiniões variavam sobre o envolvimento dos estudantes e o meu: minha mãe apoiava, enquanto meu pai achava que o confronto não era solução, mas prelúdio de desastre. Discutimos durante o jantar. Mas, apesar das divergências, assistimos ao noticiário da tevê juntos. (Mais tarde, o governo censurou essas notícias.) O impacto da passeata de 27 de abril logo atingiu outras partes do país. Minha irmã escreveu dizendo que tinha participado de manifestações parecidas em Qing Tao, onde fazia a faculdade, e que os alunos estavam animados com a perspectiva de um diálogo com o governo.

No início de maio, o porta-voz do Conselho de Estado e o vice-ministro da Comissão Estadual de Educação, em nome do governo, fizeram diversas reuniões com os representantes dos alunos. Mas o governo só aceitou conversar com a Associação de Estudantes de Pequim, cujos membros não eram eleitos, mas nomeados pela Liga Jovem e o Comitê do Partido em cada universidade. Lembrei que Yang Tao tinha me dito que a Associação espionara os grupos estudantis não-oficiais e que ele, infelizmente, sabia que as reuniões não eram sinal de progresso, mas apenas um disfarce. Os interesses daquelas pessoas não combinavam com o Movimento Estudantil, mas com as ambições políticas delas. Quase todas as reuniões foram transmitidas pela tevê. Diariamente, os alunos da universidade onde minha mãe dava aulas se juntavam para ver a tevê em duas salas do campus. Era tão apertado que alguns vieram assistir na nossa casa. Foi frustrante o que vimos: em vez de discutir as exigências dos estudantes, os políticos aproveitaram as reuniões para passar sermões e até prevenir os alunos.

Mesmo assim, muitos líderes estudantis acreditavam que a vitória estava garantida e, em 5 de maio, suspenderam a greve. Os alunos voltaram às aulas. Pequenos protestos continuaram, mas restritos aos campus. De vez em quando, eu ainda ia à universidade para ler os cartazes. Os alunos votaram contra a recomendação da Associação de Estudantes Independentes e mantiveram a greve. Embora o clima tivesse mudado, estava mais calmo. A agitação dos últimos dias, quando dezenas de milhares saíram em passeata, parecia ter malogrado.

Um dia, fui também ver Dong Yi. Ele estava com a barba por fazer e parecia cansado. Pensei no que andava fazendo; afinal, a Universidade de Pequim continuava em greve. Comentei da passeata do dia 27 e do que Eimin e eu havíamos discutido na noite anterior. Mas ele interrompeu nossa conversa.

— Há uma reunião na Associação de Escritores, no Centro. Preciso sair já. Vamos nos encontrar quando você voltar ao campus?

Juntos, descemos a escada.

— Não imagina quantas vezes quis falar com você. Tanta coisa aconteceu — disse ele, os olhos cansados brilhando de animação. — Mas você pediu um tempo. Então, achei melhor esperar que me procurasse.

Fora do dormitório, ele abriu a tranca da bicicleta.

— Agora você está aqui e eu tenho de ir. Desculpe, Wei. Contarei tudo no próximo encontro. Vou ligar para a casa de seus pais.

— Quando? — perguntei, enquanto ele montava na bicicleta.

— Logo — ele garantiu.

Mas não ligou.

Em 11 de maio, fui de novo à Universidade de Pequim. O campus estava agitado, mas parecia que por motivo mais sério do que antes. O Triângulo tinha um único cartaz escrito por um grupo de alunos formados, sugerindo uma greve de fome na praça da Paz Celestial. O tema provocou um intenso debate entre os alunos. Corri para encontrar o namorado de Li, Xiao Zhang, que ia levar comida para ela e para os outros que trabalhavam na rádio. Ele disse que a rádio tinha sido inundada de artigos e pedidos de estudantes para falar e que, como uma das organizadoras mais importantes, ela não tinha tempo de descansar nem de se alimentar.

— É isso o que queremos? Está ajudando a nossa causa? — perguntavam muitos estudantes, e discutiam os méritos dessa atitude drástica. Alguns discursos eram sobre a visita de Mikhail Gorbachev em 15 de maio.

— Vamos receber o Sr. Gorbachev com uma greve de fome na praça Tiananmen!

— Ele enfrentou reformas políticas muito mais difíceis na União Soviética. Deixem que converse com os estudantes!

Chai Ling era um dos muitos alunos que discutiam os próximos passos do movimento e o momento da visita do líder soviético para ajudar a causa dos estudantes. Pela rádio, ele defendia furiosamente uma greve de fome, já. No dia seguinte, a Associação de Estudantes Independentes distribuiu papéis para ser assinados pelos que fariam a greve com início marcado para o meio-dia de 13 de maio. Ao mesmo tempo, os alunos entregaram um pedido ao Comitê Central do Partido e aos líderes do governo para se reunirem com os representantes da Associação de Estudantes Independentes. Se o pedido não fosse atendido, haveria greve de fome.

Na manhã de 13 de maio, o governo ainda não tinha aceitado as reivindicações dos alunos, e a greve iria começar.

"Nesta clara e ensolarada manhã de maio, iniciamos a greve de fome", dizia a Declaração da Greve de Fome, colocada no Triângulo.

> Na nossa gloriosa juventude, não temos outra escolha senão largar a beleza da vida. Mas com que relutância e má vontade fazemos isso! [...] Não queremos morrer. Queremos viver intensamente, pois estamos no auge da existência. Não queremos morrer, queremos aprender o que pudermos [...]. O que vamos fazer?
> A democracia é o mais nobre anseio humano, e a liberdade, um direito sagrado, de nascença. Hoje, ambos devem ser obtidos com nossas vidas [...] Adeus, amigos, cuidem-se. A lealdade une os mortos aos vivos. Adeus, caros, cuidem-se. Não queremos deixá-los, mas devemos fazê-lo. Adeus, mães e pais, perdoem-nos. Seus filhos não podem ser cidadãos leais e, ao mesmo tempo, filhos valorosos. Adeus, companheiros, deixem-nos retribuir ao país da única forma que nos resta.

Milhares de pessoas leram a Declaração e viram os estudantes em greve de fome. Às 10h30min, na frente do prédio 29, sob os alto-falantes da rádio estudantil, 150 rapazes e garotas decididos se juntaram aos grevistas de fome da Universidade de Pequim.

Todos usavam bandanas brancas. Embora fossem muito jovens, pareciam estranhamente maduros. Contrastando com a emoção das pessoas em volta, estavam calmos. Mais uma vez, vi Cao Gu Ran em seu conjunto de calça e jaqueta preferido. Usava também uma faixa branca com as palavras do herói revolucionário americano Patrick Henry: "Liberdade ou morte". Olhando firme para o aluno que fazia o juramento dos grevistas, com o punho direito levantado, ele repetiu, solene, com os outros:

Juro solenemente fazer greve de fome para conseguir democracia e prosperidade para o país. Prometo obedecer às regras do grupo e não suspender o jejum antes de atingirmos nossos intentos.

A multidão compacta assistia em silêncio. Eu olhava e pensava sobre como se pôde chegar tão longe em tão pouco tempo. A maioria dos grevistas, principalmente as mulheres, era de estatura pequena e corpo magro. Dava a impressão de que um golpe de vento era capaz de carregá-los para longe. Como sobreviveriam aos próximos dias sem comer?

"Olhe-os bem, respirando, vivos", pensei. Tentei guardar cada rosto na memória, enquanto uma pergunta sombria continuava martelando na minha cabeça, trazendo lágrimas aos meus olhos. Quais daqueles rostos eu não veria mais?

Eles foram andando e aplausos vibrantes quebraram o silêncio.

— Diálogo já; chega de demora. Chega de corrupção! Chega de ditadura! — berrava a multidão.

Acompanhamos os grevistas até o restaurante Jardim Yanchun, onde os jovens professores da universidade ofereceram um almoço de despedida para eles. Esses professores, incluindo Eimin, doaram seus salários para fazer uma despedida decente dos alunos. A multidão aguardou, paciente, do lado de fora.

Após o último almoço, os grevistas foram para o portão sul, seguidos por colegas, amigos e milhares de outros alunos. Lá, havia cerca de trezentas pessoas de apoio: monitores, equipe de primeiros-socorros, divulgadores e outros voluntários que organizariam e protegeriam a greve. Os dois grupos se reuniram. Aquecidos pelo glorioso sol de maio, eles saíram do campus com a bandeira da universidade e uma grande faixa com os dizeres "Grupo em greve de fome da Universidade de Pequim".

Gritamos:

— Adeus, nossos heróis! Estaremos aqui esperando vocês voltarem!

Os grevistas seguiram para a praça preparados para morrer. O país estava chocado e, ao mesmo tempo, emocionado com a coragem deles. A rádio do campus transmitia notícias da praça da Paz Celestial.

— Mais de mil estudantes participam da greve de fome que começou às 17h40min de ontem, e o número de participantes cresce no momento em que estamos falando — disse o locutor, entre animado e preocupado.

Senti uma enorme tristeza. Imensa.

O campus estava agitado, muitas pessoas iam para a praça apoiar os grevistas. Um pedido de doações de emergência foi colocado no mural de avisos do portão sul. Era preciso dinheiro para comprar água potável, lençóis e remédios para os grevistas e alugar caminhões para levar e trazer da praça as equipes de apoio. Duas estudantes recolhiam dinheiro no portão sul. Outro grupo, na mesa ao lado, pedia adesão a um abaixo-assinado para um encontro com Gorbachev. Entreguei às estudantes a minha mesada semanal de cinco iuanes e participei do abaixo-assinado.

Tive pena deles, de mim e de todas as pessoas boas da China. Por um pedido tão simples (ter liberdade de expressão e viver sem medo), os jovens precisaram arriscar a vida. Mas por que tiveram de escolher a morte, em pleno século XX? Por que a minha bela e sofrida terra natal tinha tanta dificuldade para conseguir qualquer coisa: independência, respeito, prosperidade? Será que cada passo do caminho tinha que ser manchado de sangue?

Eu me senti isolada, triste e deprimida. Precisava de Dong Yi. Precisava que ele ouvisse o que eu pensava e me ajudasse a carregar aquele peso. Precisava ouvir a voz dele para me dar segurança. Fui procurá-lo.

O colega de quarto informou que ele não estava e me deixou entrar. Era um aluno do primeiro ano que eu não conhecia direito. Conversamos um pouco sobre o tempo e minha ida para os Estados Unidos e ele saiu. Sentei na cama de Dong Yi, folheei o *Diário da Juventude de Pequim*, órgão oficial da Liga Jovem do Partido Comunista, que, na época, era a favor dos alunos. Dong Yi estava demorando. Andei no dormitório, vi pela janela os poucos alunos que faziam uma corrida, sentei de novo e peguei o exemplar de *Guerra e paz*.

Três horas depois, ele chegou. Ficou surpreso e, ao mesmo tempo, muito satisfeito em me ver.

— Esperou muito? — Antes que eu pudesse responder, ele pegou uma bacia de água e avisou:

— Vou me lavar e volto em cinco minutos.

Quando voltou, tinha se barbeado e lavado. Disse que viera de bicicleta do lado oriental da cidade, onde se reunira com escritores e intelectuais.

— Vamos ao lago Weiming, há tanto tempo não vamos lá. — Ele estava mesmo animado.

Então, fui de carona na bicicleta dele. Chegamos ao alto da colina e Dong Yi soltou o freio da bicicleta. Ela tomou tanta velocidade que precisei me agarrar à cintura dele e meu vestido roxo subiu ao vento.

As margens do lago Weiming estavam floridas. Pelo caminho, moitas primaveris floriam como grandes bolas de fogo.

Dong Yi estacionou a bicicleta no salão de esportes da margem leste e andamos até o lago.

Ele contou que há duas semanas conversava com intelectuais da capital para que apoiassem os estudantes.

— Se você olhar a história do país, os movimentos estudantis jamais foram uma ameaça isolada ao governo. O Partido sabe disso, e daí precisarmos de todo o apoio do povo; senão, perderemos o que ganhamos com a passeata — explicou ele.

Eu tinha certeza que o "nós" a que ele se referia eram pessoas como o professor Fang Lizhi, a professora Li Xuxian e Liu Gang.

Depois, contou do Manifesto de 16 de maio, que fora assinado por cerca de trinta escritores, artistas e intelectuais renomados. O manifesto criticava a forma como o governo lidara com a crise e conclamava os intelectuais a participar do Movimento.

— Pela primeira vez na história, os intelectuais chineses estão falando como uma força unida. Vão fazer uma passeata de trinta mil intelectuais amanhã na praça. Wei, a greve de fome está unindo o país — informou, animado.

Dong Yi sentou-se numa grande rocha à margem do lago e disse, pensativo:

— Minha missão está cumprida. Tenho de ver os grevistas. São eles os verdadeiros heróis.

— Posso ir com você? — pedi. Dong Yi renovou minha certeza de que um dia teríamos liberdade. O olhar dele me fazia lembrar de milhares de pessoas corajosas. Queria me juntar a ele, participar de uma grande passeata, mesmo que pudesse morrer. Não tinha importância. Eu o acompanharia na marcha pela China.

— Deem-me liberdade ou morte.

No dia 15 de maio, Mikhail Gorbachev passou a ser o primeiro líder soviético a visitar a China em trinta anos. Isso atraiu os jornalistas e as câmeras do mundo, que, por volta do meio-dia, estavam na praça para cobrir os protestos estudantis.

Quando Dong Yi e eu chegamos de bicicleta, vimos dezenas de milhares de pessoas carregando faixas de apoio aos estudantes. Entre elas, havia alas de operários mostrando seus cartões de sindicato, funcionários dos ministérios do governo e cidadãos comuns. Chamavam a atenção principalmente as faixas brancas do Banco da China. Cem mil pessoas acabaram se reunindo na praça, entre elas trinta mil intelectuais.

Dong Yi e eu levamos água e refrigerantes para os grevistas. Os monitores estudantis tinham isolado a área para ninguém entrar e causar confusão: quem entrava era identificado. Dong Yi mostrou sua carteira de estudante para um dos guardas e disse que íamos ver os grevistas da Universidade de Pequim. O guarda indicou o caminho, onde deviam estar mais dezenas de milhares de estudantes, além de faixas e bandeiras de trinta universidades. Algumas faixas diziam: "Liberdade de imprensa!"; outras, "Greve de fome exige diálogo!"; e outras ainda, "Enquanto houver ditadura, não haverá paz"; "A anarquia causa corrupção"; "Aguenta-se a fome, mas não a falta de democracia". Tive de rir quando vi uma grande faixa com os dizeres em inglês: "Seja bem-vindo, Sr. Gorbachev!"

Na frente do Monumento aos Heróis do Povo, havia uma grande faixa com uma mensagem simples: "Greve de Fome". O comando da greve se instalara lá, tendo Chai Ling como chefe eleito, e, no terceiro dia, já eram quase três mil estudantes em greve. Eles agora pediam diálogo, além de serem reconhecidos como patriotas e democratas.

Em volta deles, milhares de alunos vieram demonstrar apoio. Faziam discursos e cantavam músicas patrióticas como o hino da Internacional, o Hino Nacional e o Dezoito de Setembro. (Em 18 de setembro de 1931, o Japão ocupou as três províncias ao norte da China, obrigando milhares de chineses a sair de suas casas.)

> Quando poderemos voltar à nossa linda pátria?
> Quando poderemos ver nossos pais?
> Pais e mães,
> quando poderemos nos reunir?

A temperatura na praça estava acima dos 25 graus e fazia mais calor ainda sob o sol forte. Os estudantes que entraram para a greve mais recentemente ficaram em pequenos grupos nas lajes da praça, com bandanas brancas que diziam: "Juro morrer ou viver com democracia" ou "Greve de fome até à vitória". Os que jejuavam há três dias estavam deitados, com a cabeça apoiada em rolos usados para acampar, ou em lençóis dobrados e casacos acolchoados. Os dias eram quentes, mas as noites continuavam frias.

O grupo de greve de fome da Universidade de Pequim tinha aumentado para quase quinhentas pessoas e era o maior de todos. Dong Yi encontrou os estudantes de seu departamento. Ajudei-o a distribuir água e refrigerantes e observei-o falar calmamente com os grevistas, perguntando como estavam e do que precisavam (mais lençóis para passar a noite). Até então, ninguém imaginava que a greve fosse durar muito. Os estudantes achavam que o governo cederia logo.

Depois que distribuímos os refrigerantes, Dong Yi ficou com os estudantes do departamento de física. Fui falar com Cao Gu Ran, e perto dele encontrei os nove grevistas do departamento de psicologia. Quase todos eram alunos do primeiro e segundo anos que eu só conhecia de vista. Mas não achei meu amigo em lugar algum.

— Viu Cao Gu Ran? — perguntei.

— Ele desmaiou e foi levado para o centro de emergência — respondeu um dos jovens do departamento de psicologia.

De repente, ouvi a voz de Dong Yi:

— Alguém desmaiou lá! — Duas pessoas do pronto-socorro passaram correndo com seus jalecos brancos. Depois, a sirene da ambulância soou sob o céu azul e o jovem foi levado. A Cruz Vermelha e o governo de Pequim tinham colocado à disposição ambulâncias para levar os grevistas a centros de emergência perto da praça. Alguns minutos depois, a ambulância saiu.

Meia hora depois, as sirenes soaram de novo: era outro desmaiado sendo levado. Enquanto mais grevistas perdiam os sentidos, outros se recuperavam, como Cao Gu Ran. Estava diferente, com o rosto pálido. Andava devagar, inseguro, apoiado em duas pessoas do pronto-socorro. Sua bandana estava torta e dobrada, mostrando só as palavras liberdade e morte. Gostou de me ver. Sentou-se num lençol no chão e contou que tinha desmaiado de manhã e ficara quatro horas na emergência, onde recebera soro fisiológico na veia.

— Agora estou ótimo — disse, com a voz fraca.

— Cuidado; é perigoso o que você está fazendo. Pode prejudicar muito a sua saúde — aconselhei.

— Minha saúde vai ficar ótima. Lembre de que estou em forma — disse ele, tentando parecer animado.

Nesse instante, dois professores do departamento de psicologia chegaram. O chefe do departamento, professor Bei, e o professor Wan, ambos de sessenta e poucos anos, percorreram toda a praça de bicicleta para pedir aos estudantes que pensassem na saúde e voltassem para os campi.

— Veja. Eles são jovens demais para fazer isso, e, principalmente, para morrer. O que posso dizer para mudarem de ideia? Estou desesperado. Não passam de crianças — disse o professor Wang para mim, muito emocionado.

— Tenho certeza de que eles agradecem a sua preocupação, mas não creio que consiga convencer nenhum a suspender a greve — observei.

Dong Yi e eu finalmente voltamos para o campus pouco antes do jantar. Estávamos exaustos, física e psicologicamente. O rosto pálido dos grevistas pesava na nossa cabeça. Fomos devagar até o Triângulo, lado a lado, num silêncio agradável de compreensão e satisfação mútuas.

Ao chegar no Triângulo, Dong Yi foi à cantina número três comprar alguma coisa para comermos do lado de fora, enquanto ouvíamos a rádio estudantil.

Encostada num muro comprido, esperei por ele e pelo meu jantar. A rádio informou:

— Hoje, Gorbachev visitou a China. Mas as boas-vindas tiveram que ser no aeroporto, e não na praça da Paz Celestial, como de praxe. — A multidão que ouvia aplaudiu, animada.

— Mostramos mais uma vez ao governo que os estudantes devem ser considerados uma força!

O locutor então leu cartas de apoio de pais e alunos de universidades de todo o país e noticiou doações vinda do exterior.

— Os jovens chineses que estudam na Califórnia doaram 8 mil dólares para nós! — Olhei a para a cantina três, esperando ver Dong Yi com nosso jantar. O cheiro doce dos lírios na noite aumentava minha fome. Vi, então, do meio da multidão, uma mulher linda, que parecia procurar alguém. Tinha um rosto muito bem proporcionado, grandes olhos castanhos, lábios fartos e pele suave e clara. O nariz era comprido e reto. Parecia jovem e, ao mesmo tempo, madura. Não era só bonita, mas sensual, o que era bem raro na época na China.

Para minha surpresa, vi-a falar com a colega de quarto de Dong Yi. Antes que eu conseguisse entender, Dong Yi saiu da cantina com nosso jantar. Eu ia acenar, quando a jovem correu para ele. Olhei o rosto dele e concluí imediatamente quem era ela. Foi assim que vi Lan, pela primeira e última vez.

Ela não era como eu pensava. Embora pudesse ser vulnerável fisicamente, tinha uma força latente. Observei-os andar sorrindo, conversando como marido e mulher. O colega de quarto de Dong Yi veio me avisar que acontecera algo urgente e que ele tivera de ir embora. Fingi que não vi nada e fui o mais calmamente possível para a cantina comprar um jantar.

Mesmo hoje, ao pensar naqueles tempos em Pequim, é esse momento que me vem à lembrança com mais nitidez. Como os olhos deles se encontraram e o rosto de Lan se iluminou. Como correram um para o outro e, juntos, foram embora. Meu coração parou; fiquei sem respirar. Parecia que eu tinha morrido.

Sabia que não podia competir com ela. Era linda e sensual, qualquer rapaz a quereria. Por que, diabos, achei que poderia tirar Dong Yi dela? Claro que ele não conseguia se divorciar.

Meu sonho se espatifou. Meu futuro congelou. Vi isso com tanta clareza quanto vi o fogo por trás daqueles grandes e belos olhos castanhos. Será que o colega de quarto de Dong Yi disse alguma coisa para ela? Disse quem eu era? Será que aqueles olhares e aquele fogo eram para mim?

Dentro da cantina, entrei nas filas, comprei algo para comer e sentei numa das mesas compridas. O casal tinha ido embora há tempos, mas eu continuava a ver Lan com o rosto resplandecente e aqueles lábios sensuais, que ela inclinara ao ver Dong Yi. As imagens repassavam na minha cabeça sem parar, como um filme com trechos em câmera lenta, conforme o meu medo, tristeza ou raiva. Tenho certeza de que, naquela noite, a cantina estava barulhenta como em qualquer outra hora de jantar, mas só ouvia meus pensamentos.

Não comi nada. Tinha perdido a fome, a alegria e a esperança. Saí, e nada parecia ter mudado tanto quanto eu. A noite ainda cheirava a lírios e, a alguns metros, a rádio dos estudantes continuava a dar notícias sobre a praça. Fiquei no meio da multidão, deixando a voz da locutora me envolver como fumaça, passando e sumindo.

O que eu ia fazer então? Continuei a andar, tentando afastar as imagens que me assustavam. Queria ficar só. Não queria voltar para o apartamento de meus pais porque teria de comentar como tinha sido o dia, a praça, os grevistas e Dong Yi. Também não podia sentar no meu quarto e pensar no futuro sem ele. Nem voltar para o dormitório dele, onde tinha deixado minha bicicleta.

Senti-me tão só no meio da multidão e, ao mesmo tempo, culpada por me preocupar com minha infelicidade enquanto uma crise muito mais grave ocorria na praça da Paz Celestial. Tive de pensar em Dong Yi e Lan e por que ela tinha vindo a Pequim. Teria acontecido alguma coisa com os pais ou a irmã dele? Será que viera participar daquele momento difícil, para mostrar que compartilhava das ideias e das crenças dele? Viera lutar para não perder o marido?

Quando a vi e notei que ela era o contrário de tudo o que eu tinha imaginado, fiquei com mais perguntas do que aquelas a que podia responder. Quis saber quem ela realmente era, o que pensava e sentia. Antes, não me importava muito com ela. Era uma pessoa sem forma, sem cor, invisível e sem rosto. Um fantasma. Depois que ela surgiu colorida, respirando e sorrindo, eu queria saber tudo, falar com ela e ouvi-la. Queria saber a verdade sobre ela, não só o que Dong Yi me contara. Queria saber a verdade sobre aquela relação.

Enquanto pensava nisso sem parar, minhas pernas me tiraram lentamente da multidão e das tensões do Triângulo e me levaram para o lago Weiming. Na frente da biblioteca, pequenos grupos de estudantes falavam baixo ou liam e um casal parecia discutir.

Outras pessoas, principalmente casais, andavam pela trilha sinuosa atrás do prédio de biologia, de telhado borboleta. Embora estivesse a uns quinhentos metros do Triângulo, o lago era outro mundo, calmo e delicado. Os tumultuados fatos dos últimos dias pareciam passar ao largo sem afetá-lo. Era um refúgio para namorados e amigos. Passei pelo portão de pedra vermelha para a margem revestida de pedra. Havia um banco vazio sob um salgueiro-chorão de onde se vislumbrava a água azul e tranquila. A luz levemente colorida do anoitecer fazia longas sombras sobre o lago.

O que Dong Yi e Lan estariam fazendo? Estariam jantando no Jardim Yanchun, o restaurante do campus, perto do dormitório dele, onde nós dois costumávamos ir? Ou estariam num dos pequenos restaurantes familiares que ficavam na agitada rua Haidian, depois do portão sul? O que estariam conversando? Depois de jantar, iriam ouvir a rádio dos estudantes, como tínhamos programado? Aos poucos, fui ficando mais irritada, não com eles, mas comigo. Percebi como eu era medíocre. A agitação da vida na cidade, nosso interesse por palavras, as chamadas conversas intelectuais, nossos planos para o futuro, o movimento estudantil, todas aquelas coisas especiais que eu achava que compartilhava com Dong Yi... de repente vi que eram normais em qualquer relação. Nosso convívio não tinha nada de especial. Lan podia substituir-me facilmente. E ficar ao lado dela aumentava a autoestima de Dong Yi, pois era a mulher mais sensual que eu já tinha visto. O que iria acontecer a seguir? Quando iria vê-lo de novo? Que novidades me contaria?

Enquanto eu pensava no distante futuro, o dia terminou. Os postes em volta do lago se acenderam e a brisa suave da noite ficou mais forte e mais fria. Não dava mais para ver as pessoas que também tinham ido para lá. Talvez tivessem ido embora há tempos, ou sumido no bosque da colina atrás de mim. De repente, tive medo de que Dong Yi e Lan viessem ali. Levantei-me, olhei em volta assustada e fui andando. Não queria vê-los de novo, muito menos naquele lugar. Andei rápido, mas não conseguia tirar certas imagens da cabeça. Vi-os juntos e íntimos como ele e eu nunca fomos. Acabei conseguindo me livrar desses pensamentos.

Mas não conseguia esquecer dos grandes olhos castanhos de Lan, brilhando de desejo. Olhavam bem para mim. O vento veio por trás das árvores à minha direita, gelando meus ossos. Virei-me rapidamente e notei que a trilha que levava ao lago estava vazia. E a que ia para o prédio da biologia, também.

Quase corri colina abaixo. Quando estava prestes a chegar à iluminada praça na frente da biblioteca, parei e olhei para trás, a trilha estava imersa na escuridão. Vi Lan de novo, sorrindo, vitoriosa.

— Você tem razão. Não posso vencer — disse para ela, e corri rumo à luz, ao barulho e à realidade, sem olhar mais para trás.

O Triângulo continuava cheio de gente, alguns ouvindo atentos o debate na rádio, outros discutindo. Em comparação com os dias anteriores, havia mais homens e mulheres de meia-idade ao lado dos jovens. Alguns eram professores e administradores da universidade; muitos outros eram cidadãos que passaram a ir lá para ter notícias confiáveis sobre a batalha de vida e morte na praça da Paz Celestial.

Passei pela multidão e pelos cartazes no muro. Quando cheguei na esquina, olhei para a janela do primeiro andar do Edifício do Jovem Professor. Estava acesa. Numa noite assim, aquela janela mal iluminada era como um farol numa tempestade.

— Olha quem chegou! — Eimin abriu a porta e, a julgar pela voz, ficou contente com minha visita inesperada.

Sorri e entrei no pequeno mundo dele. A escrivaninha estava cheia de livros e papéis. Pensei: como podia continuar escrevendo um livro enquanto o mundo estava de pernas para o ar, logo ali embaixo da janela? Resolvi não perguntar, pois estava muito dispersa. Quem era eu para julgar? Pensei de novo em Lan e Dong Yi.

Fui até a escrivaninha e Eimin veio atrás, sorrindo. Inclinei-me na janela onde a silhueta do grande álamo se desenhava no céu escuro e sem nuvens. Ele devia estar pensando por que havia ido lá àquela hora da noite, mas não falei nada. Naquele momento, não estava muito preocupada com o que ele achava.

Eimin colocou a mão direita no meu ombro. Sem me mexer, continuei olhando pela janela. Ele se aproximou mais, pôs a mão esquerda na minha cintura e passou a direita na minha nuca. A esquerda fazia círculos na minha barriga, despertando meus sentidos. Puxou-me, beijou meu pescoço e o pequeno mas sensível canto atrás da orelha.

Não me mexi. Fechei os olhos, deixando as mãos e os lábios dele percorrer meu corpo. Minha respiração ficou tão pesada quanto a dele e retribuí o beijo. Eimin apagou a luz e me levou para a cama.

Os grandes olhos castanhos de Lan sumiram.

Não vi nada além da escuridão.

Capítulo 10

Paz Celestial

As flores caem na água, a primavera está terminando,
os espíritos sobem ao céu.

Li Yi, século IX

Passei o dia seguinte indecisa entre a vontade de esquecer Dong Yi e uma vontade enorme de vê-lo para saber o que estava acontecendo entre ele e Lan. Enquanto isso, a vida seguia sem mim no Triângulo e na praça. Coisas importantes ocorriam na China. Os estudantes estavam coesos como nunca, querendo fazer diferença e mudar o curso da história. Por que eu continuava no passado, esperando passivamente alguém me dizer o que seria de mim?

"Faça alguma coisa, Wei! Cuide da sua vida", pensei.

Isso me animou, fiquei realmente feliz. Mas logo passou e, na hora do almoço, já estava louca para ver Dong Yi. Eimin e eu costumávamos almoçar na cantina número três, que era próxima e tinha se popularizado entre os estudantes por também ser perto do Triângulo. Assim, as filas costumavam ser enormes. Mas íamos lá, pois tínhamos certeza de que encontraríamos nossos amigos e discutiríamos os fatos com eles.

Dong Yi às vezes ia comigo. Achei que a possibilidade de nos encontrarmos seria maior numa cantina nos arredores do dormitório dele. Então, convenci Eimin e fomos, assim que abriu para o almoço. Sabendo que os pratos demoravam para ser preparados, pedi para Eimin pegar duas porções de refogado, que era feito numa pequena frigideira *wok*. Fiquei de olho na porta durante a hora e meia que ficamos lá, esperando que Dong Yi e Lan aparecessem. Mas não vieram. Não sabia qual seria a minha reação ao vê-los, mas queria muito encontrar Dong Yi.

Desde que vira Lan, perguntei-me uma centena de coisas e não consegui responder a nenhuma. Acima de todas as suposições, suspeitas, sentimentos de amor e ódio, um mistério permanecia: o motivo da vinda de Lan. Por que viera exatamente naquele momento? Traria notícias que mudariam tudo?

Naquela noite, Dong Yi também não estava no Triângulo. Contornei a multidão, me meti no meio dela várias vezes e não os vi, nem o colega de quarto. Ele parecia ter sumido em sua outra vida. Nossos caminhos não se cruzavam mais.

Eu sentia muita falta, não por ele estar com Lan, que, afinal, era a esposa dele. Mas porque ficara na minha cabeça a apressada frase "aconteceu uma coisa" dita pelo colega de quarto. Gostaria que ele me informasse o que tinha havido. Será que eu não merecia nem isso?

Eimin lia os cartazes nos muros, concentrado. De repente, desejei que Dong Yi jamais tivesse comentado do divórcio. Minha vida estaria bem menos complicada e, talvez, mais feliz.

Voltei para o apartamento de meus pais decidida a continuar minha vida. Passava metade do tempo com Eimin e metade com meus pais. À noite, antes de dormir, coloquei sobre a escrivaninha todos os documentos necessários para obter o passaporte e guardei-os num envelope grande de papel pardo.

Deitada na cama do apartamento onde passara a adolescência e os primeiros anos da vida adulta, imaginei ver os corpos de Dong Yi e Lan em porcelana, apertados um sobre o outro como duas mãos. Depois, concluí que eu tinha enlouquecido, pois imaginava e pensava no corpo de uma mulher a quem só tinha visto de longe.

Mas não conseguia parar de pensar se Dong Yi a amava. Ele me havia dito que sim, e parecia óbvio: no momento em que a viu, seu olhar ficou alegre e carinhoso. Aquele olhar tinha perfurado meu coração com uma dor insuportável. Mas o quanto gostava dela? Será que gostava mais de mim? E será que a deixaria algum dia? Lembrei então do fogo por trás daqueles grandes e sensuais olhos castanhos. Lan jamais o largaria. Meu coração afundou ainda mais nas trevas infinitas. O amor sem esperança é o pior amor.

Eimin amava só a mim e a mais ninguém, pensei. Estava sempre disponível quando eu precisava de alguém. Não fizera perguntas no dia em que apareci de repente vinda do nada. Não perguntara onde estivera ou por que tinha ido lá. Simplesmente me aceitara, estava ali para mim. Por que não me casava com ele? Podíamos ir para os Estados Unidos e começar vida nova, sem dor e sem esperar em vão por ninguém. Pensando assim, fui invadida aos poucos por um estranha sensação de paz e dormi sabendo que, dentro de algumas horas, chegaria um novo dia.

Quando eu tinha catorze anos, achava que o emprego mais fácil do mundo era ser meteorologista em Pequim. Bastava prever sol que acertaria pelo menos nove em cada dez vezes.

Amanheceu mais um dia, tediosamente luminoso e quente. Na Aldeia Amarela, as grandes castanheiras que margeavam a estrada estavam cobertas de folhas verde-escuras que faziam sombras rendilhadas no chão. Eu ia de bicicleta até o portão da Universidade do Povo, onde, três semanas antes, tinha ficado cara a cara com a polícia durante a primeira passeata. De repente, vozes conhecidas me chamaram.

Virei para trás e vi Hanna e Jerry de bicicleta.

— Aonde vai com tanta pressa? — perguntou Hanna, ofegante. — Estamos há vinte minutos pedindo para você parar, mas estava muito na nossa frente para ouvir-nos!

— Vou ao Centro da cidade — respondi, cumprimentando Jerry com um sorriso.

— Nós também. Então vamos juntos?

Fomos os três emparelhados, com Hanna no meio; o trânsito estava calmo, à exceção de caminhões cheios de estudantes acenando com bandeiras. Hanna usava uma camiseta vermelha e shorts, mostrando as pernas compridas e firmes. Jerry estava de calças e uma camisa de mangas curtas e parecia pálido ao lado do radiante bronzeado dela.

— Vai à praça da Paz Celestial? — perguntou Hanna, e reduzimos a marcha para conversar. — Jerry e eu estivemos lá quase todos os dias. É um acontecimento tão animador, principalmente para um especialista em história da Ásia como ele.

— Hanna se inclinou para a frente e disse, muito orgulhosa:

— Jerry pensa em escrever um livro sobre o tema.

Eu disse que ia dar entrada no pedido de passaporte. Um pouco sem graça, acrescentei:

— Como fica perto da praça, depois passo lá para dar meu apoio.

Hanna se surpreendeu por eu ainda não ter pedido o passaporte.

— Você recebeu a bolsa faz tempo. Por que esperou tanto para providenciar isso? — Ela abaixou a voz e o corpo para que as vinte pessoas que pedalavam perto de nós não ouvissem. — No momento, vai tudo bem. Mas nunca se sabe o que vai ocorrer a seguir. O exército pode invadir a cidade e fechar as fronteiras. Por precaução, estou sempre com meu passaporte. O problema é que não tenho visto de saída para país algum — disse ela, endireitando o corpo na bicicleta e rindo.

— Mas isso pode mudar de repente, se houver uma crise política — disse Jerry.

Como ele estava do outro lado de Hanna, teve de falar mais alto para eu ouvir. Tentou nos garantir que os países estrangeiros, incluindo o dele, ajudariam os estudantes.

— Você acha que pode acontecer algo, como disse Hanna? — perguntei.

— Claro que não. Mas estamos falando em tese, certo? — ponderou Jerry.

— Discordo. Na China, tudo pode acontecer — observou Hanna.

Paramos num sinal de trânsito. Jerry inclinou um pouco a bicicleta, mudou de lado o peso do corpo e apoiou-se nos pés, alto como um astro de cinema. Uns quinze ciclistas pararam no sinal. Todos, homens e mulheres, olharam para nós: aquelas duas garotas chinesas com o estrangeiro alto.

Um caminhão cheio de estudantes na carroceria parou no cruzamento. Uma grande bandeira vermelha flutuou lentamente com os dizeres "Instituto de Ferro e Aço de Pequim". Junto com os demais ciclistas, nós acenamos e demonstramos nosso apoio.

— Obrigado! Greve de fome até à vitória! — gritaram os estudantes no caminhão.

Percebi que alguns usavam tarjas com cruzes vermelhas nos braços. Achei que eram da equipe médica de apoio aos grevistas, pois todos os dias milhares de estudantes voluntários cuidavam deles em turnos. As notícias da praça eram preocupantes: cada vez mais grevistas estavam com desidratação, embora ninguém tivesse morrido ainda.

Naquele momento, um ônibus quase lotado parou atrás do caminhão. Alguns passageiros se debruçaram nas janelas e, talvez percebendo que nós também éramos estudantes, acenaram e gritaram:

— Viva os estudantes! Bom dia para vocês!

Hanna, Jerry e eu nos entreolhamos e rimos.

— Para vocês também!

O sinal abriu. Acenamos para os estudantes quando o caminhão deu partida, barulhento, soltando fumaça pelo escapamento. Os ciclistas tocaram as campainhas, apressando o caminhão.

A visão de velhos castanheiros logo foi substituída pela de salgueiros-chorões novos e delicados brotos de álamo. A rua se ampliou depois do cruzamento com o Jardim Zoológico de Pequim. Novos prédios residenciais em formato de caixas de fósforo margeavam a rua, com roupas dependuradas nas varandas como bandeirolas num transatlântico. A luz do sol ficou ofuscante, rebatendo as paredes cinzentas dos prédios.

Paramos numa *Lengyin Dian*, uma lojinha de sucos. Estava cheia de trabalhadores das redondezas, moradores e viajantes que saíam rápido com as compras. Além de nós três, havia só mais um cliente, um menino de uns 15 anos, de rosto cheio de espinhas. Tomava um copo de picolé de feijão vermelho, isto é, suco de feijão vermelho doce misturado com gelo. Enquanto nós também tomávamos nosso picolé, o vizinho chupava e mordia o dele, barulhento.

Contagiados pela alegria em volta, eu disse, animada:

— Neste momento, o único lugar onde quero estar é Pequim. Dá a impressão de ser a cidade mais simpática do mundo. Sinto-me ligada a todos, seja a quem for, aos velhos carregando gaiolas de passarinho, às mães de meia-idade com cestas de compras, até às crianças.

— Eu me sinto em casa aqui, o que é fantástico para um estrangeiro — disse Jerry, ecoando o que eu sentia. — Parece que de repente me deixaram entrar num templo proibido para ver como o país realmente é.

— Espero que Jerry não esteja assustando você, pois ultimamente só consegue falar em como é e como deveria ser a "verdadeira China"— disse Hanna animada e, ao mesmo tempo, preocupada. — Não sei por que de repente ele se sente tão *íntimo* da China.

Ela enfatizou a palavra "íntimo" e fez o gesto que era sua marca registrada: jogou os cabelos para o lado e olhou para Jerry, com o corpo jovem emergindo como o de um golfinho, parecendo empurrado pelos compridos cachos. A sensualidade de Hanna era tão diferente da de Lan, tão mais aberta. Hanna era voluptuosa como um vulcão de lava vermelha e quente, incontida, queimando tudo o que encontrava pelo caminho.

O que Dong Yi teria visto em Lan? Será que provocava nele um desejo ardente?

— Qual foi a verdadeira China que o deixaram ver? — perguntei para Jerry.

— Para começar, acho que a China é bem mais parecida com o Ocidente do que as pessoas pensam — respondeu ele.

— Não é uma afirmação bem típica? Depois de passarem meros seis meses aqui, os estrangeiros acham que entenderam a China — interrompeu Hanna. — Falar sobre a verdadeira China, que absurdo! Ninguém conhece a verdadeira China! Morei aqui a vida inteira mas, se alguém me perguntar como é o país, eu não saberia dizer.

— Às vezes, estrangeiros tiram grandes conclusões exatamente porque, bem, não moraram aqui a vida inteira — observei. — Podem ver coisas que nós não vemos ou não queremos ver. Como disse o poeta Li Bai: "Se você está na montanha, não consegue enxergá-la."

— Lembra da última vez em que nos encontramos e falamos na correlação entre política e economia? — Talvez Jerry tivesse se animado com meus comentários ou quisesse opinar sobre a China, apesar da observação de Hanna. — Como era o nome do seu amigo, Wei?

— Chen Li.

— Certo. Pois ele não acredita que a China precisa de reforma política. Eu disse que a reforma econômica não iria para a frente sem liberdade política. E que a liberdade de expressão é um direito básico da vida, e a democracia é o único futuro para qualquer país. Veja as dezenas de milhares de pessoas na praça da Paz Celestial: elas sabem disso e concordam comigo.

Sem esperar minha resposta, Jerry continuou a falar para sua recém-formada plateia.

— É totalmente falso dizer que os chineses vivem satisfeitos sob o controle rígido do governo e não reclamam. Digo aos meus amigos para olhar esses estudantes, dispostos a morrer pela liberdade. Onde mais se vê isso? Digo também que os chineses são o povo mais corajoso. Os estudantes chineses deram esperança ao resto do mundo.

— Você acha que eles vão vencer? — perguntei.

— Acho que sim, porque estão do lado certo da história. A democracia vencerá. — Jerry estava ficando muito animado. Falou mais alto, o que me deixou nervosa. — Os estudantes estão fazendo a coisa certa, não parando de pressionar. É uma grande oportunidade para a China e para o mundo. Imagine o efeito que causariam sobre nós essas mudanças no país mais populoso do mundo.

Naquele tempo, o otimismo era total entre os estudantes e os que os apoiavam, ou seja, os pequineses comuns. No começo, muitos cidadãos, operários e empregados civis desconfiaram do Movimento Estudantil. Centenas de milhares de pessoas assistiram à primeira manifestação e a aplaudiram, em 27 de abril, mas a maioria não participou da passeata. Grande parte dos movimentos estudantis na história do país foram mal organizados, anulados por desavenças entre grupos diferentes, e por isso acabaram fracassando. Quando os jovens começaram a greve de fome no dia 13 de maio, mostraram ao povo não só sua determinação e coragem, mas sua capacidade de se organizar numa frente unida, a Associação de Estudantes Independentes. O apoio aumentou rapidamente na capital: logo, muitos operários de fábrica, pequenos empresários, funcionários do governo e intelectuais saíram às ruas também.

Em 17 de maio, o apoio aos grevistas atingiu um novo patamar quando mais de um milhão de pessoas (estudantes, intelectuais, comerciantes e operários) foram para a praça mostrar sua união. Vi-os ao passar quando fui pedir o passaporte.

A uns quinhentos metros da praça, Hanna, Jerry e eu vimos que o trânsito estava completamente parado. Grupos circulavam com bandeiras e faixas, pessoas empurravam suas bicicletas, caminhões transportavam monitores estudantis e veículos levavam lençóis: tudo engarrafado. No começo, os motoristas buzinaram tentando avançar, e os líderes estudantis gritaram da carroceria dos caminhões para as pessoas darem passagem. Mas os grupos em passeata não saíam do lugar. Evidentemente, eles tinham o direito de andar quando quisessem, falando bem alto. Os ciclistas tocavam as campainhas, desciam das bicicletas e iam a pé. Por toda parte havia uma massa de gente. Quando chegamos ao sudoeste da praça, a massa era de dez pessoas por ala.

— Quantas pessoas estão aqui hoje? — exclamou Jerry, duas cabeças acima de todo mundo, olhando para a praça.

— Mais do que ontem? — perguntou Hanna.

— Sem dúvida. O entorno e a praça formam uma multidão compacta. Eu diria que há pelo menos o dobro das pessoas de ontem.

Os jornais calcularam que, no dia anterior, havia 50 mil pessoas na praça.

Em vez de serem empurrados pelo ritmo lento do trânsito em volta da praça, Hanna e Jerry resolveram ir para o Grande Salão do Povo. Jerry queria subir a cerca de aço em volta e fotografar para o futuro livro. Despedi-me deles, enquanto tentavam passar pelas alas da passeata e o muro de espectadores. Comecei minha lenta viagem rumo ao leste e ao passaporte.

Alguns minutos após, quando virei para olhá-los, já tinham sumido, engolidos pela multidão.

No muro humano que se movia lentamente, vi gente de todas as camadas sociais vindo apoiar os estudantes. Uma ala de alunos do secundário passou, com os professores à frente. Os lenços vermelhos no pescoço chamavam especialmente a atenção, mas olhei para a grande placa levada por um grupo de operários acenando carteiras de sindicatos. Dizia: "Deng Xiaoping, renuncie!" Entendi que a frase era a reação ao encontro que a tevê transmitira no dia anterior entre o secretário-geral do Partido, Zhao Ziyang, e o presidente Gorbachev. No encontro, Zhao disse ao líder soviético que, embora Deng Xiaoping estivesse oficialmente aposentado, ainda era quem tomava as decisões importantes. Todos os chineses que assistiram à tevê entenderam que Zhao aproveitara a oportunidade para informar à nação a verdade sobre Deng. Não foi surpresa que grande parte da raiva fosse direcionada para Deng Xiaoping, que era quem tinha a última palavra na China. Mas a placa pedindo a renúncia me assustou. Lembro bem que, naquele instante, tive muito medo de que tudo aquilo acabasse mal. De ambos os lados, a luta tinha ficado pessoal.

No escritório para pedido de passaporte, o clima de promessa e esperança parecia ter aumentado muito. Havia uma animação, apesar das longas filas e da confusão sobre onde conseguir um formulário, ou uma informação, ou apenas onde entregar o pedido pronto. O barulho era maior pelo fato de todos darem informações inúteis e, às vezes, até erradas.

— Sabe se essas fotos servem para passaporte? — perguntou alguém atrás de mim.

Virei-me, fiquei pasma e exclamei:

— Minnie Mouse!

— Wei! — exclamou também minha antiga colega de quarto no internato. Min Fangfang, ou Minnie Mouse, tinha se transformado numa mulher elegante, exatamente como Qing me havia dito. Trocou os óculos de lentes grossas e armação preta por lentes de contato e transformou os cabelos lisos em cachos macios e fartos. Os olhos estavam bem pintados e os lábios, de batom vermelho-cereja.

— Por que está aqui? Pensei que tivesse se formado em Xangai — disse eu para minha amiga.

— Eu estava lá, mas as aulas foram suspensas. Muitos colegas vieram participar da greve de fome e os que ficaram no campus estão fazendo manifestações na cidade — respondeu Min Fangfang. — Foi ótimo. Vim de Xangai até aqui de trem, sem pagar. Não só deixaram os estudantes viajar de graça como os passageiros e funcionários ainda nos cumprimentaram por toda a viagem. Diziam: "Vocês, jovens, são muito corajosos. Venham, que nós os apoiamos." Alguns agradeceram por estarmos fazendo isso por eles.

Minha amiga me olhou com um grande sorriso: — Que surpresa! Você vai para os Estados Unidos?

— Sim, para a Virgínia, numa pequena faculdade chamada William and Mary. E você?

— Para a Universidade de Boston.

Falamos então de nossos antigos colegas de classe. Fiquei surpresa por muitos já terem ido para os Estados Unidos continuar os estudos. Depois de umas duas horas, entregamos nossos pedidos de passaporte e terminamos a longa conversa sobre os conhecidos. Nos despedimos do lado de fora.

— Quando viaja? — perguntou Minnie, já na bicicleta.
— Em setembro.
— Eu também. Adeus e boa sorte. — Ela acenou e partiu.

Quando voltei para encontrar Eimin na Universidade de Pequim, ainda estava animada por aquele encontro inesperado com minha antiga colega. Eimin ficou satisfeito por eu ter finalmente pedido o passaporte, embora os parabéns viessem acompanhados de frases como "minha avezinha vai voar para longe e me deixar", que me fizeram sentir mal.

Comentários sobre minha ida para os Estados Unidos tinham se tornado motivo de atrito em nossa relação. Eu não gostava das insinuações de que não me importava com ele ou com a nossa relação e que, indo embora, eu estava, cruel e propositalmente, destruindo tudo o que tínhamos. Depois, ele ainda fazia uma declaração de afeto: "Ainda gosto de você, apesar do que está fazendo" ou "Vamos aproveitar ao máximo o pouco tempo que nos resta". Com isso, eu achava que tinha de confirmar o meu amor e respeito por ele. Porém, quanto mais fazia isso, mais sem jeito ficava porque ele insistia: "Se você gosta de mim como diz, sabe que podemos ir juntos para os Estados Unidos."

Eu sabia o que ele queria dizer, pois perguntava a mesma coisa para mim mesma. Se eu o amava, por que não casava com ele? Se não nos casássemos, era evidente que ele não iria manter a relação depois que eu viajasse. Assim, dessa forma sutil, ou, como percebi depois, dessa forma explícita, recebi um ultimato.

Naquela noite, ele me levou ao restaurante Jardim Yanchun para comemorar outro marco da minha ida para os Estados Unidos. O restaurante ficava perto da pista de corrida do campus, tinha um salão de pé-direito alto e era frequentado por alunos um pouco mais abonados ou que estavam recebendo amigos ou familiares. Foi lá que os grevistas fizeram a última refeição, oferecida por professores como Eimin.

Mas nossa conversa foi interrompida.

— Chamaram o número do nosso pedido. Espere aqui, vou pegar nossas sopas de *wonton* — disse Eimin, levantando-se e indo para o balcão.

Olhei em volta e só vi desconhecidos. Esperava ouvir falar em Dong Yi, mas não sabia dele há três dias. Só pude concluir que Lan ainda estava com ele. O que estariam fazendo naqueles três dias? O que conversavam? Será que falavam algo a meu respeito? Como aquilo iria acabar?

— Veja. — Eimin mostrou duas grandes tigelas de sopa fumegantes. Entregou-me uma, com a colher de porcelana. — Esta é a sua; a minha tem muita pimenta.

Ele adorava pimenta em tudo.

— Não vá se assustar. — Ele continuou a conversa a partir de onde havia parado, enquanto mexia a sopa para esfriá-la. — Mas, nos Estados Unidos, muitos homens vão querer ajudá-la. Não se ofenda. Estou dizendo como as coisas são, pois vi isso muitas vezes, quando morei na Escócia. No estrangeiro, há poucas solteiras e muitos homens.

Eu sabia que ele se referia à comunidade de estudantes chineses que viviam fora, como ele vivera durante cinco anos.

— Você vai ser muito popular, pois é jovem, bonita, descompromissada, livre. Mas tome cuidado. Vão se aproveitar de você. — Eimin continuou, agora tentando esfriar um *wonton* que tinha dentro da boca. — Não quero assustá-la; apenas mostrar o que a espera nos Estados Unidos principalmente, pois lá há muitos crimes. Não vai ser fácil para uma jovem como você.

Tomei minha sopa em silêncio. Se eu fosse cinco ou dez anos mais velha e soubesse melhor como era o mundo fora do meu país, poderia questionar o que Eimin havia dito. Mas, na época, ele achou ter feito um retrato realista de como eu viveria no distante e desconhecido país para onde iria. E fez isso porque gostava de mim, estava preocupado comigo. Meu namorado fazia isso por amor. Era um homem experiente, para mim, um cidadão do mundo.

Fiquei bem aborrecida ao perceber que meu medo era cada vez maior de ir para os Estados Unidos. Talvez por estar deixando para trás tudo o que conhecia. Talvez por ter desanimado com a situação insolúvel com Dong Yi. Pensei em meus pais também. Quando eu viajasse, iria deixá-los, provavelmente por muito tempo. Quem cuidaria de mim e me ajudaria?

Queria tanto ver Dong Yi, mesmo que fosse por alguns segundos, de longe, mesmo se não nos falássemos. Achava que só de vê-lo me acalmaria. Não tive paz naquela noite. Na volta do restaurante, procurei, mas não o vi no Triângulo. Talvez ele e Lan já tivessem ido embora, pensei. Ou não foram lá naquele dia. Eimin encontrou um colega e os dois conversaram. Dei uma volta para ler os novos cartazes na esperança de ver Dong Yi.

Mas logo anoiteceu e não havia sinal de Dong Yi.

Quando Eimin e eu voltamos para o quarto dele, passamos por uma mesa com um abaixo-assinado pedindo aos líderes do Partido Comunista que dialogassem com os estudantes.

— Já assinou? — perguntou uma das garotas na mesa.

— Já — respondi.

— Quantas assinaturas conseguiu até agora? — perguntou Eimin para a garota, olhando no comprido rolo de papel.

— Seis mil! Muitos intelectuais destacados assinaram, incluindo professores conhecidos — respondeu a garota, animada. Depois, mostrou a última página para Eimin assinar.

Depois que chegamos ao quarto dele, perguntei por que tinha assinado. Ele sempre fora precavido, sobretudo com abaixo-assinados. Várias vezes me disse que não se devia assinar, porque era uma prova que mais tarde poderia destruir uma pessoa.

— Quando não há uma prova concreta, como fotos, sempre se pode negar. Mas é impossível negar uma assinatura — dizia ele.

Achei que era sensato. Sabia que ele passara por isso durante a Revolução Cultural, quando, se descobrissem que ele havia participado de um abaixo-assinado, isso certamente acabaria com sua carreira e sua vida. Seria preso ou obrigado a ficar até morrer num campo de trabalhos forçados.

— Bom, há mais de seis mil nomes lá, o que o governo iria fazer comigo? Além disso, eles têm peixes maiores para fritar — disse, puxando a cortina do quarto. — Mas não assinei, escrevi em letra de imprensa. Se alguém perguntar, posso dizer que colocaram meu nome lá. Sou esperto — disse, virando-se e sorrindo.

Concordei, pois, se tinha certeza de alguma coisa, era da inteligência dele.

No dia seguinte, 18 de maio de 1989, coloquei um grande chapéu de palha e usei um vestido de linho. Uma chuva forte de manhã cedo tinha arrastado o lixo, que ficou empilhado nos lados das ruas. Esfriou e, quando saí de bicicleta, senti o ar fresco no rosto e no corpo. Achei que estava meio ridícula com aquele chapéu, mas Eimin insistira que era para esconder meu rosto.

— Pode ter certeza de que a polícia secreta vai fotografar. Você não vai querer ser pega e ameaçar sua ida para os Estados Unidos.

Fomos para a estação rodoviária, no começo da avenida da Paz Eterna, do lado oeste, participar da segunda passeata de um milhão de pessoas rumo à praça da Paz Celestial.

Na praça, a greve de fome estava no quinto dia. Mais de setecentos grevistas já tinham desmaiado e o número não parava de aumentar. Mas o governo se recusava a conversar com os estudantes sobre as reivindicações. Para milhões de cidadãos comuns, aquela era uma situação incrível, vergonhosa e angustiante. Era evidente para todo mundo, menos para os líderes políticos, que, se não houvesse um diálogo logo, alguém morreria na praça, e isso seria uma grande tragédia para a China. Talvez o governo entendesse a situação e preferisse ignorar os grevistas. Nada mais. Aceitar isso piorava muito a situação: mostrava que o governo podia ser frio, arrogante e não se incomodar com a vida. Isso aumentou a raiva e a insatisfação do povo.

Eimin e eu achamos a bandeira do departamento de psicologia na fileira de um quilômetro formada pelos estudantes da Universidade de Pequim, meus antigos colegas, agora formados. Eles ficaram muito contentes de me encontrar e me acolheram entre eles com muito entusiasmo. Li estava, como sempre, ocupada em organizar tudo. Lu Bin, o mais alto e mais forte da turma, carregava a bandeira do departamento. Li discutiu um instante com os outros organizadores a possibilidade de a passeata ser dividida por grupos.

— Assim podemos impedir que haja pessoas infiltradas — lembrou um jovem que eu não conhecia. Devia ser aluno do primeiro ano.

— Seria bem difícil. É melhor deixarmos todo mundo andar onde quiser. Quero dar uma olhada se há desconhecidos na nossa ala — disse Su, uma formada.

— Concordo, vamos ficar atentos. Faça a segurança junto com Su — disse Li para o jovem do primeiro ano.

Nesse momento, apareceu um frágil velho de bengala perto da multidão. Aguardava, impaciente, que a passeata começasse. Li correu para cumprimentar o idoso e seus acompanhantes.

Era o professor Huang, aposentado há cinco anos do departamento de psicologia. Eu o encontrei algumas vezes quando ele ainda estava na ativa, como na cerimônia em que o ganhador do Prêmio Nobel Herbert Simon fora eleito professor-honorário do departamento. Mais tarde, quando pensei em ir para os Estados Unidos, procurei ajuda dele, que se doutorara em Stanford. Ele já estava com mais de 80 anos e com a saúde delicada e passava quase todo o tempo no sofá da sala. Mas era muito lúcido. Falamos sobre o departamento, sobre meus planos e a experiência dele nos Estados Unidos, quase meio século antes. Quando mostrei minhas notas e perguntei se ele podia me recomendar, respondeu:

— São as melhores notas que já vi. Claro que posso recomendá-la.

— Muito obrigada por ter vindo à passeata, professor Huang — disse Li, alto, segurando a mão dele. Senti a emoção da voz dela.

— Fiquei satisfeito com seu convite. Hoje estou me sentindo bem; ficar com vocês, jovens, me rejuvenesce dez anos — disse ele, com a mesma emoção.

— O professor Huang veio participar da passeata conosco! — gritou Li para os integrantes da psicologia.

A notícia imediatamente sumiu em meio a grandes aplausos. Mas só duas horas depois nossa ala começou a andar. Os nove quilômetros do braço oeste da avenida da Paz Eterna estavam lotados, e mais pessoas vinham pelo norte e pelo sul. Nossa ala seguiu sob sol forte, com Lu Bin ondulando a bandeira vermelha como uma chama. Andei ao lado do idoso professor Huang, tentando apoiá-lo pelo braço. Mas ele não precisava de ajuda. Seguiu, altivo, em sua desbotada jaqueta de gola Mao, de cabeça erguida e passo firme.

O caminho para a praça foi lento, já que muita gente e muitos veículos queriam chegar lá. Depois, seria noticiado que a manifestação do dia 18 fora a maior já feita na capital, com um milhão e meio de pessoas. Tivemos de parar em alguns cruzamentos até que, finalmente, chegamos na praça depois de mais de uma hora. Lá, havia mais gente, bandeiras, faixas, caminhões e vans bloqueando o contorno. Paramos na esquina. Os estudantes da Universidade Fu Dan, de Xangai, passaram. A redação do *Diário do Povo*, com uma grande faixa dizendo "Não escrevemos o editorial de 26 de abril", era aplaudida ao passar.

Logo viramos à direita, marchando rumo ao sul e passando em frente ao Grande Salão do Povo. Em algum ponto do muro de espectadores, vi a figura alta de Jerry fotografando com Hanna ao lado, exuberante como sempre. Acenei, mas não me viram.

— São Hanna e Jerry. Ela estava falando sério: vêm mesmo aqui todos os dias! — comentei com Eimin. Disse que gostaria de cumprimentá-los, mas ele avisou que, se eu fosse fotografada conversando com um estrangeiro na praça, poderia facilmente ser acusada de "ligações com país estrangeiro", o que era um grave crime.

Muitas pessoas estavam com máquinas fotográficas. Às vezes, os manifestantes fotografavam a si mesmos, os amigos fazendo o sinal de vitória ou as faixas que lhes chamavam a atenção. Parecia tudo simples e inofensivo, mas segui o conselho de Eimin e me afastei. Não duvidava do que ele disse: a polícia secreta estava ali à paisana, registrando tudo sobre as pessoas e os fatos.

Seguimos ao lado dos funcionários da Livraria Wangfujing, a maior da China, dos operários da Empresa Farmacêutica de Pequim, com seus jalecos brancos, e de milhares de alunos da Universidade de Pequim. Ao contrário do dia anterior, não fiquei nervosa com as faixas exigindo a renúncia de Deng Xiaoping, já que elas estavam por toda parte, como bambus brotando do chão depois da primeira chuva da primavera.

Aquele 18 de maio foi o melhor dia da minha vida na China. Era como se as pessoas pudessem finalmente dizer o que queriam sem medo de represália. Foi o mais próximo que chegamos da verdadeira liberdade de expressão.

Uma hora depois, estávamos ao sul da praça. Perto de nós, pessoas desciam da carroceria de um caminhão. Depois, descarregaram uma pequena bicicleta azul que me chamou a atenção. Exatamente quando eu começava a identificá-la, minha mãe desceu do caminhão.

Estava com a blusa estampada de lírios que ela mesma tinha costurado e calças pretas que terminavam na altura dos tornozelos. Tinha, na época, cinquenta e poucos anos, mas, pela agilidade, ninguém diria.

Saí da minha ala para falar com ela. Dois estudantes tinham se oferecido para ajudá-la a descer, o que a deixou constrangida. Minha mãe não se comportava de acordo com a idade. Foi descer sozinha, escorregou e teve de se apoiar nas mãos estendidas, o que a deixou mais constrangida ainda.

Aproximei-me. Ela estava segura, de pé, falando com os estudantes, sorrindo e acenando.

— Mamãe, o que está fazendo aqui?

— Ah, querida! — exclamou, ao me ver. Em vez de me responder, virou-se para os estudantes e disse, orgulhosa:

— Esta é minha filha.

Eles me cumprimentaram, e eu retribuí.

— Vocês podem ir na frente. Não se preocupem comigo. Volto de bicicleta para a universidade. Não tem problema — disse ela para seus alunos.

— Veio participar, mãe?

— Oficialmente, vim apenas observar. Como sabe, fomos avisados para não incentivar os alunos. Mas os meus ficaram contentes quando eu disse que participaria e insistiram para vir com eles no caminhão — explicou ela. E acrescentou:

— Como foi o pedido do passaporte?

— Ótimo, mas acho melhor eu seguir — respondi. Minha ala estava andando.

Minha mãe me olhou com o mesmo carinho que eu estava acostumada a receber e disse:

— Tome cuidado.

— Sim, mãe. Você também. — Acenei e corri para alcançar meus amigos. Quando cheguei em Eimin e nos colegas do meu antigo departamento, olhei para trás procurando por minha mãe: tinha sumido, engolida pelo mar de gente.

À tarde, voltou a chover com mais força que de manhã, encharcando tudo o que estivesse sob o céu. O dia escureceu como noite. Já estávamos de volta à estação rodoviária para pegar nossas bicicletas quando o céu ficou negro. Toda a ala se desfez, as pessoas correram para se proteger. As faixas brancas foram largadas na rua, sujas, com a tinta se apagando.

Eimin e eu nos escondemos da chuva inclemente. Os poucos lugares de abrigo, como a casa do guia do Museu Militar, estavam lotados. A maioria das árvores na avenida ainda era pequena demais para oferecer abrigo e, de qualquer maneira, com os trovões e os raios, era mais seguro não ficar embaixo delas.

Resolvemos voltar de bicicleta na chuva, já que estávamos ensopados. Mas, alguns metros depois, desistimos, pois a chuva era tão forte que não enxergávamos direito.

Em vez de parar tão repentinamente quanto havia começado, como as chuvas de verão, aquela se tornou um lençol de chuva leve, que parecia interminável.

Quando finalmente chegamos ao quarto de Eimin, tiramos as roupas molhadas, nos secamos e bebemos água morna. Estava na hora do noticiário das 19h na televisão. Como sempre, a primeira reportagem era sobre a praça e o pedido do governo para os estudantes suspender a greve.

— Os grevistas não quiseram se proteger da chuva, e a situação na praça piorou bastante.

Entrevistaram um médico.

— Os grevistas estão muito fracos e com o sistema imunológico abalado. O grande número de pessoas na praça e a chuva podem causar uma epidemia. — O médico olhou para a câmera e disse:

— Caros estudantes, por favor, pensem na saúde de vocês, suspendam a greve e saiam da praça da Paz Celestial.

A tevê informou então o encontro do presidente Li Peng com os representantes estudantis no Grande Salão do Povo.

Wang Dan, da Universidade de Pequim, e Wuerkaixi, da Universidade Normal de Pequim, grandes líderes do Movimento e ambos com 19 anos, estavam entre os 30 jovens.

Assim que a reunião começou, eles entraram em confronto direto com Li Peng, que avisou para não incitarem conflitos no país. Imediatamente percebemos, sem precisar ouvir na rádio dos estudantes, que a reunião seria rejeitada pelos estudantes, que continuaram exigindo uma retratação do *Diário do Povo*, que considerara o movimento anárquico. O governo mais uma vez se recusou a mudar a sua avaliação do movimento, além de não reconhecer a reunião como uma forma de diálogo.

Para mim, a notícia que eu queria ouvir não foi dada: nenhuma informação sobre Dong Yi. Naquela noite, eu estava exausta não só fisicamente, pelos acontecimentos do dia, mas emocionalmente. Pensei em Dong Yi, em Lan e nos estudantes desprotegidos na praça. Hanna e Herry, Eimin... Meu coração estava despedaçado. Como os grevistas na praça, era hora de cuidar de minha vida. Por que esperar alguém me dizer o que podia ou não acontecer? Lembrei de minha mãe aconselhando-me a parar de correr atrás de sonhos impossíveis e ser feliz com o que eu tinha. Eu queria e merecia ser feliz.

Apaguei a luz e fui dormir. No escuro, perguntei baixo para Eimin: — O que a gente precisa fazer para se casar?

Capítulo 11

Carta dos Estados Unidos

*Para amigos sinceros,
o céu está tão perto quanto a porta ao lado.*

Wang Peng, século VIII

Por causa da chuva, poucas pessoas foram à praça no dia 19 de maio. Mais grevistas tinham desmaiado em consequência da desnutrição, somada à umidade e ao frio. Para ajudar os estudantes a lidar com a súbita mudança de tempo, a Cruz Vermelha ofereceu noventa ônibus para abrigar os mil estudantes mais fracos, dos quatro mil em greve.

— Atenção para uma notícia importante! — A transmissão normal da TV Pequim foi interrompida. Uma legenda apareceu na tela dizendo: "Importante: Zhao Ziyang e Li Peng visitam os grevistas na praça da Paz Celestial."

—Venha ver! — chamou Eimin, que parara de escrever seu livro.

A imagem mostrava uma agitação na praça. Depois, um grupo usando paletós de gola Mao cinzentos apareceu em meio ao chuvisco. A câmera passava rapidamente de um membro do grupo para outro. Na frente, vinha um homem de uns 60 anos, pouco mais alto do que os demais. Usava enormes óculos quadrados e uma jaqueta esporte colorida. Um jovem segurava um guarda-chuva para ele. O resto do grupo vinha, respeitoso, atrás.

— Zhao Ziyang, secretário-geral do Comitê Central do Partido Comunista, e Li Peng, primeiro-ministro do Conselho de Estado, foram à praça da Paz Celestial às 4h45min da manhã visitar os estudantes em greve de fome.

Mal consegui acreditar no que via e ouvia. O homem mais importante do país tinha ido à praça! Há semanas o governo se recusava a conversar com os estudantes. No dia anterior, Li Peng tinha chamado novamente o movimento estudantil de anárquico ao se encontrar com representantes deles. Era incrível e estranho que Zhao Ziyang fosse à praça naquele momento! Será que o governo estava mudando de tática?

— O que há? Pensei que o governo não falasse com os estudantes. — Eimin veio sentar-se no sofá.

— Talvez isso mostre que... eles desistiram — concluí, desconfiando que era bom demais para ser verdade. Mas eu realmente esperava que aquele milagre ocorresse. Queria ver a vitória dos estudantes.

Na praça, dois representantes estudantis se adiantaram para cumprimentar o secretário-geral. Zhao apertou as mãos deles. Minutos depois, mais representantes apareceram. Zhao e Li Peng entraram num ônibus e falaram com os grevistas.

— Qual é a sua faculdade? — perguntou Zhao, com o forte sotaque Hunan que todos os chineses conheciam por ser o mesmo de seu antecessor, Mao Tsé-Tung.

— Sou da Universidade Normal de Pequim — o estudante respondeu.

Estávamos de olhos grudados na tela, incrédulos e, ao mesmo tempo, impressionados com aquela cena afetuosa. Para a maioria dos chineses, os líderes do Partido eram homens cinzentos que moravam em conjuntos residenciais de elite (*Zhongnanhai*) e circulavam em carros de luxos de vidros fumê. Não eram pessoas reais. Eram símbolos do poder. Faziam discursos a portas fechadas, só para os supostos representantes do povo. Mas o secretário-geral do Partido não só foi à praça, mas estava andando e conversando com os grevistas. Mostrava preocupação com o bem-estar deles. Naquele instante, Zhao Ziyang se tornou uma figura humana e um amigo de todos os estudantes.

Um jovem deitado, coberto por um lençol cinza, tentou levantar-se. Zhao o impediu.

— Chegamos tarde demais — disse, ao sair do ônibus, num pequeno megafone entregue por um estudante. Zhao Ziyang tinha lágrimas nos olhos.

Também fiquei em lágrimas, como todos que o ouviram discursar.

— Lastimo, companheiros estudantes. Por mais que tenham criticado, acho que têm o direito de fazê-lo. Por favor, pensem na saúde de vocês e saiam da praça antes que seja tarde demais — pediu ele. — Não é fácil para o Estado e para seus pais criá-los e mandá-los para a faculdade. Como podem vocês, com 18, 19 ou até vinte e poucos anos, sacrificarem suas vidas assim? Quando eu e meus companheiros éramos jovens, fazíamos manifestações e deitávamos nos trilhos de ferrovias sem pensar no que poderia acontecer. Mas hoje peço que pensem bem. Muitos problemas acabarão sendo resolvidos. Imploro que suspendam a greve de fome.

O discurso foi aplaudido. Muitas mãos se estenderam nas janelas do ônibus para cumprimentá-lo. Quando passou pela multidão, mais estudantes apareceram, entregando qualquer coisa, boné, caderno, uma peça de roupa, para ele autografar.

Zhao tinha razão: era tarde demais para ambos os lados, como descobrimos depois. Zhao Zyiang, o reformista, saiu da praça exausto, alquebrado. Li Peng, um linha-dura, tentava controlar a situação em seu lugar. A greve prosseguiu.

No dia seguinte, fui com Eimin encontrar um membro do Comitê Geral do Partido Comunista da universidade. Sentamos numa enorme sala de aula com carteiras escuras e bancos compridos. Havia dois dias que chovia sem parar. Por isso, a sala estava fria e úmida. Esperei a reunião começar. Havia três pequenas janelas por onde entrava luz num dia normal, mas que não adiantavam num dia escuro como aquele. Não entendi por que a reunião fora marcada lá, porém nada mais parecia normal. Sentada naquela sala vazia, tive a estranha sensação de estar numa sepultura.

De longe, a mulher do Comitê, de meia-idade, cabelos curtos e cara redonda, parecia não ter olhos. Cumprimentou Eimin calorosamente e lembrou da última reunião da universidade da qual participaram. Pelo cuidado na escolha das palavras, vi que tinha Eimin em alta consideração.

Ela folheou papéis entre os dedos e o som ecoou pela sala. Quando falou, foi só para Eimin.

— Dr. Xu, creio que o senhor não pode se casar. Segundo seu pedido, a camarada Liang ainda não tem idade.

— Sim, mas vai fazer 23 anos no mês que vem.

— Então, por que não espera? — Ela olhou de relance para mim e para a minha barriga. Na hora, senti o toque de desconfiança.

— Ela vai para os Estados Unidos. Não temos muito tempo para construir a, hum, "relação marido-mulher". Camarada Chang, como membro importante do Comitê, você viu muita coisa e sabe mais do que todos nós. Pode levar algum tempo até Wei e eu nos vermos de novo. Por isso, viemos hoje fazer um pedido especial ao Partido para podermos nos casar.

As pálpebras da mulher do Partido estremeceram.

— Compreendo — disse ela, fazendo sinal com a cabeça para Eimin, como se compartilhassem algum código secreto. — Por mim, faria qualquer coisa para ajudar nossos doutores a voltar para cá, mas é difícil abrir exceções, e não posso resolver isso aqui e agora. Terei de discutir com os outros membros do Comitê.

— Claro. Agradecemos a sua ajuda e compreensão — disse Eimin, com um largo sorriso.

A mulher ficou evidentemente satisfeita com o elogio e explicou:

— Muita gente acha que nós, integrantes do Partido, somos burros, burocratas obcecados pela lei. Mas você tem formação superior e sabe como são as coisas.

Chegamos à porta. Casualmente, a mulher virou-se para Eimin e perguntou:

— Algum de vocês esteve envolvido com o movimento estudantil?

— Não — respondeu Eimin, sem alterar a expressão, enquanto abria a porta para ela passar.

— Imaginei que não, mas preciso perguntar, entende? — ela justificou, saindo.

Olhou para o céu. Começava a chover.

— Eu sempre soube que as passeatas iriam acabar mal. Disse isso desde o começo. Olhe o que nos causou.

— Os estudantes são jovens demais para entender as consequências do que fazem — concordou Eimin.

— Erros dos alunos, culpa dos professores. Muitos professores não cumpriram seu dever — disse a mulher do Partido.

— Bem, agradeço novamente por me receber em tão curto prazo. Aguardo a sua decisão — disse Eimin, cumprimentando-a.

— Sem problema. Faço o que for preciso, Dr. Xu. Além do mais, tenho pouco serviço nessa época, você entende o que quero dizer. — Sorriu de novo, como se ela e Eimin fossem sócios de um clube exclusivo. — Até logo. Espero ter em breve uma resposta para você.

Fomos embora. Senti um alívio. Finalmente tinha terminado a conversa da qual eu não fora convidada a participar.

Naquela manhã, instaurou-se a lei marcial em Pequim. Eu precisava ir para casa, pois meus pais iam ficar preocupados comigo. O clima no Triângulo tinha se acalmado, comparado a alguns dias antes, e, quando fui embora, vi muitos estudantes lendo as normas da lei marcial, que desde manhã estavam coladas nos muros:

1. A partir das 10 horas de 20 de maio de 1989, os seguintes distritos estarão sob lei marcial: Cidade Leste, Cidade Oeste, Chonwen, Xuanwu, Xijingxan, Haidian, Fengtai e Chaoyang.
2. Sob lei marcial, ficam proibidas passeatas, greves de estudantes, paralisações de trabalho e demais atividades que alterem a ordem pública.

3. É proibido criar ou divulgar boatos, fazer contatos, discursar em público, distribuir panfletos ou incitar a anarquia.
4. Os estrangeiros não podem envolver-se em nenhuma das atividades dos cidadãos chineses.
5. Sob lei marcial, os agentes de segurança e os soldados do Exército de Libertação do Povo podem usar de todos os meios necessários, incluindo a força, para coibir atos proibidos.

Fiquei pensando o que, exatamente, aquelas palavras significavam. Era a primeira vez que o país ficava sob lei marcial, e, como quase todo mundo, eu não tinha ideia de como funcionava nem do que poderia acontecer. Só sabia que o exército invadiria a cidade. Mas com quantos soldados e com que funções? O que eles queriam dizer com "todos os meios necessários"? Que tipo de força? Minha cabeça ficou cheia de imagens da passeata de um milhão de pessoas dois dias antes. O que faria o governo se houvesse outra? Era impossível prender milhares de pessoas, quanto mais um milhão.

Pensei nisso durante todo o caminho para casa.

Pouco mudou na cidade após a decretação da lei marcial. Não havia soldados nem veículos do exército, que eu pensei que fossem encher as ruas. Aqui e ali, notei turistas de bicicleta conjecturando as mesmas coisas que eu. Parecia que as pessoas estavam assustadas, mas poucas sabiam o que poderia ocorrer.

Assim que abri a porta da casa de meus pais, vi que algo estava errado. Eles falavam aos gritos no apartamento que costumava ser silencioso. E por que meu pai estava em casa no meio do dia?

— Você tem que falar com ela. Está na casa de Lao Chen esperando a nossa ligação — disse minha mãe, apressada. — Eu disse para ela vir imediatamente. O mundo está caindo!

— O que estamos esperando, então? Vamos já para o correio. Ela tem que vir para casa. É uma ordem — garantiu meu pai.

Na época, as ligações interurbanas tinham que ser feitas na agência dos correios.

— O que está acontecendo? — perguntei, fechando a porta. Meus pais estavam assustados, não perceberam minha chegada.

— É a sua irmã. Soubemos ontem que ela esteve numa manifestação em Qing Tao com os colegas, parando os caminhões de abastecimento. — Minha mãe agarrou a bolsa com força, como se fosse estrangulá-la, a voz trêmula:

— Por que faz uma coisa tão perigosa? Nós a mandamos para a faculdade para aprender, não para morrer!

Na época, Xiao Jie fazia o terceiro ano de oceanografia na pitoresca cidade litorânea de Qing Tao, uma antiga colônia alemã na costa leste. Além da cerveja famosa que tinha o nome do local (Qing Tao), havia também uma base naval chinesa.

— A situação não é tão perigosa, mamãe — disse eu, tentando acalmá-la.

— Não? Ela está interrompendo o transporte de suprimentos e o horário de trabalho das fábricas. Você não soube? O exército pode matar quem fizer isso!

— Sua mãe pediu ao seu tio Chen para tirar sua irmã da faculdade — disse papai. — Vocês são todos idiotas. Não se trata mais de uma manifestação estudantil, mas de vida ou morte!

— Que culpa tenho eu de minha irmã não vir para casa? — reclamei, mas não me deram ouvidos.

— Vamos, antes que o correio feche ou o exército feche a cidade. — Desta vez, era minha mãe que queria sair. — Ela chega no primeiro trem! Quero minhas filhas por perto, seja lá o que aconteça.

— Certo, não vamos gritar de novo. Felizmente, nada aconteceu ainda. Eu disse a vocês que isso ia acabar mal. Foi tudo uma bobagem. Agora acreditam?

— Vamos, vamos — interrompeu minha mãe, já na porta.

Depois que eles saíram, peguei uma Coca-Cola na geladeira e fui para o meu quarto. Sobre a escrivaninha, havia uma carta dos Estados Unidos. Imediatamente, identifiquei a letra de Ning.

Peguei, rápido, pensando por que o selo era chinês. Abri o envelope. Eram três folhas de um papel de carta branco e fino. No meio das páginas cuidadosamente dobradas, tinha um cheque de mil dólares. "Querida Wei", li e quase ouvi a voz suave dele:

Exultei ao saber da sua bolsa para os Estados Unidos. Parabéns! A alegria de saber que você vem para cá certamente me fez bem, pois minhas experiências no laboratório estão tendo resultados incríveis! Sei que seu começo aqui, antes de receber o primeiro pagamento, será o mais difícil; por isso anexo um cheque de mil dólares. Você pode comprar a passagem com ele, ou pagar o aluguel quando chegar à William and Mary, ou usar como quiser. Não se preocupe em devolver. É da minha poupança e não estou precisando.

O que conta de Dong Yi? Ele me disse que também estava se candidatando para faculdades americanas. Conseguiu? Faz tempo que não tenho notícias dele. O que resolveu? Voltou para Taiyuan?

Pensando melhor, não creio que ele ficaria lá enquanto as coisas explodem em Pequim; deve ser emocionante para vocês. Invejo os dois. Não só por terem um ao outro, grandes amigos por perto, mas por participarem de um tempo tão extraordinário na história. Gostaria de estar aí. Quero estar. Quero encontrar você e nossos colegas da Universidade Pequim e lutar pela China de amanhã.

Porém, fisicamente, não posso. Tenho de fazer minhas experiências aqui. Alguns colegas da minha universidade voltaram para participar do movimento em Pequim. O resto, uns quatrocentos estudantes, mais ou menos, fazem o possível para dar apoio financeiro e político aos nossos colegas aí.

Ontem, organizamos mais um evento para levantar fundos no sindicato estudantil. Alunas chinesas fizeram bolinhos e rolos primavera. Dois alunos mostraram como se desenha com o pincel chinês. Eram muito habilidosos. Muitos doaram enfeites e lembranças que trouxeram da China, artesanato e peças da região deles, joias de família de jade e sedas. Mais de três mil estudantes compareceram. No final, vendemos tudo e levantamos quase dois mil dólares!

Como quase todo estudante no campus, coloquei uma cesta para receber doações no nosso laboratório. Meus colegas e professores foram muito generosos. Antes disso, eu não tinha muito contato com os alunos americanos e europeus do meu departamento. Agora, as pessoas vêm todos os dias conversar sobre os acontecimentos na China e o que viram na tevê na noite anterior. Fazemos longas discussões sobre o país, política e democracia.

Você participou das passeatas? Claro que sim. Como sou bobo! Todas as noites, quando chego do laboratório, percorro todos os canais de tevê para ver o máximo de cobertura sobre o Movimento Estudantil e procuro caras conhecidas na tela. Tantas vezes quis ver você, ao mesmo tempo que temia vê-la. Pois, por mais que apoie os estudantes e a greve de fome, espero que você não seja um dos quatro mil grevistas da praça da Paz Celestial. Como amigo e alguém que gosta muito de você, espero que esteja bem e fora de perigo.

Enquanto escrevo, o sol se põe no deserto vermelho. Sei que a temperatura em Pequim também está subindo. Estou no laboratório e tenho de usar suéter porque o ar-condicionado esfria demais, mas meus pensamentos estão em Pequim. O que aconteceu hoje na China? Será que meus amigos estão bem? Será que o amanhã será melhor, como esperamos?

Depois que se instalar na Virgínia, venha me visitar. Iremos ao Grand Canyon. É um cenário de tirar o fôlego. Pode ter certeza.

Por favor, cuide-se! Espero vê-la logo.

Sempre seu,

Ning

P.S.: Um amigo volta amanhã para Pequim. Ele vai colocar a carta no correio aí.

A carta de Ning me fez pensar em dias felizes, barcos brancos no Jardim do Bambu Roxo, secundaristas cantando em coro, a lua sobre o lago Weiming, corações cheios de esperança... ter a carta foi como abrir uma represa. De repente, senti uma enorme vontade de amar, do tipo de amor que anima, realiza sonhos e toca a alma. Pensei em Dong Yi e onde estaria ele. Por que não viera falar comigo? Queria que falasse qualquer coisa, ou nada. Só queria ouvir a voz e estar na presença dele um instante. Senti falta.

Coloquei o cheque na gaveta e a carta no envelope. E resolvi que não podia perder um segundo. Tinha de falar com Dong Yi. Deixei um bilhete na mesa da sala de jantar para meus pais dizendo que tivera de voltar ao campus imediatamente.

"Por favor, não se preocupem comigo. Vou só ver Dong Yi; não vou participar de nada. Não vou à praça."

Primeiro, fui ao Triângulo ver se o encontrava lá. O lugar estava mais cheio do que à tarde e dava a impressão de que ali tinha havido uma batalha na noite anterior. Algumas pessoas estavam destemidas, outras com medo, todas envolvidas com a situação. A rádio transmitia notícias e avisos ao vivo:

— Zhao Ziyang foi afastado. Li Peng assumiu.

— A Associação de Estudantes Independentes de Pequim votou pela suspensão da greve de fome, que foi uma grande vitória para os estudantes.

Como se houvesse uma súbita nevasca, os muros do Triângulo ficaram cobertos de novos cartazes. Alguns textos mostravam muita preocupação; outros proclamavam a chegada da hora zero, ou pediam para o governo retirar as tropas da lei marcial, ou, ainda, como o cartaz na minha frente, eram puros desabafos.

> Cancelo minha filiação ao Partido Comunista Chinês. Estou envergonhado e indignado. O Partido que se diz servo do povo decidiu enviar tropas armadas contra os mais inocentes, vulneráveis e patrióticos de todos os chineses: os jovens estudantes. Um Partido que ama o povo não faria isso. Um Partido que se importa com o bem-estar de nosso país não faria isso. Qualquer pessoa que tenha um pouco de decência e humanidade não faria isso. Os líderes do Partido são tiranos. De agora em diante, não tenho nada a ver com esse Partido.
>
> Conclamo os amigos e colegas que são membros do Partido a fazer o mesmo. Por favor, façam como eu: desliguem-se do Partido que ordenou a força contra o seu próprio povo!

Estava assinado: Chen Li, candidato ao mestrado no departamento de economia.

Quase gritei de susto. Duas semanas antes, falei com Jerry e Hanna sobre Chen Li e lembramos de nossas discussões no bar do Jardim Redondo. Será que ele enlouqueceu? Saberia do que estava abrindo mão? O trabalho que sempre quisera em Xenzhen, uma carreira promissora num país onde a política e o Partido eram tudo?

Ele não apenas escrevera um cartaz incendiário, mas fora contra a norma e ainda assinara seu nome e departamento. Não precisava. Se ficasse anônimo, como a maioria, ninguém duvidaria de sua coragem e sinceridade.

Imaginei ver, então, o rosto honesto e franco de Chen Li, me olhando como se dissesse: "Sempre assumi a responsabilidade pelo que fiz ou disse. Não vou deixar de assumir agora."

Tive de admirar a coragem dele. Compreendi que ele estava também mostrando para a Universidade de Pequim que era hora de todos participarem.

— Quem é esse Chen Li? — perguntou um jovem na minha frente.

Uma multidão tinha se juntado para ler o cartaz de um metro de altura.

— Não sei. Nunca ouvi falar.

— Seja quem for, é um cara corajoso! Deu o nome, departamento, tudo — disse outro, perto.

De repente, a rádio interrompeu esses comentários.

— A Associação de Estudantes Independentes pede a todos os estudantes no campus que compareçam à praça da Paz Celestial. Não podemos permitir que nossos corajosos companheiros caiam nas mãos dos militares!

Como as coisas mudaram desde que vi Chen Li pela última vez, em 27 de abril, quando participamos da passeata. Desde então, nossa amada cidade viu greves de fome, manifestações de um milhão de pessoas e, agora, a lei marcial.

— A Associação pede também que os estudantes fechem os cruzamentos para impedir que os veículos do exército entrem na cidade!

Tenho de encontrar Chen Li, pensei. Sentia falta de meu amigo e de nossas longas e acaloradas discussões sobre política e economia. Também precisava fazer o meu papel e participar daquele momento crítico. Com a lei marcial em vigor, os grevistas precisavam de mais apoio que nunca.

Mas eu não iria fazer nada, por enquanto. Primeiro, tinha de encontrar Dong Yi.

Percorri atenta a multidão e não o vi. Andei na contramão das pessoas que iam para o Triângulo, para o prédio do dormitório de Dong Yi, apertando a carta que recebera dos Estados Unidos.

O barulho das pessoas no Triângulo foi diminuindo aos poucos. Eu tinha me afastado do campo de batalha. Quanto mais me aproximava do prédio, mais irritada eu ficava. A paz que imaginei ao encontrar Dong Yi não se concretizou. Comecei a me fazer perguntas. Por que ele não tinha me procurado? Para onde tinha ido? Será que sabia o que eu tinha feito na ausência dele? Estava preocupado com isso? Acima de tudo, eu estava irritada comigo mesma por ter esperado tanto, por ser tão covarde.

Entrei no prédio do dormitório.

Três anos antes, Ning me apresentara a Dong Yi. Desde então, eu tinha passado por aquele corredor muitas vezes; algumas, apaixonada; outras, com o coração despedaçado; outras ainda, cheia de otimismo, vergonha ou desespero.

Naquele dia, entrei mais uma vez no prédio que conhecia tão bem.

Seria tarde demais?

Capítulo 12

Professor

É impossível cortar; separar é mais difícil ainda.

Li Yi, século IX

Eu estava na porta dele, de vestido de seda vermelho, sem saber o que fazer. No corredor, as portas dos quartos se abriam e delas saíam jovens de camiseta e chinelos de dedo estalando no chão, batendo o *hashi* nas tigelas de alumínio, enquanto eles conversavam a caminho do restaurante. Era hora do jantar, e, ao passarem por mim, senti os olhares curiosos.

Minha cabeça estava oca. Metade de mim queria ir embora e voltar para o calmo equilíbrio que eu tinha finalmente alcançado nos últimos dias. Metade, meu coração, queria ficar. No dia anterior, havia deixado um bilhete para Dong Yi e depois me arrependera. Queria que ele não estivesse me esperando agora no dormitório. A coragem que explodira dentro de mim no dia anterior, quando subi correndo a escada com a carta de Ning, tinha se retirado para um jardim secreto onde eu não conseguia encontrá-la.

Por que tinha ido lá, perturbar a vida feliz dele e a minha? O que passou, passou. Ning estava nos Estados Unidos. Naquela manhã, Eimin me disse que havíamos conseguido a permissão especial para nos casar. E Dong Yi devia estar feliz com Lan, já que não me procurara mais.

Pensei: estou sendo ridícula e egoísta. Se gostasse mesmo de Dong Yi, quereria que fosse feliz, e não me importaria com as consequências para mim. E sabia que isso era recíproco. Seríamos sempre ótimos amigos. Teríamos sempre o passado. Pensando assim, bati de leve na porta.

Dong Yi estava me esperando, sozinho. Procurei em volta sinais de Lan, uma mala, um lenço de seda, um batom, mas não havia nada. Talvez ela tivesse ido embora, pensei. Quando? E por que ele não me procurara?

Ficamos no meio do quarto, que pouco tinha mudado desde que eu estivera lá pela primeira vez, três anos antes.

— Você está linda. Sempre fica bem de vermelho — elogiou ele.

Vi que estava contente em me ver, mas o tom de voz era agressivo.

— Queria ver você, pois tenho de viajar. Mas não queria ir ao quarto de Eimin — Dong Yi sentou-se na cama do colega de quarto. Compreendi que tinha cedido a cama dele para mim, que estava limpa e arrumada.

— Como está você? Por que sumiu naquele dia? — ele perguntou. Fiz de conta que não sabia do que estava falando.
— Lan passou alguns dias aqui — acrescentou.

— É mesmo? Está tudo bem em Taiyuan?

— Está.

Quanto mais relutante ele ficava, mais eu queria insistir. Queria saber o que escondia de mim. Queria a resposta que eu merecia e queria também que ele sentisse a mesma dor que eu.

— Você podia ter me contado. Eu gostaria de conhecê-la.

— Gostaria? Talvez da próxima vez, quando ela ficar mais tempo — disse, sem jeito.

— Próxima vez? Mais tempo? Foi por isso que você nem se incomodou em me procurar durante tantos dias? Seu futuro está planejado. Que ótimo!

— Não, não foi por isso. Eu queria encontrar você, mas as coisas estavam acontecendo tão depressa, dentro e fora da praça da Paz Celestial, que não tive tempo. Estou contente por você estar aqui.

Mas eu sabia que ele estava mentindo, pelo menos em parte. Devia estar ocupado em intermediar estudantes e intelectuais e realmente estava feliz de me ver. Mas eu o conhecia muito bem; não estava contando a verdade, pelo menos não a verdade toda.

— Por que Lan veio aqui? — perguntei, olhando bem para ele, sabendo que não mentiria se eu fosse direta.

— É estranho. Passei dias pensando em como lhe contar. Não sei. Ainda preciso de tempo. Só posso dizer que é estranho, muito estranho — disse ele, olhando para uma caneta esferográfica que segurava. Quando nossos olhares se encontraram, senti-me como se meu coração tivesse parado.

Aos poucos, Dong Yi disse:

— Vou ser pai.

A raiva se dissolveu. Parei de pensar; meu raciocínio congelou. Foi a minha vez de ficar muda. Porém não havia mais o que dizer.

— Você disse no bilhete que recebeu uma carta de Ning?
— Ele me ajudou a mudar de assunto.

Procurei a carta na bolsa e não encontrei. Minha cabeça estava agitada, meus olhos viam sem enxergar, minhas mãos não sabiam o que procuravam.

— Onde está? — Comecei de novo a mexer na bolsa, transpirando. Encontrei dois batons, uma caneta, duas agendas, meu diário, a carteira, os óculos...

— Não se preocupe. De todo jeito, não tenho tempo de ler. Preciso falar com o professor Fang Lizhi — disse Dong Yi. O professor era o mais famoso dissidente político e o maior crítico do governo.

Parei de procurar inutilmente, olhei para ele e vi uma expressão cheia de candura. Sua voz sincera perguntou:

— Quer vir comigo?

Cinco minutos depois, estávamos de bicicleta indo rumo ao leste, na avenida Haidian. Era uma tarde fresca, perfumada com o cheiro doce dos lilases brancos. As pessoas davam sua caminhada diária depois do jantar com a família, abanando-se com leques de palha. As crianças faziam polichinelos nas calçadas.

Mas algo estava errado. Antes do Movimento Democrático Estudantil, aquela avenida era cheia de barracas que vendiam deliciosas especialidades gastronômicas do país: panquecas de Tianjin, carneiro assado à Mongólia, sopa de *wonton* de Xangai. Mas as barracas estavam fechadas e empilhadas na calçada. O cruzamento da avenida Haidian com a rua Zhongguancun, que cortava o Centro da cidade do norte para o sul, estava fechado. Estudantes faziam uma blitz nos carros que passavam. Essas blitz tinham aparecido nos campus das maiores universidades da capital para impedir as tropas de se movimentar.

O vento frio deve ter me acalmado. Dei os parabéns a Dong Yi pela gravidez de Lan. Era evidente para nós dois que tínhamos mais o que falar. Mas era evidente também que aquela não era a hora.

— Eu disse à professora Li Xuxian que estaria lá às sete. — Ao contrário da maioria dos chineses, Dong Yi fazia questão de ser pontual. A professora era supervisora dele e casada com o professor Fang Lizhi.

— Não se preocupe. Chegaremos na hora. — Pedalei furiosamente para emparelhar com ele.

Mas nos atrasamos. Quando estacionamos as bicicletas no prédio incolor em formato de caixa de fósforos, estávamos com o rosto corado e suando. Subimos.

O professor Fang Lizhi abriu a porta. Usava óculos de armação grossa e tinha o rosto redondo como o corpo. Não era exatamente assim que eu tinha imaginado o "inimigo público número um". Cumprimentou-nos com voz forte e profunda, que ecoou na escada.

— Desculpe o atraso. — Dong Yi cumprimentou-o e me apresentou.

Fomos atrás dele para a sala, que era arejada e no mesmo estilo discreto da fachada do prédio. Chamaram minha atenção os objetos de arte chinesa espalhados pela sala, de cores vibrantes que contrastavam com o fundo neutro.

O professor nos levou até à janela e mostrou o carro escuro estacionado na rua, lá em baixo.

— É a polícia secreta — disse Dong Yi para mim. O professor estava sendo vigiado desde o incidente entre a embaixada americana e o Partido. Ele disse que a polícia ficara mais ousada após a decretação da lei marcial e que um dia antes ele fora avisado para não sair de casa nem falar com jornalistas estrangeiros.

O incidente entre a embaixada americana e o Partido acontecera em fevereiro de 1989, quando o presidente norte-americano George Bush visitou a China. Foi oferecido um churrasco na embaixada para o presidente e o professor Fang foi convidado. O convite irritou o governo chinês, que proibiu o professor de comparecer.

O professor tinha sido expulso do Partido em 1987 por apoiar os estudantes. Ele se sentou na nossa frente. Era vice-reitor da Universidade de Ciência e Tecnologia, e, assim, a expulsão cortara sua ligação com os alunos.

— Como estão as ruas? — perguntou ele para nós.

— Dezenas de milhares de estudantes e de pessoas foram protestar contra a lei marcial. Estive hoje de manhã na praça e todos os cruzamentos da avenida da Paz Eterna foram bloqueados — respondeu Dong Yi.

— Que tipo de bloqueio?

— Com ônibus vazios, riquixás ou barracas de rua.

O professor então perguntou se havia alguma notícia de tropas chegando.

— Há, mas, pelo que pude apurar, só em pequenas unidades, e foram impedidas de prosseguir pelos estudantes e pelo povo. — De repente, Dong Yi parecia mais bem informado do que todos os alunos do campus.

— Você viu alguma unidade?

— Vi, esta tarde mesmo. Um batalhão entrou no Centro da cidade pelo portão norte. Quando chegamos, já estava cercado por algumas centenas de civis. As pessoas gritavam para os soldados não usar de força contra os estudantes. Um deles disse que os estudantes estavam fazendo isso pelo país e pelos soldados também!

— Os soldados estavam armados? — O professor ficou preocupado.

— Não.

— O que aconteceu depois?

— Os soldados ficaram sem poder avançar nem recuar. No fim, depois que o sargento prometeu não atacar os estudantes, as pessoas deixaram que se retirassem.

O professor se inclinou para a frente e perguntou como os intelectuais de Pequim reagiram à notícia da lei marcial.

Dong Yi também se inclinou. Era evidente, pelo ar de conspiração, que ele sabia muito sobre o assunto e que o professor estava ansioso por ouvir.

— Os intelectuais mais importantes pediram o fim da lei marcial e a retirada das tropas. Os intelectuais das províncias e de Xangai declararam algo parecido. Os líderes dos intelectuais pequineses também estão a favor dos estudantes até o fim. — Dong Yi falava de forma confidencial.

— Como você acha que isso vai terminar? — O professor olhou firme para Dong Yi e, depois, para mim.

Meu coração pulou.

Desde que fora declarada a lei marcial, Pequim passara por um breve período de medo e pânico, logo substituído pelo clima de rebeldia e um sentimento de invulnerabilidade. Quanto mais os estudantes conseguiam impedir que as tropas entrassem na cidade, mais o povo se animava. Às vezes, parecia que os estudantes seriam capazes de assumir o controle do exército.

Mas saber como tudo terminaria era uma pergunta que ficava no ar. Ninguém queria (ou ousava) perguntar. Eu tinha afastado a questão da cabeça. A palavra "acabar" me assustava, e a possibilidade de um final terrível me assustava ainda mais.

Olhei para Dong Yi, cujo rosto não demonstrava nenhum temor. Mais do que nunca, eu queria ouvi-lo falar esperando, como sempre, encontrar em suas palavras um refúgio, e que ele dissesse algo que acalmasse meu medo.

— Foi exatamente por isso que vim aqui hoje — disse Dong Yi. Pensei, então, que ele não rechaçava a ideia de um fim para tudo aquilo, como a maioria de nós. — Pensamos se o senhor poderia avaliar para os estudantes a situação e o que pode ocorrer nos próximos dias. Precisamos pensar nisso e planejar uma estratégia. Precisamos ser corajosos, mas também realistas. — Dong Yi pediu com calma, mas eu sabia como a resposta era importante para ele.

Não disse a quem o "nós" se referia, e o professor parecia não precisar de explicação. Nunca pude perguntar isso a Dong Yi. Mas, pela atividade em que ele estava envolvido e as pessoas às quais estava ligado, desconfiei que o "nós" deveria ser gente como Liu Gang.

O professor recusou o convite, explicando que não estava preocupado com a própria segurança, mas com a dos que estavam em contato com ele. Acrescentou que, se nos acompanhasse, o governo logo diria que os alunos da Universidade de Pequim estavam preparando com ele uma campanha antigoverno e contrarrevolucionária. E contou que já havia sido rotulado de "a mão negra por trás do Movimento Estudantil".

O professor fez uma análise da situação para nós. Dong Yi queria anotar; porém, foi aconselhado a não fazer isso. Era mais seguro não ter nada escrito.

Uma hora depois, nos despedimos do professor. Quando estávamos destrancando nossas bicicletas, olhei para o carro estacionado. Será que a polícia secreta sabia que tínhamos ido visitar o professor Fanz Lizhi? Será que iam nos interrogar? Seríamos presos por desrespeitar a lei marcial?

Estava anoitecendo e as ruas estavam vazias. A luz dos postes formava longas sombras de nossas bicicletas enquanto pedalávamos pelas ruas estreitas onde o único som era o rangido dos pedais. Quando nos aproximávamos de um poste, nossas sombras diminuíam e, quando ficávamos bem embaixo da luz, elas sumiam. Imediatamente, outra sombra começava a se esticar, agora à nossa frente. Depois, a escuridão era total. Pedalamos depressa, em silêncio, olhando sempre para trás, para ver se estavam nos seguindo. Meu coração batia como um tambor por todo o percurso, com medo de sermos parados antes de chegarmos ao portão da universidade. Não fomos.

Dong Yi não podia ficar no dormitório. Tinha de relatar aos colegas a visita ao professor. Nos despedimos no portão sul. À nossa frente, o caminho coberto de folhas era reto como uma faca cortando o campus ao meio. Procurei mais uma vez na bolsa e encontrei a carta de Ning. Entreguei-a para Dong Yi.

— Preciso ir, estão me esperando. Alguma novidade em sua vida? — perguntou, montando de novo na bicicleta.

— Nada de importante — menti.

Ele tinha de ir. Coisas da maior gravidade estavam ocorrendo à nossa volta. Eu tinha de esperar; só que não queria esperar mais. Meu coração não aguentava.

— Wei, logo nos falamos. — Dong Yi virou-se, acenou e saiu rápido.

Enquanto ele sumia na tarde azul, fiquei pensando o que seria "logo", quando o veria de novo e falaríamos do futuro. Mas, se ele não queria magoar Lan antes, não ia querer agora que estava grávida, não? Tinha chegado a hora de admitir que Dong Yi e eu éramos apenas um sonho.

Ao longe, o anoitecer chegava suavemente, como uma cantiga de ninar no final de um lindo dia. Não havia mais tempo para dizer tudo o que não havíamos dito. Eu estava perdendo a esperança, e parecia que a morte da esperança seria lenta e demorada, como o processo de se extrair os fios dos casulos encharcados dos bichos-da-seda.

Capítulo 13

Tanques no Portão

Uma centena de batalhas, armadura dourada, areia amarela;
só serão recuperados quando eu conquistar a torre.

Wang Xangling, século VIII

O dia era perfeito para um casamento. O céu na praça da Paz Celestial estava claro como um cristal azul, frio e perfeito. O sol nascera sobre os telhados cinzentos da Pequim antiga e brilhava direto na magnífica torre, o Portão da Paz Celestial. Na frente dele, oito pontes de pedra branca se estendiam em arco sobre o rio das Águas Douradas como braços de uma mãe se esticando para aninhar os filhos na praça.

A lei marcial estava em vigor havia uma semana. A greve de fome tinha sido suspensa, mas os estudantes se recusavam a sair da praça. Todos os dias, dezenas de milhares de jovens iam lá levar comida, água e lençóis para os colegas, mostrar apoio ou substituir os amigos que precisavam descansar. De longe, a praça parecia um jardim selvagem, com bandeiras vermelhas e faixas brancas.

Os noivos eram estudantes de pós-graduação. A noiva tinha os cabelos presos num coque e usava um *Qingpao* vermelho sem mangas, o tradicional e ajustado vestido longo chinês de gola alta e com fendas laterais reveladoras. Tímida, ela segurava um pequeno buquê de flores vermelhas, em meio a uma grande plateia e inúmeras câmeras da imprensa. O vermelho é a cor da sorte e da felicidade para os chineses. O noivo usava um terno cinza meio desconjuntado. Atrás deles, o enorme retrato de Mao Tsé-Tung no portão central da praça estava coberto por um lençol sujo. Pela primeira vez na história da República do Povo, alguém tinha ousado jogar tinta no retrato.

O noivo se adiantou, pigarreou e falou ao microfone:

— Hoje, viemos à praça da Paz Celestial nos casar num momento em que nossa pátria passa pela mais crítica luta de uma geração. Queremos dividir a nossa felicidade com os colegas na praça, que desafiaram a lei marcial para manter seu protesto. A esperança da China está bem aqui na nossa frente!

A multidão aplaudiu estrondosamente. Incentivado, o noivo aumentou a voz e prosseguiu:

— Hoje, declaramos nosso amor e dedicação recíprocos e à nossa pátria. Juntos, lutaremos pelo amanhã de nosso país; juntos, veremos a vitória e uma China melhor!

A multidão aplaudiu de novo. Então, Wuerkaixi, 19 anos, o dinâmico e desinibido líder estudantil da Escola Normal de Pequim, proferiu o discurso congratulatório, tarefa que, nos casamentos chineses, é executada pela pessoa mais idosa da aldeia ou por um convidado especial. O estudante tinha fama no país e no exterior por enfrentar Li Peng durante o diálogo transmitido pela tevê no dia 18 de maio.

Ele parabenizou o casal e fez uma ligação entre aquele casamento feliz e o futuro da China. Declarou que a coragem deles mostrava ao governo e ao mundo que os estudantes não tinham medo.

A essa altura, a multidão estava no auge da animação. As pessoas aplaudiam cada frase de Wuerkaixi. Depois, um amigo dos noivos trouxe uma garrafa de *Wuliangye*, o melhor vinho de arroz do país, e serviu duas taças. Os recém-casados beberam, e, atrás deles, duas pombas brancas foram soltas.

A multidão cantou músicas revolucionárias e pediu para o casal dançar. Fiquei no meio do povo, aplaudi e pensei no meu casamento com Eimin. Dois dias antes, tínhamos recebido o livro vermelho, isto é, a nossa certidão de casamento. Foi só isso que marcou a união. Não houve festa nem comemoração, e não contamos nada a ninguém, somente às famílias: eu, por telefone; e ele, por carta. Meus pais não disseram nada.

Desde a última vez em que vira Dong Yi, na visita vespertina ao professor Fang, pensara muito nos acontecimentos da minha vida nos três últimos anos.

Quanto mais lembrava do relacionamento indefinido com Dong Yi e dos receios com Yang Tao, mais segura ficava por ter me casado com Eimin. A lição que tive das oportunidades perdidas e do amor irrealizado foi que a vida segue. Eu não podia consertar o passado nem mudar as escolhas que havia feito, mas podia fazer uma nova escolha e esperar que as consequências fossem melhores. Os noivos que estavam na minha frente teriam que enfrentar a escolha feita naquele dia, como as dezenas de milhares de estudantes na praça teriam de aguentar as consequências de suas escolhas.

A única dúvida que eu ainda tinha quando recebi a certidão de casamento era sobre a decisão final de Dong Yi, embora duvidasse que fosse largar a esposa. Dong Yi não fugia das responsabilidades, mas, se pensasse em fazer isso, me contaria. Devia estar muito ocupado, como ele mesmo disse, com pessoas a encontrar e coisas a planejar; mesmo assim, eu gostaria que tivéssemos tido mais tempo para conversar. Eu me sentiria melhor com a decisão que tomara, embora desconfiasse que não faria a menor diferença.

O casamento foi o ponto alto do dia, um alívio muito necessário para o clima que imperava na praça. Desde a suspensão da greve de fome, o movimento parecia ter perdido o foco. Naquele momento, não estava claro o que ele queria, por que meios e com que fim. Os estudantes das províncias, que sentiam ter perdido todo o ânimo da greve de fome, queriam ficar na praça até o próximo Congresso Nacional do Povo, marcado para o dia 22 de junho. Os estudantes da capital estavam cansados, confusos e desapontados, prontos para uma ação alternativa, querendo sair da praça. Ouvimos dizer que a Associação de Estudantes Independentes tinha votado a favor da retirada. Algumas horas após, a decisão foi alterada. Dois dias depois, outra decisão surgiu.

Muitos líderes do movimento, incluindo destacados intelectuais, pediram que os estudantes se retirassem imediatamente da praça. Achavam que tinham atingido sua meta e não iam conseguir mais nada se mantivessem o confronto. Sugeriram que os alunos voltassem às salas de aula e, então, buscassem as metas do Movimento, isto é, democracia e liberdade, por meios pacíficos e políticos. Mas outros, como Chai Ling, achavam que uma retirada naquele momento, sem todas as exigências atendidas, seria um suicídio político. A promessa que os estudantes receberam do governo (como o diálogo para melhorar a educação) não seria atendida. Se eles saíssem da praça espontaneamente, o governo poderia se considerar vitorioso, e nada mudaria no país.

Naquela tarde, em sua pequena sala no mesmo andar de Eimin, Li ouviu com muito interesse eu contar do casamento na praça. Quando falei na reação da multidão, comecei a entender que a cerimônia tinha não só distraído todos, mas ajudado a nos lembrar, em primeiro lugar, por que tínhamos ido à praça da Paz Celestial, motivo que parecia ter-se perdido em meio à nossa agitada vida cotidiana.

— Que ideia ótima casar-se na praça! Gostaria de ter assistido ou, até, de fazer isso também — suspirou Li.

— Está pensando em se casar?

— Ainda não, mas falamos no assunto. — Ela sorriu e abaixou um pouco a cabeça. — Não sei se é apenas o momento que estamos vivendo, com tudo tão animado e cheio de esperança. Mas eu quero oferecer, fazer alguém feliz, criar um amanhã melhor. Você também?

— Não sei. Talvez não tanto quanto você. Mas eu me casei. — Achei que aquela poderia ser uma boa hora, como outra qualquer, para contar a ela.

— Meu Deus, casou com Eimin? Quando? — Ela quase pulou da cadeira.

— Dois dias atrás.

— Parabéns! Como comemoraram? Deu um jantar? — Ela me abraçou.

— Não, não fizemos nada. Claro que um dia vamos fazer e você será convidada. Talvez depois que tudo isso terminar.

— Que ótimo! — Ela se recostou na cadeira, tomando cuidado com as pilhas de papéis, jornais e folhetos no chão.

— Não consigo acreditar. Parabéns, Wei. Casamento é um acontecimento tão importante na vida. Estou muito feliz por você. Só me surpreendo de saber que os dois se casaram. Não quero dizer com isso que não combinem, mas achava que você gostava de um rapaz do departamento de física. Agora tudo faz sentido; por isso tenho visto você sempre aqui.

— A relação com o rapaz da física terminou — contei.

Eu queria mudar de assunto. As perguntas de Li estavam me deixando sem jeito. Suas observações aumentavam as dúvidas na minha cabeça.

— Para que são esses papéis? — perguntei, mostrando as pilhas aos pés dela.

— Ah, são para amanhã. Serão levados para as montanhas ocidentais. Mais de cem tanques chegaram lá ontem, mas os estudantes da Universidade de Línguas de Pequim impediram que entrassem, e agora precisam de ajuda. — Ela me passou o jornal no alto da pilha. Era um exemplar que circulara dez dias antes do *Diário da Juventude de Pequim*, o jornal oficial da Liga Estudantil do Partido Comunista Chinês.

— Muitos soldados não souberam a verdade sobre o Movimento Estudantil. Receberam ordem para ir a Pequim "acabar com os motins incentivados por um pequeno grupo de anarquistas". Nós conseguimos recolher esses jornais. Foram publicados antes de o governo censurar as notícias verdadeiras do movimento. Se eles não acreditarem no que nós dizemos, devem acreditar nos jornais oficiais.

— Quer uma ajuda? — perguntei.
— Claro. Ia amarrá-los em pequenas pilhas. Uma ajuda é boa. — Li me entregou um rolo de barbante de vários tamanhos e larguras. — Mas não amarre esses folhetos ainda. Xiao Zhang vai trazer mais da gráfica.

Na manhã seguinte, fui junto com Li e mais vinte alunos da Universidade de Pequim para impedir que os tanques entrassem na capital. Carregamos pilhas de jornais e folhetos nos bancos traseiros de nossas bicicletas. Pedalamos para oeste, passando pelo Palácio de Verão dos imperadores e pelas sinuosas alamedas da última aldeia à margem leste do Grande Canal de Pequim. Esse canal liga as províncias do Sul à capital, que fica no Norte, e foi construído pelo segundo imperador da dinastia Qin cerca de dois mil anos atrás. Depois, foi aumentado pelos outros imperadores. Na década de 1950, um reservatório construído ao norte de Pequim passou a ser a principal fonte de abastecimento da cidade, e o canal se tornou a ligação natural entre o reservatório e os então oito milhões de habitantes da capital.

Assim que atravessamos a estreita rua principal da aldeia, entramos numa larga avenida na margem oeste do canal. Esguios álamos de troncos brancos ladeavam a estrada. A não ser grupos de estudantes e civis de bicicleta, não havia trânsito. A estrada à nossa frente nos dava a impressão de que levava direto ao céu.

Após hora e meia pedalando, surgiram as montanhas ocidentais. Elas têm um significado especial na história moderna da China: depois do movimento de 4 de maio de 1919, muitos universitários e ativistas se alistaram no Partido Comunista usando as passagens dessas montanhas para as Terras Altas Amarelas. Assim, elas sempre representaram o despertar dos universitários, descendo de suas torres de marfim e vidas confortáveis para participar da verdadeira luta do povo. Quando eu era jovem, sempre que passava lá, pensava nos rapazes e moças se ajudando a subir aquele caminho difícil. Via-os se encorajando, ao ficar cansados ou desanimados, dizendo que do outro lado da montanha havia um amanhã melhor e mais brilhante; do outro lado, onde está a esperança da China. Eu imaginava como seriam esses jovens que abandonaram o passado e começaram vida nova. Como devem ter-se comovido na primeira vez que viram as montanhas. Que emoção dar o primeiro passo para o futuro!

Naquele dia, pensei nisso mais uma vez e me senti mais próxima que nunca dos estudantes que passaram por ali antes de mim e que também buscavam construir uma China melhor e mais brilhante.

Chegamos no sopé da cordilheira. Quilômetros e quilômetros de milharais e trigais se espalhavam até a base da primeira colina, onde uma aldeia estava protegida pelo bosque. Uma trilha larga e suja serpenteava pelos campos verdes e dourados. Nessa trilha, que parecia uma grande serpente morta, estava estacionada a longa fila de tanques.

Diante da cabeça da serpente, havia uma faixa da Universidade de Línguas de Pequim. Sob a faixa e na frente dos sulcos de trator, uns vinte alunos estavam sentados ou deitados com a cabeça apoiada em velhos paletós acolchoados usados pelos militares. Li dirigiu-se ao líder dos estudantes, enquanto o resto de nós se espalhou, cada um com sua pilha de impressos.

A maioria dos soldados estava nos tanques, banhados pelo sol forte. Não eram mais velhos do que os estudantes ao redor, embora tivessem expressões mais duras. Não pareciam se incomodar de estar enfiados no meio do nada e conversavam entre si, alegres. Mas não podiam ignorar as perguntas vindas de todos os lados feitas pelos estudantes recém-chegados:

— Por que vieram aqui? — perguntou um aluno. Um soldado tinha tirado o quepe e se abanava com ele. O aluno repetiu a pergunta. O soldado respondeu com um sorriso: — Para proteger o povo.

— Proteger com tanques? Os alunos na praça estão desarmados!

— Nós *somos* o povo e pedimos que vocês se retirem — berrou outro aluno.

— O protesto não é anárquico nem orquestrado por um grupinho de contrarrevolucionários — gritei o mais alto que pude para os soldados poderem me ouvir. Fiquei na ponta dos pés, acenando com o jornal: — Se não acreditam, leiam aqui no *Diário da Juventude de Pequim*.

Ninguém respondeu nem aceitou o jornal.

— Mentiram para vocês. O movimento estudantil não é antirrevolucionário, mas patriótico. — Acenei de novo com o jornal, tentando ficar o mais alta possível. Mas eu era muito pequena para alcançar os soldados sentados no alto do tanque, relaxados.

Coloquei a pilha de jornais na esteira do trator e subi no tanque. O sol escaldante batia havia horas, e, por isso, o metal estava muito quente. Alguns alunos vieram ajudar e me empurraram para cima da enorme máquina.

No alto, o tanque era bem apertado. A cada passo que eu dava, precisava parar, ajeitar os pés e me equilibrar. Quatro soldados estavam sentados na abertura no teto, com os botões superiores do uniforme abertos. Um deles se abanava com o quepe. Estava bem mais quente lá, onde o sol batia direto e não havia proteção.

Aos trancos, cheguei, ao mesmo tempo que tentava segurar os jornais e folhetos.

— Eis os jornais oficiais do Partido — informei, pondo os jornais bem na cara deles. — Vou ler este aqui para vocês — continuei, com um exemplar do *Diário da Juventude de Pequim*: — "Hoje, 18 de maio, um milhão de pessoas, incluindo estudantes de todas as instituições superiores da capital, operários de fábrica, cientistas, artistas, comerciantes e cidadãos comuns, foram à praça da Paz Celestial apoiar os grevistas e insistir para o governo dialogar com os estudantes." Um milhão de pessoas não é um grupinho. E eles não estão querendo a desordem para o nosso país.

Os soldados não pegaram os jornais nem leram os textos que mostrei para eles. Mas pararam de conversar e ficaram constrangidos, olhando os trigais.

— Aqui, o artigo diz que os operários da Companhia de Gás e Luz de Pequim doaram 10 mil iuanes para apoiar os estudantes. E que até os alunos da Escola Central do Partido participaram da passeata.

A Escola Central treinava e preparava os integrantes mais destacados para assumir cargos importantes no governo; seus alunos eram a nata do Partido Comunista Chinês.

Enfiei os jornais nas mãos deles e disse:

— Por favor, leiam. Verão que estou dizendo a verdade

Eles pareciam não saber como reagir à minha insistência. Minutos após, o soldado que se abanava com o quepe pegou um exemplar. Os outros fizeram o mesmo.

— Aceitam água fresca? — perguntou um aldeão que carregava dois baldes de água. Tinha uns 40 anos e seus cabelos espetados e duros como aço pareciam se recusar a abaixar. — Água fresca do poço. — Encheu uma grande colher de madeira e a levantou para os soldados. — Por favor, bebam. Não podem ter insolação.

Os soldados pareceram receber de mais bom grado a água do que os meus jornais.

— Não queremos que vocês entrem na cidade e atirem nos estudantes. Mas também não queremos que sofram. Somos todos gentinha; temos de cuidar uns dos outros. Os importantes moradores do Zhongnanhai não vão se incomodar — disse o aldeão, ansioso.

Como os tanques tinham estacionado ali, aldeões e estudantes providenciaram comida e água para os soldados. Isso criou uma ligação amistosa entre as duas partes, apesar de eventuais confrontos. Os estudantes insistiram que não tinham nada pessoal contra os soldados e que os dois grupos compartilhavam do mesmo patriotismo. Até ali, a relação entre as tropas e os civis tinha sido relativamente boa.

Mas fiquei pensando quanto tempo aquilo iria durar. As condições estavam piorando, sobretudo dentro dos tanques. As tropas levaram dias para chegar à capital e, naquele momento, estavam no meio do nada, a quilômetros do seu destino e de qualquer conforto. Não podiam sair para tomar banho ou se lavar. Não tinham banheiros, a não ser que fizessem suas necessidades ao ar livre. E, pelo jeito, podiam ficar parados ali algum tempo. Até para o soldado mais paciente, a frustração tinha limite.

O que ocorreria então? Recuariam, como exigiam os estudantes? Ou insistiriam em prosseguir?

Enquanto eu pensava nisso, o chefe dos soldados enfiou a cara pela abertura do tanque, cheio de desapontamento.

— Onde estão a ordem e a disciplina? Vejam como vocês estão. Abotoem os uniformes, e você ponha o quepe na cabeça. Dá a impressão de que já foram derrotados — disse ele. Ficou indignado porque os soldados aceitaram os jornais e os recolheu.

— Desça daí, já! — Ele se inclinou para a frente e gesticulou para mim. Fiquei assustada, dei um passo atrás e me desequilibrei.

— Não agrida! — gritaram as pessoas, pensando que ele tinha me empurrado.

O homem ficou rubro e ordenou à sua tropa:

— Entrem nos tanques, já.

Os soldados obedeceram, talvez para se arrumar, seguidos pelo chefe, que fechou a tampa do tanque com estrondo. Desci, ajudada por outros alunos, e fui aplaudida. Fiquei orgulhosa.

Procurei Li e o resto do grupo, porém não os vi. Mais estudantes e civis vieram participar, cercando os tanques. Muitos subiram e falavam cara a cara com os soldados. De repente, Li apareceu ao meu lado:

— Finalmente encontrei você. Distribuí todo o material. Todos aguardam no fronte.

Passamos com dificuldade pelo meio da multidão.

— Os alunos da Universidade de Línguas disseram que precisam de mais ajuda à noite, quando a multidão vai embora.

Pois é evidente que, se as tropas quiserem entrar à força, não farão isso de dia, na frente de toda aquela gente, mas à noite — explicou Li.

— Eles não têm pessoal suficiente para a noite? — perguntei.

— Pelo jeito, não. A universidade não é muito grande. Muitos alunos estão na praça, e os que ficaram desde o primeiro dia estão cansados. Acham que conseguem dar um jeito, mas gostariam de ter ajuda das outras universidades.

— Nós podemos ajudar?

— Somos poucos; não em quantidade, pois a Universidade de Pequim tem dois mil alunos. O problema é de logística. Por isso, quero voltar logo e organizar um reforço para eles. — Li era uma organizadora nata.

Na volta, pedalamos firme durante duas horas até chegarmos à universidade. Pensei naqueles rapazes e moças deitados na frente dos tanques. Logo ia anoitecer e estariam sós contra a força dos tanques e do exército.

Capítulo 14

Tiananmen

Ouve-se o barulho das armas, do exército se
deslocando no meio da noite.

Bai Juyi, século VIII

A pedido de meus pais, minha irmã Xiao Jie voltara para casa. Eu não a via desde o começo de fevereiro, quando ela fora para a escola, após o Ano-Novo Chinês, usando um vestido de algodão rosa sem mangas. Estava bronzeada e saudável, e seus longos cachos tinham sido cortados pouco abaixo dos ombros.

— Eu estava ótima. Por que todo mundo achou que eu corria perigo? — Ficou muito irritada quando perguntei da situação em Qing Tao. Meus pais provavelmente já haviam perguntado a mesma coisa várias vezes.

— Nossos pais querem apenas que você esteja perto, caso as coisas piorem. Estavam preocupados, mais nada — disse eu, fazendo o papel de irmã mais velha.

— Mas por que a cidade de Qing Tao é mais perigosa do que Pequim? Qual das duas está sob lei marcial?

— Você sabe que não se trata apenas de onde você está, mas do que faz.

— Meninas, por favor, vão comprar pão cozido no vapor para o jantar — pediu nossa mãe, saindo da cozinha.

Lá fomos nós à cantina da universidade, naquela quente noite estival, comprar pães no vapor, como fizemos a vida toda.

— Acho que não fiz nada a mais do que você: passeata e manifestação. Sei que você esteve na praça.

— Mamãe disse que você foi impedir a entrada dos caminhões do exército. Como foi isso?

— Foi poucos dias após o início da greve de fome. Alguns cadetes do Colégio Naval que fizeram passeata conosco disseram que havia boato de uma ofensiva militar. Por isso, fomos impedir os caminhões de entrar ou sair da base naval.

— Como fizeram?

— Ficamos de braços dados na frente dos caminhões.

A cantina estava cheia de estudantes esfomeados, com o cheiro de gordura e o som de milhares de pessoas falando num espaço pequeno e apertado. Trocamos experiências sobre como enfrentar o exército.

— Eu não devia ter contado para mamãe. Ela ficou apavorada — continuou minha irmã. — Imagine se soubesse que também fiquei na frente dos trens!

— O que você fez?

— Soubemos que as tropas estavam num trem rumo a Pequim. Então, corremos para a estação e ficamos nos trilhos.

— E aí?

— O prefeito veio e nos garantiu que não havia tropas naquele trem. Então, saímos três horas depois.

A fila da cantina andava rápido, como se houvesse um monstro comedor de fila dentro do guichê de pedidos. Logo chegou a nossa vez. Encomendei dois pães simples e quatro com carne e legumes.

— Você está muito zangada por ter sido obrigada a voltar para casa? — perguntei.

— No começo, fiquei. Mas depois descobri que muitos amigos vieram para cá e estão na praça. Fui lá visitá-los, mas, por favor, não conte para mamãe e papai.

No jantar, relatei à família o que vi nas montanhas ocidentais. Disse que os alunos estavam dormindo na frente dos tanques e que os aldeões traziam água e comida para os soldados e pediam que não atirassem nos estudantes. Contei também que subi num tanque e distribuí jornais.

— Fiquei no alto de um tanque e até toquei numa arma — contei, animada.

Mamãe ouviu, interessada, e concordou comigo várias vezes, mas meu pai não gostou. Na verdade, estava bastante irritado, julgando que eu era ingênua demais.

— O que você acha disso tudo? Vocês são jovens, pensam que isso é brincadeira? Podem se machucar!

— Não se preocupe. Todo o país, até mesmo os soldados, está do lado dos estudantes. Hoje mesmo, em Xi Dan, uma tropa recuou após ser afrontada pelos estudantes. Não querem agredi-los.

— Você é boba de achar isso. — O rosto de papai enrubesceu, como acontecia sempre que ele se irritava.

— Alguém mais quer arroz? — interrompeu mamãe, na hora.

Aquele 2 de junho de 1989 estava especialmente quente e úmido. Depois do almoço, fui de bicicleta para a Universidade de Pequim e esqueci completamente o que meu pai dissera. Era verdade que a situação tinha ficado mais perigosa. Além dos tanques nos arredores da capital, havia notícia de grandes manobras militares, e mais soldados tinham sido avistados na cidade. Muitas pessoas temiam um choque iminente. Mas ainda parecia que a determinação dos estudantes e civis tinha força para tolher a ameaça. E, ao ouvir cada história de estudante vencendo soldados simpáticos, ficávamos mais animados.

O campus estava fervendo de confiança. Assim que passei pelo tranquilo e sinuoso riacho que corria pelo jardim chinês, perto do portão oeste, vi colegas com tintas e pincéis. A certa altura, tive de abrir caminho para uma grande faixa que dizia: "Liberdade para a China". Um jovem de cabelos compridos e bandana branca levava uma bandeira dobrada enquanto pedalava rápido e as pontas da bandana voavam como asas de uma borboleta. Mais estudantes, alguns de mãos dadas em silêncio, outros conversando alto, se encaminhavam para o Triângulo.

Ao contornar o Triângulo, notei vários cartazes novos, questionando a estratégia do movimento e dos líderes estudantis. Nos últimos dias, essas supostas "reflexões" tinham aparecido com mais frequência. Um dos cartazes questionava também o estilo de confronto dos líderes estudantis e argumentava que ele podia aumentar a tensão e levar a resultados trágicos. Alguns dias antes, temendo um derramamento de sangue, a Aliança de Proteção à Constituição, que juntava operários, estudantes e civis, pedira para os estudantes sair da praça, mas o Comando dos Estudantes da praça da Paz Celestial, chefiado por Chai Ling, se recusara. Outro cartaz lembrava as divisões políticas nas áreas superiores do governo e dizia que alguns poderiam estar usando o movimento estudantil para acabar com as reformas. "Cuidado, caros colegas, com as raposas astutas. Não deixem que elas nos usem. Precisamos não só de coragem, mas de sensatez política. Até o momento, parece que a linha-dura venceu."

Fui para o meu novo lar, o pequeno quarto de Eimin no Edifício dos Jovens Professores. Ele me aguardava para passarmos a noite no portão sul, ajudando na praça. Recomendou que eu levasse um suéter, mas achei desnecessário.

— Já estive lá antes. O começo da noite não esfria muito. Voltaremos antes da meia-noite, não é?

Descemos para a calçada e rumamos para o portão sul. Contei ao meu novo marido dos textos provocantes que vira no Triângulo.

— Você acha que os estudantes deviam sair da praça? — perguntei.

— Acho errado o Comando dos Estudantes rejeitar a ideia. Ouvi dizer que tiveram voto majoritário na ASS. Quanto maior o conflito, maior o risco. Um lado precisa recuar, e acho que não vai ser o do governo.

— Por quê?

— Porque as tropas e os tanques já estão aqui. Mao Tsé-Tung sempre disse, com razão, que quem tem as armas tem a força.

— Mas nós contivemos os tanques. Eles não podem entrar na capital. O governo está fazendo o papel de *Zhi Louhu*, isto é, tigre de papel, temível só na aparência.

— Por que você acha que, na história do país, o movimento estudantil jamais venceu, incluindo no Movimento de 4 de maio? Porque os universitários são uma elite no país; são um em cada mil jovens. — Eimin falava de uma forma estranha, como se estivesse contra os estudantes. Achei que estava consciente da idade que tinha e da função que exercia, de professor.

— Agora é diferente. Não é mais um movimento só dos estudantes: os operários de fábrica e jornalistas também foram à praça, além de membros do Partido e de executivos. Desta vez, o movimento é de todos.

— Mas o exército está do lado dos estudantes? — interrompeu Eimin.

— Não. Ainda não. Pode ser que fique; nunca se sabe. Pode ser que um dos generais se revolte, como ocorreu em 1910, quando os soldados participaram do levante que derrubou o imperador.

— Você acredita mesmo nisso? — insistiu Eimin.

— Bom, se não tivermos o apoio do exército, o que pode ocorrer? Todos os correspondentes estrangeiros estão aqui, muitos canais de tevê. O mundo está vendo. — Lembrei das palavras de Jerry.

Eimin parou de andar. Chegamos ao portão sul.

— É isso o que não se sabe. Mas será que o governo está tão preocupado com a sua reputação a ponto de permitir que ameacem seu poder?

Chegou um caminhão preto. Era evidente que as pessoas que trazia voltavam de muito tempo passado na praça, pois estavam exaustas e sujas. Nós os cumprimentamos, mas poucos responderam. Alguns mal conseguiam ficar de olhos abertos. Vi Wu Hong, um antigo colega de classe, e acenei para ele. Seus característicos cabelos compridos e ondulados estavam presos numa bandana branca, que naquele momento estava amassada e com os ideogramas em tinta vermelha amarrotados. Ele retribuiu meu sorriso.

Eimin e eu subimos no caminhão assim que o grupo anterior desceu. Quando o veículo virou na esquina da Zhongguancun, a Aldeia do Meio do Portão, nosso líder desfraldou a bandeira.

As pessoas na rua acenavam para nós e gritavam:

— Apoiamos as passeatas estudantis!

— Queremos liberdade!

— Viva os estudantes!

E nós respondíamos:

— Obrigado pelo apoio!

— Lutaremos até à vitória!

— Viva a liberdade e a democracia!

Nós nos seguramos nas laterais do caminhão, acenando e gritando animados, com o vento nos cabelos e o sol nos ombros. Acenei para as pessoas em ônibus e bicicletas, para avós carregando compras e crianças com lenços vermelhos no pescoço. Acenei para pedestres atrás das cercas da rua e para os que moravam no alto de prédios de apartamento. Naquele dia, enquanto passava na carroceria do caminhão, eu estava tão animada quanto todo mundo na capital. Estava louca para chegar à praça da Paz Celestial. Achava que era a minha contribuição, embora pequena, para um futuro melhor do país e que, talvez, estivesse até ajudando a fazer história.

Chegamos à praça perto da hora do jantar. Como nos dias anteriores, dezenas de milhares de estudantes enchiam a enorme praça de meio quilômetro quadrado. Algumas pessoas, que haviam viajado mais de quinhentos quilômetros de trem, participavam da manifestação no tradicional estilo chinês: sentados no chão, em silêncio. Desafiando a lei marcial e o governo.

Hong Kong e outros países do Sudeste Asiático que apoiavam o manifesto enviaram tendas. Os participantes, agrupados por universidade, ficavam perto de suas tendas, sob bandeiras e faixas. Ao sul da praça, perto do portão Zheyang, o portão do Sol Sincero, uma enorme faixa dizia "Democracia, Liberdade, Direitos Humanos".

No centro da praça, o Monumento aos Heróis do Povo estava iluminado pelo sol quente e o obelisco parecia uma enorme espada espetando o céu azul. Aos pés dele, o Comando dos Estudantes da Praça tinha instalado a sede da organização que fora fundada em 21 de maio, um dia após a instauração da lei marcial. Alto-falantes transmitiam sem parar notícias e discursos dos líderes estudantis.

— Colegas, sou Chai Ling, chefe do Comando dos Estudantes na praça...

Entre o monumento e o portão da Paz Celestial ao norte, havia uma estátua de dez metros de altura de uma jovem chinesa com a tocha da liberdade, a deusa da democracia, inspirada na famosa estátua do porto de Nova York. Fora feita de resina por estudantes de arte chineses e colocada na praça dois dias antes.

Dos arredores da praça, vinha o barulho do resto da cidade. Caminhões, ônibus, caminhonetes, carros, lambretas e *Sanlun Che* (carroças de madeira de três rodas que carregavam de tudo: água, comida, lençóis e equipamentos médicos para os que tinham vindo dar um reforço ao movimento, como nós). Os monitores estudantis, de tarja vermelha no braço, controlavam o trânsito:

— Sigam, sigam. Você, não; você. Vá por lá!

A entrada principal do Museu de História da China, a leste da praça, tinha se transformado em estacionamento. No espaço cercado de árvores de grossos troncos, grupos de estudantes chegavam em ônibus ou caminhões para substituir os que haviam estado lá desde cedo. Para ajudar e proteger os milhares de manifestantes, era preciso outros milhares de pessoas diariamente: estudantes de medicina checavam as condições físicas, suprimentos eram organizados e trazidos. Filas de pessoas formavam uma corrente humana em volta da enorme praça para defendê-la e garantir ordem e segurança aos que estavam lá. A polícia secreta tinha tentado se infiltrar na praça. Aumentaram as filas de defesa e a segurança foi reforçada à medida que os estudantes continuavam a ocupar a praça; essas filas precisavam de reforço constante.

Naquele dia, minha função era de defesa. Nosso líder, campeão universitário de natação, acenava a bandeira com orgulho. Ela simbolizava a alma e o espírito da democracia naquele momento e em outros da moderna história do país, como no Movimento de 4 de maio.

Um ônibus cheio de estudantes entrou no estacionamento bem atrás de nós e a bandeira da Universidade de Administração e Comércio abriu caminho para os que chegaram. Uma jovem de 20 anos e pele morena disse ao megafone:

— Quatro pessoas por fila, quatro por fila.

Alguns alunos trouxeram água em garrafas de alumínio; outros vieram de chapéu de palha. Outros ainda trouxeram jaquetas ou suéteres para passar a noite. Quando todos se enfileiraram, o líder do grupo disse:

— Muitos colegas estão na praça há mais de quinze horas. Estão exaustos. Vocês vão cuidar dos manifestantes esta noite. O ônibus da universidade virá buscá-los assim que o próximo grupo estiver pronto para substituí-los. Lutem até o fim! Desistir, jamais!

Segurando alto a bandeira da universidade, rapazes e garotas de olhar animado, alguns de mãos dadas, seguiram para o lado sul da praça. Ao ver o rosto deles, podia-se pensar que se tratava de um grupo escolhido para fazer um concurso público e que tinham certeza de que teriam ótimas notas.

— Colegas da Universidade de Pequim! Sigam-me! Fiquem juntos... — disse nosso líder bem alto. O resto da frase foi engolido pelo barulho de caminhões e ônibus recém-chegados e que já estavam saindo. Atravessamos a via que circundava a praça, e os estudantes que controlavam o trânsito fizeram sinal para parar. Bateram palmas e gritaram:

— Bem-vindos alunos da Universidade de Pequim! — Motoristas que aguardavam dos dois lados da avenida participaram da saudação buzinando. Nosso líder acenou com a bandeira, orgulhoso, e gritou:

— *Da Jia Xin Ku* (todos trabalharam muito!) — Ficamos muito animados e seguimos nosso líder até a praça.

Fomos para o norte da praça e ficamos à distância de um braço uns dos outros. O sol estava se pondo. Quando sumiu, o céu ficou vermelho-escuro e o cheiro suave da tarde estival passou de leve em meio ao calor. Meu marido, o professor de 35 anos, estava à minha esquerda; à direita, um jovem de cerca de 19 anos, magro e pálido, de cabelos cacheados. Atrás dele, outro jovem, mais moreno e de olhos fundos, traços característicos dos nascidos no sul, com a namorada. Olhei a fila e vi pessoas que eu não conhecia e vice-versa. Mas, naquela noite e por aquele curto período de nossas vidas, éramos companheiros.

Vivi a noite de 2 de junho como gosto de lembrá-la: sentada numa lasca de pedra cinza no meio da praça que simboliza o coração da China, vendo o sol inflamar o céu com suas gloriosas cores, comendo um cachorro-quente e bebendo água gasosa. Eu estava entre dezenas de milhares de pessoas estranhas e, mesmo assim, nunca me sentira tão próxima delas.

Logo escureceu. Os postes em volta da praça, espalhados entre as árvores, uns duzentos metros atrás de nós, foram acesos, dando um pouco de iluminação, mas destacando a escuridão e sombras sinistras. Na nossa frente, o mar de bandeiras, faixas, tendas e pessoas sumiram no escuro. Alguns holofotes aos pés do Monumento aos Heróis do Povo forneciam a única luz da praça, enquanto os alto-falantes continuavam transmitindo notícias.

— Colegas, colegas. Sou Chai Ling, comandante da praça. — A voz aguda da minha antiga colega de quarto veio dos alto-falantes outra vez. Informou à multidão que tinham acabado de saber que os tanques estacionados nos subúrbios a oeste deram meia-volta e foram embora.

Aplaudimos a notícia. Na hora, entretanto, não sabíamos que, a uns cinquenta quilômetros, outra unidade do Exército de Libertação do Povo estava a postos, o 27º grupamento armado, comandado pelo irmão do marechal Yang Xangkun, presidente da China. No escuro, soldados fortemente armados, em uniforme de combate, além de transporte blindado de pessoal, tanques e caminhões camuflados, seguiam rápido para a capital. Os soldados (como os que encontrara nas montanhas ocidentais) eram de uma unidade do exército estacionada perto de Pequim. Alguns soldados viviam em cidades, mas a maioria tinha vindo do campo. A proximidade com a cidade e o contato com os estudantes fizeram com que eles se tornassem inúteis para a ação, e por isso estavam sendo substituídos.

Por algum tempo, a notícia de tanques chegando foi o assunto principal de nossa conversa.

— Isto vai mostrar que, enquanto nós, estudantes, nos mantivermos unidos, podemos vencer o exército — disse o rapaz ao meu lado.

— Os tanques estão se retirando. Ótimo. Mas e os soldados que já vieram para cá? Onde estão?

Nos entreolhamos e não dissemos nada. Estava esfriando. Esfreguei os braços com as mãos e desejei ter seguido o conselho de Eimin e usado uma roupa mais grossa que o vestido de algodão. Olhei no escuro. Não via nada. Parecia que a cidade tinha ido dormir. Os alto-falantes calaram-se.

— Há muitos lugares que podem esconder centenas de soldados: a Cidade Proibida, por exemplo — disse o estudante magro, de cabelos cacheados. A Cidade Proibida era a antiga residência dos imperadores e hoje é um local aberto, quase do tamanho do Hyde Park, de Londres.

— Na Cidade Proibida podem se esconder mais do que centenas de soldados — calculou Eimin.

— Mas seria impossível. Ela é aberta ao público e ninguém viu nada.

— Algumas partes não são abertas — rebateu Eimin.

Nossos vizinhos comentavam, baixo, assuntos parecidos sobre a linha de defesa, em meio à boataria.

— Ouvi dizer que há uma série de túneis subterrâneos no Grande Salão do Povo. — O estudante do sul mostrou a escuridão a oeste. — Foram construídos especialmente para os líderes do Partido poderem fugir se forem cercados. Os soldados poderiam passar por lá sem ninguém perceber.

Enquanto ele falava, fiquei pensando nas imensas portas entre colunas imponentes se abrindo e milhares de soldados entrando na praça com rifles e cassetetes.

"Eles também podiam vir do Museu de História da China", pensei. Olhei para trás, estava tudo escuro também. Comecei a identificar cada som. Agucei mais os ouvidos e escutei apenas sussurros dos meus colegas.

Levantei-me, andei, tentei esconder o medo. Não queria que ninguém soubesse que estava com medo.

Ouvi a voz tensa de Eimin:

— Nosso líder acaba de me dizer que os estudantes que vão nos substituir ainda não chegaram e ele não sabe quando virão. Já é mais de meia-noite... não é um bom sinal. Se eles pretendem atacar, as primeiras horas da manhã são as melhores. Olhe a lua: a luz dela é perfeita para um ataque. E podem nos ver bem.

Eu sabia que ele também estava com medo.

E acaba que nossos medos tinham fundamento. Naquela hora, ignorávamos que Li Peng tinha convocado uma reunião especial do comando do Partido na manhã de 2 de junho de 1989. Foram chamados os integrantes mais antigos do Partido, incluindo Deng Xiaoping e seu colaborador próximo, Yang Xangkun. Este informou que as tropas tinham se deslocado para o Grande Salão do Povo, o parque Zhongxan, os palácios da Cultura Operária e o Ministério de Segurança Pública. Todos os oficiais e soldados estavam muito bem treinados para esvaziar a praça da Paz Celestial.

Li Peng disse também que a praça se tornara o centro do movimento estudantil. Após a decretação da lei marcial, tudo passou a ser tramado e comandado da praça, como "reunir pessoas dispostas a morrer para impedir o avanço das tropas da lei marcial ou para atacar o Centro de Segurança Pública da capital, organizar entrevistas coletivas e recrutar o grupo Tigres Alados para divulgar notícias". Pelo menos, foi o que ele disse.

Além disso, a praça era o centro de várias organizações ilegais, como a Associação de Estudantes Independentes, a Federação de Operários Autônomos e o Centro de Comando Estudantil da Praça da Paz Celestial. Grande parte da imprensa estrangeira também estava lá, e todo o material que pudesse ajudar era enviado para lá. Assim, Li Peng concluiu que, para restaurar a estabilidade na capital e no país, a praça precisava ser esvaziada.

Quando a reunião estava para terminar, o Comitê Permanente votou pelo esvaziamento compulsório da praça. Deng Xiaoping então ordenou a Yang Xangkun que a Comissão Militar Central executasse o plano.

Na época, tínhamos pouca noção do perigo que estava por vir, e a ideia de sermos encurralados ali na praça fazia a frente de defesa gelar. Quando o silêncio ficou insuportável, cada um contou sua história de vida e os planos para o futuro. Naquela noite, esses assuntos, que costumam ser importantes para gente da nossa idade, pareceram tão leves que ninguém hoje deve lembrar o que disse. Mas falamos, pois o silêncio e a imaginação nos assustavam. Tenho certeza de que muitos de nós pensaram na morte.

Nos anos que se seguiram, lembrar daquela noite me causava sensações diversas. Parece surreal ter pensado na morte aos 22 anos. Mas, com o tempo, minha memória e o medo que senti diminuíram. Porém, às vezes, nos momentos mais estranhos, ainda me lembro daquela noite: quando estou dirigindo um carro em Paris ou andando pela Quinta Avenida em Nova York ou sentada na escadaria da praça de Espanha, em Roma. Se penso "que linda noite", lembro-me daquela especialmente. Acho que o medo da morte e o amor pela vida são irmãos siameses inseparáveis. E ainda me pergunto como vivem os outros hoje, e se aquelas noites na praça também grudaram na pele deles como na minha.

Naquela noite, então, depois do que pareceu uma eternidade, minhas pernas ficaram dormentes. Então, agudo como um grito, ouviu-se o ronco dos caminhões: os colegas que vinham nos render estavam chegando. Eram cerca de duas e meia da manhã, e, imediatamente, todo mundo levantou, largou suas funções e correu feito louco para o estacionamento.

Eimin e eu seguimos a multidão e encontramos os dois caminhões que vieram nos buscar. Os grupos ficaram completamente misturados. Quem estava perto do caminhão abriu caminho para subir e os que estavam mais longe forçaram para se aproximar. Quando conseguimos chegar no primeiro caminhão, ele já estava lotado. Todos correram para o segundo. Um estudante alto e forte ficou no fundo, controlando as pessoas como podia. Eimin e eu estávamos a umas dez pessoas de distância e o estudante começou a empurrar todo mundo para trás.

— Lotou! Ninguém entra mais.

As pessoas se irritaram.

— E nós? Vem outro caminhão?

— Não. Esta noite só temos esses dois. Terão que esperar até voltarmos aqui.

— O quê? Daqui até a universidade são duas horas. Quando voltarem, será dia claro.

— Não podem abrir uma exceção? — perguntou Eimin.

O rapaz da segurança olhou-o.

— Você é Xu Eimin, da psicologia?

— Sim.

— Fui seu aluno no ano passado. Suba.

Ele piscou para Eimin e nos ajudou a subir no caminhão, que, em seguida, contornou a praça e virou à esquerda na avenida da Paz Eterna. À medida que nos distanciávamos da praça, meu coração começou a bater em ritmo normal. Tinha terminado a mais longa noite da minha vida.

Menos de 24 horas depois, os tanques passaram pela mesma avenida e os soldados abriram fogo.

Escorreu sangue do céu.

Capítulo 15

Sangue escorrendo do céu

O sangue tingiu de vermelho a grama selvagem;
os lobos estavam a postos.

Li Bai, século VIII

Acordamos às três e meia da tarde, com o quarto muito quente e o sol forte. Lembramos que não tínhamos comido nada desde o cachorro-quente e os bolinhos no vapor na praça na noite anterior. Então, Eimin e eu tomamos leite frio com meia barra de chocolate e melhoramos.

Passamos pelo portão sul e viramos à direita na avenida Haidian. O dia estava tão quente que parecia ferver. Algumas mulheres na rua escondiam o rosto sob sombrinhas. A pequena loja de macarrão e sopa de *wonton* estava aberta, mas com poucos fregueses. Vendia computadores, mas crescera demais, e alguns meses antes os aparelhos foram levados para Zhongguancun, a aldeia do Portão do Meio, o novo bairro de alta tecnologia criado pelo governo.

A filha do dono da loja nos trouxe sopa de *wonton* em grandes tigelas e foi limpar as mesas. Atrás do balcão, os pais dela falavam com sotaque rústico, que parecia um canto gutural. Eimin e eu tomamos logo a sopa quente, sem falar. Apesar de ter dormido tanto, eu estava exausta. Pensei nos monitores estudantis que ficavam na praça todas as noites e como conseguiam aguentar sem dormir.

Depois da sopa, tomamos sorvetes, voltamos para o campus e andamos calmamente pelas trilhas cobertas de folhas. Muitos alunos também davam uma caminhada pós-almoço, desfrutando conosco da sombra. Eram seis e pouco da tarde. De repente, o sistema de avisos da universidade transmitiu um comunicado oficial. Eimin e eu nos aproximamos dos alto-falantes para ouvir melhor.

> Hoje, 3 de junho de 1989, o governo municipal de Pequim e o Centro de Comando da lei marcial divulgaram a seguinte notícia urgente: .... (com efeito imediato) ... a capital deve estar em alerta máximo. Por favor, retirem-se das ruas e da praça da Paz Celestial. Todos os trabalhadores devem permanecer em seus postos. Para garantir a própria segurança, os habitantes devem ficar em casa.

— Algo ruim está prestes a acontecer — previu Eimin.

Minutos após, a notícia foi repetida. Eimin e eu corremos para casa e ligamos a tevê. Todos os canais transmitiam a mesma coisa.

— Às primeiras horas da manhã, um pequeno grupo de contrarrevolucionários viraram veículos do exército, furaram pneus e atacaram soldados do Exército de Libertação do Povo. Tinham a intenção de causar motins contrarrevolucionários. O governo municipal de Pequim e o Centro de Comando da lei marcial avisam, urgente:... (com efeito imediato) a capital deve estar em alerta máximo...

Na tela da tevê, vimos um veículo do exército em chamas. Alguns ônibus estavam queimando e virados de lado, bloqueando os principais cruzamentos da avenida da Paz Eterna. Grupos de estudantes corriam. Parecia que aquilo ocorrera ao amanhecer.

Eimin e eu corremos para o Triângulo, onde já estavam milhares de pessoas e outras tantas chegavam.

— Inúmeras tropas entraram na cidade em direção à praça. Algumas têm soldados com rifles, tanques e veículos blindados. Outros grupos estão à paisana, a pé ou em carros comuns, carregando facas e bastões de ferro — disse o locutor da rádio dos estudantes.

— Colegas, precisamos defender a praça da Paz Celestial — pediu um aluno pela rádio, que parecia no comando. — Precisamos que todos compareçam à praça. Quanto mais gente reunirmos, mais segura a praça ficará.

Foi interrompido por outro jovem que acrescentou:

— Tragam toalhas úmidas para se protegerem do gás lacrimogêneo. Se tiverem bastões ou paus que sirvam como armas, tragam-nos também.

— Representantes de todos os departamentos, por favor, reúnam o máximo de pessoas — disse o que tinha falado primeiro. — Dirijam-se à praça o mais rápido possível, de bicicleta ou a pé. Não esperem os caminhões da universidade. Precisamos que todos cheguem lá o quanto antes.

Meia hora depois, eram milhares de pessoas no Triângulo. Vi bandeiras de uns vinte departamentos. A rádio continuava a dar notícias de confrontos entre estudantes e tropas e parecia que os cidadãos tinham comparecido em massa para proteger os jovens.

— Aqui está ficando cheio demais. Vamos para o outro lado — disse Wang Jing, uma estudante de jeito maternal, para o aluno que segurava uma bandeira da psicologia.

Fomos atrás deles, passamos pelo espaço entre dois prédios e chegamos ao pátio em frente ao Edifício do Jovem Professor. Perto da bandeira, vi meu antigo colega Wu Hong, amarrando sua bandana gasta, que já não era mais branca e tinha os dizeres em vermelho desbotados.

— O primeiro grupo está pronto para sair — disse ele. Atrás, havia sete ou oito homens.

— E as toalhas úmidas e armas? Não é melhor eles esperarem? — perguntou Li.

— Não podemos. Temos de estar na praça logo — Wu Hong disse, apressado.

— Wu Hong é o responsável por este grupo. Tente chegar à praça, mas se, no caminho, for chamado para outro lugar, você decide — explicou Wang Jing.

Eu ainda estava cansada da noite anterior, mas queria ir.

— Não vou deixar você ir. Não seja idiota. O choque vai ser esta noite — disse Eimin, puxando-me para o lado.

— Grande coisa: vão atirar gás lacrimogêneo e balas de borracha.

— Pode haver mortes. — Eu nunca tinha visto Eimin tão nervoso. Sem mais, ele me puxou para longe dali e subiu a escada do prédio onde morava.

Durante a noite, mais grupos foram para o Centro da cidade. Fiquei no campus, graças à insistência de Eimin. Mais tarde, deitada na cama, de olhos abertos no escuro, pensei no que aconteceria. As cenas que vi na noite anterior, de soldados atacando estudantes na praça, voltaram à minha cabeça: eu tinha pensado que fosse morrer e agora tinha medo que morressem meus amigos e colegas que estavam lá. Eu teria ido com eles se Eimin não tivesse me impedido. Mas também estava com medo de morrer.

Não queria que ninguém morresse, claro. Esperava que Eimin se enganasse e que os estudantes vencessem. Mas estava amargurada por não estar com meus colegas e, ao mesmo tempo, com medo de estar com eles. Resolvi que no dia seguinte iria encontrá-los na praça e, pensando assim, fui relaxando e dormi.

Fomos acordados no meio da noite por uma agitação no corredor do prédio. Eimin levantou-se para ver.

— Que horas são? — perguntei, meio adormecida.

— Três da manhã. Durma de novo.

Ele abriu a porta e a luz do corredor iluminou minha cara. Fechei os olhos e virei para a parede.

— O que está havendo? — alguém perguntou. O barulho se acalmou.

— Xiao Chen ainda não voltou. A Sra. Chen está preocupada.

— O que faço? — perguntou a Sra. Chen, chorando.

— Onde está Xiao Chen?

— Foi à praça.

— Ah, meu Deus, isso é ruim. Ouvi dizer que os soldados atiraram — disse um homem mais velho.

A Sra. Chen chorou mais alto.

Levantei, coloquei um penhoar e saí no corredor. Vi a Sra. Chen, esposa de um professor universitário, ao lado de outro vizinho, Lao Liu, de camiseta e larga cueca samba-canção. A esposa estava ao lado dele.

— Lao Liu, onde você ouviu isso? — perguntei.

— Lá embaixo, estavam falando nisso.

— Alguém morreu?

— Muita gente. Dizem que a avenida virou um rio de sangue.

Outra porta do corredor se abriu. Um vizinho se aproximou de nós.

— Sra. Chen, por favor, se acalme. Talvez Xiao Chen esteja a caminho de casa — disse a Sra. Liu. Mas a Sra. Chen não olhou para ela nem parou de soluçar.

Eimin disse à Sra. Chen para ser otimista.

— Por favor, não deixe sua imaginação a assustar. Vamos descer e checar as notícias mais recentes. Voltaremos e contaremos o que há — disse eu.

Eimin e eu entramos no pátio onde, sob a luz da lua, havia alguns grupos de pessoas que mais pareciam fantasmas. Fomos na direção deles.

— O que sabem dos estudantes na praça? — ouvi alguém perguntar.

— Foram cercados pelas tropas e pelos tanques — respondeu um homem alto, com uma sombria firmeza.

— Estão mortos, com certeza — suspirou um careca de meia-idade, de camiseta e cueca.

— Que pecado! — gritou uma mulher de trinta e tantos anos, envolvendo a filha pequena e meio adormecida que estava na frente dela como uma galinha com seus pintinhos.

— Quantos estão na praça esta noite? — perguntei.

— Dezenas de milhares de pessoas — respondeu o homem alto.

De repente, veio uma música fúnebre do Triângulo. A rádio dos estudantes começou a transmitir e tivemos certeza de que tínhamos ouvido a verdade. Houvera mortos e derramamento de sangue. Um buraco negro se abriu no meu mundo e meu coração afundou.

A multidão foi rápido para o Triângulo.

— A verdade sobre o Massacre de Pequim — disse a locutora, com voz trêmula.

> Cerca de dez horas da noite passada, dezenas de milhares de tropas com armas e metralhadoras automáticas, apoiadas por centenas de tanques e veículos blindados, entraram na praça pelo lado leste da avenida da Paz Eterna. Quando os corajosos estudantes e civis tentaram impedir o avanço, os soldados atiraram e mataram sem dó. A Cruz Vermelha de Pequim calcula que 2 mil e 400 pessoas foram mortas. Colegas, o sangue correu como um rio na avenida da Paz Eterna.

A multidão ficou em silêncio, muitos homens ainda de colete e cueca samba-canção. Alguns olharam para a pequena mas luminosa janela onde funcionava a estação de rádio dos estudantes; outros abaixaram os olhos. Todos em silêncio, um silêncio mortal.

A música fúnebre voltou, e, de repente, chorei. Logo depois, me acalmei. Mais notícias foram transmitidas:

— Este colega acaba de chegar do Centro da cidade. Vai dar seu relato.

— Colegas, sou aluno do terceiro ano do departamento de literatura chinesa. Estava na ponte Muxudi quando as tropas chegaram. Primeiro, usaram tanques para abrir caminho entre os ônibus que usamos para bloquear as ruas. Depois, veio a infantaria. Centenas de civis e estudantes tentaram impedir, jogando tijolos e latas de Coca-Cola. Os soldados reagiram atirando com rifles na multidão. As balas que atingiam o chão da avenida soltavam faíscas. As pessoas caíam como moscas. Havia sangue por toda parte. Quando o tiroteio cessou, os civis e estudantes voltaram a atacar e as tropas revidaram. Mortos e feridos encheram... a avenida.

Outra testemunha foi ao microfone. Era um estudante que estava num cruzamento perto da praça. — As tropas tinham muita pressa de chegar à praça, e por isso atiravam em quem estivesse no caminho. Quando as pessoas revidaram com tijolos e pedras, eles jogaram os tanques sobre a multidão, derrubando-as... Houve pânico. Todos gritavam.

Ouvi tudo do meio da multidão, sob o poste. Em volta, as pessoas tinham sombras escuras nos rostos. Pensei que horas seriam. Meu corpo tremia de frio.

— Vamos entrar para você trocar de roupa — disse Eimin, colocando o braço no meu ombro. Percebi então que eu ainda estava de penhoar.

Entramos no Edifício do Jovem Professor. O pátio estava vazio. Quase todas as janelas nos três prédios em volta estavam acesas. Pensei nas que estavam apagadas: onde estariam seus moradores? Será que voltariam vivos?

Subimos e ouvimos a Sra. Chen gritar:

— Onde você estava?

Ela segurou o marido pelo paletó e o sacudiu com toda a força.

— Está tudo certo, tudo certo. Já voltei. — O marido a abraçou, tentando conter a agressividade da Sra. Chen.

— Fiquei preocupadíssima — ela gritou, encostando a cabeça no ombro dele. Parecia exausta.

— Está vendo? Eu disse que ele estava bem — disse a Sra. Liu, sorrindo.

— O que houve? Estava na praça da Paz Celestial? — perguntou Lao Liu, impaciente.

O professor Chen contou que não estava na praça, mas bloqueando a avenida da Paz Eterna, até que os tanques chegaram. Estava escuro, mas ainda se viam os soldados sentados no alto dos tanques, apontando rifles ao redor, como se o inimigo estivesse a toda volta.

— Quantos vocês eram?

— Uns cinquenta. — Acrescentou que estavam com toalhas úmidas sobre a boca, esperando que jogassem gás lacrimogêneo, mas os soldados atiraram. No começo, todos pensaram que fossem balas de borracha, mas viram faíscas quando as balas atingiram o asfalto da avenida, e ele então concluiu que eram balas de verdade.

— Alguém foi morto? — perguntei.

O professor Chen estava visivelmente perturbado e, com voz sufocada, contou que duas pessoas foram feridas: um homem levara um tiro na perna esquerda e uma moça, um estilhaço no ombro.

— O que aconteceu então, o quê? — perguntou Lao Liu.

— Vários estudantes levaram os feridos de bicicleta para o hospital Fuxing. Nós empurramos os ônibus na avenida e ateamos fogo neles. — O professor Chen virou-se para a esposa e acrescentou: — Pensei em você e sabia que estava preocupada. Então, vim embora.

— Deixem os dois ir para casa e Xiao Chen descansar. A Sra. Chen também precisa descansar — disse a Sra. Liu para o marido.

— É, vão descansar, vão. — Lao Liu sorriu.

A Sra. Chen abriu a porta e o marido entrou.

— Xiao Chen — chamou Lao Liu, e o professor Chen virou-se.

— Você é um jovem corajoso. — Lao Liu falou como um pai.

O professor Chen concordou, satisfeito, e seguiu a esposa.

Às cinco da manhã, mais ou menos, tivemos o primeiro relato sobre os acontecimentos na praça.

— Cerca de meia-noite, as tropas tomaram posição a leste do Museu de História da China e a oeste, ao lado do Grande Salão do Povo. Tanques e caminhões do exército se enfileiraram no norte da praça, perto das pontes do rio Dourado.

Muitos civis souberam do massacre e ficaram com os estudantes, de modo que havia milhares de pessoas ouvindo as histórias contadas por eles.

— Na esquina noroeste, um carro blindado enguiçou. Alguns estudantes viraram o veículo e, depois que os soldados saíram, jogaram coquetéis Molotov. O carro incendiou. As tropas ficaram enfurecidas e atiraram em vários jovens. Quando a ambulância do Centro de Emergência de Pequim chegou para recolher os feridos, os soldados atiraram nos médicos!

— Animais! Bárbaros! — gritaram as pessoas.

Às cinco e meia, a rádio dos estudantes anunciou que a Cruz Vermelha calculava em quatro mil mortos e um número ainda maior de feridos.

— Às quatro da manhã de hoje, as luzes da praça foram desligadas. As tropas da lei marcial, os veículos e tanques blindados começaram a entrar pelo lado norte. As tropas, com dezenas de milhares de soldados, avançavam em filas, girando cassetetes e atirando com rifles enquanto empurravam os estudantes para a escada do Monumento aos Heróis do Povo. Vendo que iam morrer, eles cantaram o hino da Internacional.

Soubemos então que nenhum manifestante saíra vivo da praça.

Vários estudantes colocaram tarjas pretas nos braços. Os mortos precisavam ser lembrados e pranteados Coloquei uma tarja no braço esquerdo, mas naquele momento não era possível lamentar nossos mortos.

— As tropas estão se deslocando para os arredores da universidade. Colegas, chegou a hora de defender o nosso campus! — conclamou a rádio.

— Defender com nossas vidas como nossos colegas fizeram na praça! — A multidão gritou.

Os postes de luz estavam sendo desligados. A madrugada chegava.

— Tragam quantos recipientes de vidro puderem, de molho, de refrigerante, de cerveja... para todos os portões. Vamos precisar deles para fazer coquetéis Molotov. Colegas, defendam o nosso campus, a nossa liberdade!

Corri para o nosso quarto. A geladeira tinha quatro garrafas de Coca-Cola fechadas. Esvaziei o líquido escuro de todas elas na pia do banheiro. Eimin ficou atrás de mim falando.

— Não vá. É perigoso.

Vários vizinhos estavam na sala de estocar água, olhando bem para nós. Eu não disse nada.

— Enlouqueceu? Quer morrer? — perguntou Eimin, mais alto ainda.

Continuei sem dizer nada. Corri para a escada com as garrafas vazias. Talvez eu tivesse enlouquecido, mas o mundo também tinha.

— Você acha que é corajosa, não é? Mas é tudo ilusão. Você é apenas ingênua. Logo vai se arrepender. — Eimin gritava, enquanto eu corria.

Não parei. Estava com raiva de mim por ter sido covarde na noite anterior. Aquela era a minha oportunidade de me redimir.

No caminho para o portão sul, juntei-me aos outros estudantes que também corriam levando garrafas. Ninguém olhava para trás.

À uma hora de 4 de junho, as tropas da lei marcial obedeceram à ordem e entraram na praça. Alto-falantes transmitiram por três horas e meia sem parar. O aviso de emergência do governo municipal e o Centro de Comando da lei marcial avisavam:

— Cidadãos e estudantes devem sair da praça imediatamente para que as tropas da lei marcial possam cumprir sua missão. Não garantimos a segurança dos que desrespeitarem a ordem, os quais serão os únicos responsáveis pelas consequências.

A transmissão prosseguiu enquanto soldados com capacetes e rifles de ataque enchiam a escada do Museu de História da China, a leste da praça. Ao norte, caminhões e tanques do exército estacionaram na frente das pontes do rio Dourado, e soldados aguardavam no chão. Ao sul, soldados armados surgiam ao norte de Qianmen e no lado norte do mausoléu de Mao. A oeste, soldados aguardavam ordens dentro do Grande

Salão de Povo. Às duas da manhã, os soldados no portão norte do Museu de História da China foram para a avenida da Paz Eterna com cassetetes e rifles de ataque e a fecharam.

Às quatro da manhã, todas as luzes da praça foram desligadas. Os alto-falantes transmitiram um "aviso para esvaziar a praça":

— Vamos começar a esvaziar a praça e aceitamos os pedidos de saída. — As tropas da lei marcial avançaram para o Monumento dos Heróis do Povo em colunas que iam do norte para o sul, apontando os rifles alternadamente para o alto e para os estudantes. Tanques e veículos blindados também avançavam do norte para o sul, derrubando as tendas dos estudantes e a Deusa da Democracia, esculpida em resina.

Às quatro e meia, as luzes foram acesas. Os estudantes se viram a trinta metros de dezenas de milhares de soldados armados, tanques e carros blindados. Quando as tropas avançaram, os milhares de estudantes começaram a se retirar da praça.

Às cinco e meia, o dia raiou.

A praça tinha sido esvaziada.

Capítulo 16

A manhã seguinte

Vire e olhe, verá sangue e lágrimas escorrendo juntos.

Bai Juyi, século VIII

Assumimos nossos postos quando a neblina da manhã estava se dissipando. Do outro lado do portão, a avenida Haidian estava vazia, e cerca de cinquenta estudantes estavam de guarda no portão sul. Eu tinha um coquetel Molotov na mão e mais quatro aos meus pés, certa de que a morte estava se aproximando de nós. Olhei bem para o espaço branco na minha frente e não se via nada, nem sequer uma das cinco milhões de bicicletas que circulavam pela cidade diariamente. Nenhum som de lugar algum. Não se via nada além das casas com pátio do outro lado da rua, mas sabia-se onde era o Centro da cidade.

Não sei quantas horas aguardamos. Dava a impressão de serem muitas. Por outro lado, o tempo parecia ter parado. Eu não me incomodava. O tempo tinha pouca importância, se é que tinha alguma.

Então, ouvimos o motor de um caminhão. Peguei outra garrafa. Os que estavam perto de mim também ficaram tensos. Meu coração bateu mais rápido.

O caminhão foi se aproximando, o motor roncava alto, até aparecer na nossa frente.

Era um veículo do exército.

Joguei meus coquetéis Molotov o mais rápido que pude, mas caíram vários metros antes do caminhão. As pessoas em volta jogaram pedras, tijolos e coquetéis, gritando, mas poucos atingiram o alvo. O caminhão parou. O motor deixou de roncar. O caminhão ficou sozinho na rua vazia.

A multidão correu para cima dele.

Vários estudantes subiram no caminhão e apedrejaram os vidros das janelas. Estilhaços voaram. Abriram a porta e arrancaram o motorista da direção. Era um jovem de uns dezoito anos de uniforme militar desbotado.

Ele tentou proteger a cabeça com os braços. O rosto estava sangrando.

— Animal, canalha! — berravam os estudantes, socando e chutando-o.

O rapaz tentou correr, mas foi pego. As pessoas do outro lado avançaram carregando tijolos.

— Deixa eu botar as mãos nele!

A notícia do caminhão solitário deve ter se espalhado pelo campus, e muitas pessoas vieram correndo e gritando:

— Batam neles, batam!

— Parem. Vocês vão matá-lo! — gritei.

Mas a multidão, que chegava a milhares de pessoas, avançou. Socos e tijolos voaram. Não vi mais o soldado nem o ouvi gritar. Certamente, fora derrubado.

Algumas pessoas vasculharam o caminhão. Não encontraram nada lá dentro. Com raiva, jogaram pedras nas janelas que já estavam quebradas. Tentaram virar o caminhão, mas era muito grande e pesado.

— Ponham fogo!

Vários alunos jogaram coquetéis Molotov na cabine, que pegou fogo.

Chegou um grupo de monitores de tarjas vermelhas nos braços:

— Parem colegas! Calma!

Três eram rapazes altos e abriram caminho.

— Levem-no para a guarita do guarda, rápido — alguns gritaram.

Os monitores finalmente conseguiram meio que carregar e arrastar o soldado para a guarita. A multidão não desistiu; um aluno jogou um pedaço de tijolo na cabeça do soldado. Ele gritou e cobriu o ferimento com a mão. Caiu de lado, com sangue escorrendo pelo rosto. Os monitores pegaram-no outra vez.

Conseguiram colocar o soldado dentro da guarita, empurraram todo mundo e trancaram a porta. A multidão ainda gritava, jogando pedras e tijolos. Pelas janelas, vi os monitores sentar o soldado numa cadeira. Um deles rasgou um pedaço da camisa e tentou cobrir os ferimentos. O jovem soldado chorava como uma criança.

— Compreendemos que vocês estão muito tristes e irritados com o que ocorreu com seus amigos e em Pequim — disse o líder dos monitores ao microfone, falando da guarita. — Mas precisamos ter cabeça fria, principalmente neste momento importante e confuso. A última coisa que queremos é dar ao governo e ao exército uma desculpa para invadir o nosso campus.

A multidão começou a se acalmar. Dentro da guarita, os monitores conversavam com o soldado, que continuava chorando. Cerca de dez minutos depois, o líder repetiu ao microfone:

— Este soldado está baseado no subúrbio ocidental de Pequim. Não tem noção do que ocorreu ontem à noite na praça. Ia para o centro da cidade em seu dia de folga.

Naquela época, o domingo era o único dia de folga na China, e 4 de junho caiu num domingo, tempo de estar com a família e os amigos, fazer compras. Mas naquele domingo esquecemos disso tudo.

Aos poucos, as pessoas foram se dispersando. Os estudantes se ofereceram para levar o soldado a um hospital, mas ele disse que preferia voltar para sua base militar. Entrou no caminhão, ajudado por alguns alunos. O incêndio na cabine tinha sido debelado. O rapaz ligou o motor, fez a volta e foi embora.

Olhei meu relógio. Eram 8h20min, mas pareciam ter se passado muitas horas, até dias. Fiquei lá, parada: era o primeiro instante que tinha só para mim. Virei e vi o prédio do dormitório de Dong Yi e, de repente, temi por ele. No caos daquela noite e na confusão de gente, tinha esquecido dele. Naquele momento, nada mais importava, eu queria vê-lo e saber que estava salvo.

Corri para o prédio e subi a escada. O corredor estava vazio. Bati na porta do quarto dele e chamei:

— Dong Yi! — Bati nas portas vizinhas e nas outras. Ninguém atendeu. O prédio parecia ter sido abandonado.

Uns dez minutos depois, parei. O prédio estava tão silencioso que eu ouvia a minha respiração. Encostei a cabeça na porta, larguei os braços e solucei baixo, com medo por Dong Yi e também para reduzir a adrenalina que circulava pelo meu corpo em razão das emoções da manhã.

Devagar, saí do prédio. O sol estava ofuscante e o dia, seco. Pisei na calçada e parei. Estava muito cansada.

Olhei para cima. Em meio à luz branca do sol, vi um caminhão de carroceria aberta entrar pelo portão sul. Vinha devagar, seguido por uma multidão.

O caminhão passou por mim. Vi um homem de jaleco branco ensanguentado e cabeça caída no peito. Estava sentado ao lado de estudantes, um deles com ferimentos na cabeça. Pareciam exaustos. Concluí que vinham da praça.

Entrei no meio das pessoas atrás do caminhão. Notei mais alguém deitado no caminhão, talvez muito ferido ou cansado para sentar-se. O caminhão virou à esquerda no teatro e parou na frente da cantina número três. Um dos estudantes levantou-se e declarou ao megafone:

— Caros colegas. Viemos do Centro da cidade, onde o exército cometeu o crime mais vil: matar pessoas inocentes. Muitos colegas e cidadãos também foram feridos. O Dr. Fang é do Pronto-Socorro de Pequim. Estava na praça na noite passada.

O homem de jaleco branco levantou-se. Tinha trinta e poucos anos e estava com outro jaleco nas mãos. O estudante segurou o megafone para ele. Ele pigarreou e disse:

— Mais ou menos à uma da manhã, fui de ambulância para a praça, com meu colega Dr. Liang. Chegando lá, desligamos a sirene da ambulância e vimos que algo estava pegando fogo na esquina Noroeste.

Ele pigarreou de novo.

— Uma dúzia de estudantes jogava pedras, tijolos e latas de gasolina nas chamas. Muitas latas bateram no chão perto deles e explodiram. O fogo atingiu os caminhões e tanques estacionados perto. Ouvimos tiros, e pessoas se abaixaram no chão.

O médico parou, a voz falhando de novo.

— Quando a ambulância parou perto do incêndio, nós saltamos. Ouvi pessoas gritarem que havia dois feridos lá. Corremos para socorrer, mantendo a cabeça baixa. Nossos jalecos tinham as tarjas da Cruz Vermelha, mas o tiroteio continuou. As balas zuniam ao nosso lado. Prosseguimos. O Dr. Liang gritou para não atirarem porque éramos médicos.

De repente, o rapaz parou de falar. A multidão olhou para ele num silêncio mortal e o médico mostrou o jaleco que carregava. Estava manchado de sangue.

— Atiraram nele. — A voz dele tremeu. Não conseguiu continuar. Levantou o jaleco para a multidão ver e para esconder as lágrimas pelo rosto.

Chorei. Ouvi soluços à minha volta.

Após algum tempo, o médico recuperou a voz. — O Dr. Liang morreu tentando salvar a vida de outros, cumprindo seu dever de médico. Ele era... — A voz sumiu enquanto um *pinbanche*, isto é, uma carroça puxada por um triciclo, parou ao lado do caminhão. Um estudante na carroça carregava a bandeira vermelha da Universidade de Pequim. A multidão abriu caminho para a carroça passar.

O médico sentou-se e escondeu a cabeça nas mãos, chorando. Dois estudantes saltaram do caminhão. O rapaz entregou a bandeira para o carroceiro e se juntou aos outros dois jovens. Foram retirar o homem que estava na carroceria do caminhão.

Não estava ferido ou cansado, como eu pensei, mas morto.

Era difícil saber quantos anos tinha. O rosto estava branco com um tom azulado e era, sem dúvida, um estudante. Mesmo morto, parecia o que os camponeses chamavam de "homem que lê". Suas mãos, que provavelmente só seguraram lápis e canetas, caíam inertes. Era difícil também saber onde fora ferido ou por que morrera. A jaqueta cinza de gola Mao, desabotoada, estava manchada de sangue, assim como os cabelos. A camisa, que era branca, estava vermelha.

Com cuidado, os jovens colocaram o corpo no *pinbanche*.

— Nosso caro colega morreu na avenida da Paz Eterna defendendo a liberdade pela qual lutou tanto. É o nosso herói. É o mais fiel filho de nossa pátria. Não morreu em vão. Chegará o dia em que os assassinos serão castigados — disse o estudante ao megafone.

No meio da multidão, as lágrimas escorriam e os soluços se tornaram o único som.

A carroça foi se afastando. Os dois estudantes ladearam o corpo como guardas e o terceiro desfraldou a bandeira. Iam levar o corpo pelas estreitas trilhas do campus. Era preciso que as pessoas vissem o morto e o homenageassem.

Alguém começou a cantar o hino da Internacional. Os alunos no caminhão participaram. O médico levantou-se e cantou. Mais pessoas participaram.

> Levantem-se, escravos pobres e frios do mundo!
> Levante-se, povo sofredor!
> Nosso sangue está fervendo,
> Lutaremos pelo amanhã.

Saí da multidão. Não aguentava mais. As lágrimas escorriam pelo meu rosto. Comecei a correr como se pudesse fugir do sangue, da morte e do medo.

Bati de novo na porta de Dong Yi; seu colega de quarto veio abrir. Estava de saída. Naquele dia, todos no campus iam fazer alguma coisa em algum lugar.

— Sabe onde está Dong Yi? — perguntei.

— Não o vejo desde a noite passada — respondeu o rapaz, fechando a porta.

— Onde ele foi?

— À praça. — Virou-se para me olhar e seu rosto estava muito triste, como tantos que eu tinha visto naquele dia. Ficamos assim por alguns segundos, nos olhando.

— Estou de saída — disse ele, sumindo escada abaixo. É assim que os chineses se despedem quando não sabem o que dizer.

Não me mexi. Não conseguia pensar. Saí então para o sol mais uma vez e fui para o Triângulo percorrendo a trilha margeada de árvores.

O caminhão não estava mais lá. As pessoas queimavam suas carteiras de membros do Partido. Novos cartazes apareceram no muro, conclamando o povo a desligar-se do Partido e da Liga da Juventude do Partido. A rádio informou que os estudantes que tinham saído da praça estavam chegando ao campus.

A multidão começou a se encaminhar para o portão sul. Ficamos ansiosos esperando a volta dos colegas. Ao meio-dia, chegaram. Chai Ling vinha à frente, acenando para as pessoas. Todos a aplaudiram. Minha antiga colega de quarto tinha mudado. Parecia mais morena, mais magra e mais segura.

Os estudantes pareciam muito cansados dos eventos da noite anterior e da longa caminhada de volta. As pessoas andavam de um lado para outro, tentando encontrar amigos e parentes. Quando reconheciam alguém, acenavam e gritavam. Olhei bem cada rosto na fila, mas não vi Dong Yi.

Vinte minutos depois, nós nos reunimos no Triângulo. Chai Ling falou na rádio.

Disse que os estudantes se retiraram da praça para que não houvesse perdas humanas. Mas que aquele não era o fim da nossa luta. Pelo contrário, a nova luta estava apenas começando. Os estudantes iam levar nossa luta para o povo, clandestinamente. E ela mandou que só parássemos quando houvesse liberdade e democracia no país.

Os estudantes então se dispersaram e foram descansar em seus dormitórios. A multidão no Triângulo diminuiu. Parecia o fim de um sonho.

Subi para ver Eimin e encontrei apenas um bilhete na escrivaninha: "Fui ao departamento." Desci e almocei sozinha na cantina.

À tarde, na minha quarta ou quinta ida ao dormitório de Dong Yi, com a esperança diminuindo, encontrei no portão sul duas antigas colegas de classe, Wei Hua e Li Xiao Dong. Junto com outros alunos, elas foram recolher os coquetéis Molotov empilhados perto do portão.

— E se as tropas chegarem? — perguntei.

— Não virão hoje. Estão ocupados. Não soube? Os habitantes de Pequim estão "tumultuando" o Centro da cidade — respondeu Li Xiao Dong.

— Precisamos guardar os coquetéis num lugar seguro — disse Wei Hua.

— Vou ajudar vocês — disse eu, colocando um coquetel embaixo de cada braço.

— Aquele que vem ali não é Cao Gu Ran? — perguntou Wei Hua, mostrando a rua.

— Nossa, é ele. — Saltou de um *pinbanche*. Estava com a cabeça enfaixada.

Colocamos as garrafas no chão e corremos para cumprimentá-lo. Ele nos olhou meio perdido, tentou andar, mas só conseguia balançar de um lado para outro. Antes que ele caísse, nós o ajudamos a chegar na escada do dormitório de Dong Yi.

— Onde você estava? — perguntei.

— O que houve na sua cabeça? — perguntou Li Xiao Dong.

— Vim do Centro, acho. — Tocou na cabeça e pareceu sentir muita dor.

— Deve doer — concluí.

— É. Parece uma enorme dor de cabeça. Mas não lembro como foi.

— Alguém atirou em você? Na praça?

— O médico disse que me bateram com um bastão ou um cassetete. Não lembro onde estava; só que estava escuro e eu corria. Muita gente corria. Vi então os soldados nos atacando. Mas não sei como fiz isso. Ainda sangra? — Perguntou ele, tocando outra vez na cabeça com cuidado.

— Não. O que mais você lembra?

— De acordar no hospital. Nunca vou esquecer. Estava deitado numa esteira no corredor e com essa coisa na cabeça. Por toda parte, as pessoas choravam e gritavam de dor. Jalecos brancos passavam. Os feridos eram carregados em macas, em cima de portas ou nos braços. Havia sangue por todo lado.

— Qual era o hospital? — perguntei.

— Não sei.
— Como você conseguiu alta? Devia estar internado. Sua aparência é horrível — disse Wei Hua.
— Voltou a sangrar? — Cao Gu Ran estava confuso.
— Não. Não está sangrando.
— Eu fugi de lá. Vi um cara que parecia policial anotar nome e filiação dos feridos. Fiquei com medo e fugi.
— Aonde você foi? Não podia ir longe com esse ferimento — disse Li Xiao Dong.
— Não pensei nisso. Saí do hospital e fui para oeste, na direção contrária dos tiros. Não tinha andado muito quando esse cara do *pinbanche* passou.

Cao Gu Ran olhou a rua. — Ele me trouxe até aqui, falou pouco, mas correu como o vento.

— Você precisa consultar um médico no hospital universitário — sugeri.
— Só quero voltar para o meu quarto e dormir.
— Não. Vamos levar você ao médico — insistimos.

Li Xiao Dong disse:
— Esperem aqui. Vou pegar minha bicicleta.
— Sabe o que me deixou mais deprimido no hospital? — perguntou Cao Gu Ran.
— Não — dissemos, olhando para ele.
— As pessoas vinham procurar parentes e amigos. É bom ser amado, mesmo morto, mas eu sabia que ninguém iria me procurar.

Wei Hua e eu nos entreolhamos. Não sabíamos o que dizer.
— Tenho quase 24 anos e não tenho nem namorada. Não quero morrer assim. — De repente, ele começou a chorar.
— Você não vai morrer.

Olhei para Wei Hua, que deu de ombros.

— Fique calmo, por favor. Acho que seu ferimento está abrindo — avisei.

— Não tenho medo da morte, você sabe. Mas não quero morrer sozinho — soluçou o nosso amigo.

Demorou um pouco para chegarmos ao hospital universitário. A enfermeira aplicou uma injeção em Cao Gu Ran, que adormeceu. Nós três saímos e fomos em direções diferentes.

Tinha anoitecido. Mas eu não estava com fome. Ao sair do hospital, resolvi que, se não encontrasse Dong Yi no campus, iria percorrer os hospitais do Centro da cidade. Iria procurá-lo aonde fosse. Iria encontrá-lo, vivo ou morto.

Assim, bati na porta do quarto dele outra vez. A tranca clicou e o vi na minha frente, com a camisa imunda. Parecia estar chegando e já saindo.

Tive vontade de gritar com ele por ter ido à praça na noite anterior e ter me deixado preocupada. Queria também abraçá-lo e dizer como estava feliz por vê-lo a salvo. Mas só fiquei parada na porta.

Com toda a preocupação, ansiedade, amor, arrependimento, raiva e felicidade de vê-lo ali, consegui dizer:

— Procurei você o dia todo.

— Eu sei. Meu colega de quarto me disse.

— Onde você estava?

— Passei o dia voltando de bicicleta por pequenas alamedas. Não queria passar pelas ruas principais.

— O exército fechou as ruas principais?

— Não sei. Mas as tropas passaram por elas. Ouvi tiros o tempo todo. Em alguns cruzamentos importantes, vi caminhões do exército queimados e destroços espalhados pelas ruas.

— Onde estava na noite passada? Seu colega de quarto disse que tinha ido à praça.

— É, mas fui para Muxudi. — Muxudi era uma estação de metrô no prolongamento oeste da avenida da Paz Eterna, a uns cinco quilômetros da praça.

Sentamos na cama dele, lado a lado. Dong Yi mexeu no bolso do paletó e mostrou a mão: tinha uma cápsula de revólver vazia.

— Wei, acho que nunca mais serei o mesmo depois do que vi.

Colocou a cápsula na palma da minha mão.

— Conte como foi — pedi, calma.

Ele me disse que eram umas dez da noite quando chegara à estação. Centenas de pessoas estavam lá, sobretudo civis e estudantes vindos das províncias. Eles ouviram um ruído: eram os tanques e carros blindados atravessando a ponte Muxudi. A seguir, viram soldados com rifles.

Atrás das barricadas nas ruas, as pessoas jogaram pedras e tijolos. Sabiam que não iam impedir o exército de avançar, mas podiam ao menos atrasá-lo.

Os soldados dentro dos carros e tanques blindados afastaram os ônibus e outros bloqueios do caminho. Escondidas atrás de moitas no meio da rua, as pessoas berravam:

— Bandidos! — Alguns arrancavam tijolos das calçadas.

Ele parou um instante e prosseguiu:

— Ouvimos tiros. Muitos não se abaixaram porque achavam que eram balas de festim.

As pessoas só começaram a correr quando viram os feridos caindo em poças de sangue. Dong Yi não estava muito perto dos soldados, e só correu ao ver as pessoas caindo e alguém gritando:

— São tiros de verdade! — Os tiros zuniam ao lado dele e atingiam o chão. Ouviu uma garota gritar. Ele se virou, e ela caiu. Os amigos dela quiseram voltar para resgatá-la, mas os tiros continuavam.

Dong Yi pegou a cápsula na minha mão e a segurou entre o indicador e o polegar. Virou-a, e ela refletiu a luz friamente.

A garota ficou gritando e se contorcendo de dor na rua. Os amigos, que eram cinco rapazes, gritavam e choravam, querendo voltar. Um dos civis disse que seria perigoso eles irem. Então, Dong Yi foi sozinho, engatinhando pela rua. Chegou até ela, pegou-a no colo e correu. Foi atingido exatamente nesse momento, mas felizmente não foi grave. A barriga da garota estava sangrando. Dong Yi a segurou enquanto os amigos tentavam estancar o sangue. Ela se contorcia, gritava, e o sangue não parava. Os amigos choravam e pediam para ela não ir embora. Mas sabiam que ia morrer.

A voz de Dong Yi falhou.

Eles acharam a carteira de estudante da garota no bolso dela e um pouco de dinheiro ensanguentado. Era estudante da Universidade Hefei, da província de Ann Hui. Viera para a capital de trem com os colegas. Tinha apenas 19 anos.

Segurei as mãos de Dong Yi e as lágrimas escorreram pelo nosso rosto.

— Peguei esta cápsula quando saí de Muxudi. Vou guardá-la para sempre. É a prova que tenho.

— O que vai fazer? — perguntei, enxugando as lágrimas.

— Agora que vi você, estou muito melhor. Vou ver se chego a Taiyuan, quero mostrar a eles que estou bem.

Eu sabia que ele tinha de fazer isso. Claro que precisava falar com a esposa. Mesmo assim, ouvir foi doloroso, e fiquei mais triste ainda.

— É, isso mesmo, você deve ir. Pode telefonar do restaurante Jardim Redondo.

Saímos juntos e nos despedimos.

Havia muito o que fazer, pessoas a encontrar, parentes a avisar, planos a discutir. A noite estava chegando.

Capítulo 17

Uma promessa a cumprir

> É difícil se reencontrar, e mais difícil ainda se despedir; o vento oriental não pode deter a morte de centenas de flores.
>
> Li Shangyen, século IX

Nos dias 4 e 5 de junho, o exército não atacou o campus. Havia boatos de que muitos soldados à paisana estavam entrando na universidade e esfaqueando os que usavam braçadeiras pretas em homenagem aos mortos. E também que o 27º Exército, responsável pelas mortes em Muxudi e na avenida da Paz Eterna, entrara em confronto com o 38º Exército, que tinha esvaziado a praça. Isso indicava divergências políticas entre os comandos do exército. Os dois boatos eram falsos, mas causaram enorme impacto psicológico nos habitantes.

Eimin e eu vimos Li no pátio, esperando ansiosa pelo namorado Xiao Zhang.

— Onde ele está? — perguntei.

— Na gráfica. Estão retirando as impressoras.

— E o que fizeram do material de propaganda e jornais?

— Queimaram. Não pode ficar nada para o exército levar — disse Li.

— O exército vem?

— Pode não vir hoje ou amanhã, mas vem.

— Pena que a rádio foi fechada. Sinto-me cego, sem saber o que está acontecendo — disse Eimin.

Xiao Zhang apareceu entre os prédios, carregando um enorme pacote embrulhado em jornais. Li interrompeu a conversa e correu para ajudar.

— Que é isso? Parece bem pesado. Quer ajuda? — perguntou Eimin.

— Não, obrigado. Vamos esconder na casa das pessoas. Isto aqui fica com você, Li, está bem?

— Claro. Vamos levar lá para cima. Wei, por que você e Eimin não vão para a casa de seus pais? Estariam mais seguros fora do campus. Se meus pais morassem em Pequim, eu faria isso — disse Li.

Depois que os dois se foram, Eimin e eu comentamos a sugestão. Do outro lado do pátio, uma família colocava pacotes nas bicicletas. Parecia já estar indo embora.

— Na casa de meus pais só há duas camas, e minha irmã já está lá. — Eu achava a ideia sensata, mas pouco prática.

— Você pode ir. Eu fico — disse Eimin, firme.

— Não posso deixar você. Ou vamos juntos ou ficamos.

Acabamos resolvendo primeiro combinar com meus pais. Era hora também de dizer a eles que estávamos bem.

Por medida de segurança, a universidade tinha fechado todos os portões, exceto o portão sul, e os civis não podiam mais entrar. Os ônibus não circulavam pela avenida Haidian. Só alguns ciclistas passavam pela via, que costumava ser barulhenta.

Eimin e eu pedalamos rumo oeste, pela avenida silenciosa, com o sol batendo em nossos braços nus.

— São alunos? — perguntou o motorista de um *pinbanche* atrás de nós.

— Não. Eu dou aulas e ela se formou no ano passado. Por quê? — perguntou Eimin, evitando usar a palavra "professor".

— Ah, não se preocupe. Sou apenas motorista, e não um policial à paisana. Estava lá naquela noite.

— Lá onde? — perguntei, prevenida.

— Na avenida da Paz Eterna. Esperava fazer alguma corrida à noite. Vi os soldados atirando. Não sou idiota.

— Não.

— Sou do campo, mas sabia que aquelas balas eram de verdade. Quando bateram no concreto, pensei: são para valer.

— Viu algum estudante lá? — perguntei.

— Vi estudantes e moradores, muita gente. As pessoas da cidade não conhecem bala e só começaram a correr quando viram sangue. Mas eu sabia.

Não dissemos nada. Ele não pareceu se importar, e continuou como se tivesse muita coisa para tirar logo da cabeça.

— Hoje, tentei voltar ao Centro da cidade, pensando que estaria mais calmo e conseguiria um passageiro. Estava tudo calmo. Tinha soldados em toda parte. As ruas principais estavam fechadas. Pedalei em volta da praça, mas ninguém queria pegar um *pinbanche*. Se a coisa continuasse assim, pensei, eu ia morrer de fome. Morreria também se ficasse lá. Não se ganha muito cultivando o campo, mas pelo menos não se leva tiro. Vou fazer as malas e voltar para casa e ficar com minha esposa. Não sou idiota.

Saímos da avenida principal. — Adeus — dissemos, e desejamos sorte a ele. O motorista foi para oeste. Alguns minutos após, olhei para trás e o vi conversando com outros ciclistas.

— Você acha mesmo que ele é condutor de *pinbanche*? — perguntei para Eimin. Os boatos me fizeram ter medo de estranhos. O condutor falou sem parar. Fiquei pensando se esperava só que disséssemos algo que nos pudesse incriminar.

— Acho. Ele tem um sotaque forte do interior e falou como uma pessoa inculta. Não se preocupe. Mesmo se fosse da polícia secreta, estaríamos bem. Não dissemos nada que pudesse nos incriminar.

Minha mãe ficou aliviada de nos ver. Como em todas as segundas-feiras, há trinta anos, meu pai estava trabalhando.

— Onde está Xiao Jie? — perguntei.

— Foi ver Lu Yian, claro. Vai sempre lá. — Lu Yian era amiga de infância de minha irmã e morava no prédio ao lado. Os pais dela eram colegas de minha mãe.

— Espero que você tenha sido sensata e ficado em casa no sábado — disse minha mãe, entregando-nos duas garrafas de Coca-Cola.

— Não saímos.

— Fiquei muito preocupada. Seu pai disse que você é ingênua, mas Eimin não iria deixá-la sair.

Eimin sorriu.

— Vocês deviam vir para cá. É muito perigoso ficar onde estão. A Universidade de Pequim é o próximo grande alvo, principalmente agora que a praça foi desocupada.

— Mas como você vai fazer? Xiao Jie está aqui e nós somos dois.

— Não se preocupe. Seu pai e eu falamos sobre isso. Podemos dormir na sala. Lembra da cama dobrável? Vamos pegá-la. Seu pai dorme nela e eu no sofá.

— Mas por quanto tempo, mamãe? Por alguns dias será tranquilo mas vai ser difícil se precisarmos ficar muito tempo.

— Pelo tempo que for preciso. Moramos no campo de trabalho quando você era pequena e depois moramos no pátio quando houve o terremoto de Tangshan. Não vai ter problema.

Assim, resolvemos mudar para a casa de meus pais.

— É melhor voltarmos, fazermos as malas e chegarmos aqui antes do anoitecer. — Eimin também estava aliviado por sair do campus.

— O telefone voltou a funcionar. Liguem se for preciso — avisou minha mãe.

Eram umas quatro da tarde quando chegamos à universidade. Subi para fazer as malas enquanto Eimin foi para o escritório ver o que levaria. Abri a porta do nosso quarto e vi um bilhete no chão. Alguém devia ter enfiado por baixo da porta.

Era de Dong Yi, combinando me encontrar à noite. Imediatamente, concluí que devia ter ocorrido alguma coisa. Ele não iria lá se não fosse grave.

Do momento em que li o bilhete até às oito da noite, fiquei com a cabeça em frangalhos. Eimin voltou com alguns jornais e estranhou eu não ter feito as malas.

— Não podemos ir amanhã cedo? Eu prefiro. É mais seguro — pedi.

— Por quê? Quanto mais ficarmos aqui, mais perigoso.

— Só uma noite não vai fazer muita diferença.

— Se você quer, vamos de manhã. Mas não sei para quê. Vamos telefonar para seus pais.

Comi pouco no jantar. Eimin ficou preocupado e tocou na minha testa para ver se eu estava com febre.

— Estou ótima. — Balancei a cabeça. Não contei do bilhete de Dong Yi.

Na hora de sair, eu disse que ir dar uma volta no lago. Menti.

— Quer que eu vá?

— Não. Volto logo.

— Está bem. Você deve estar precisando só de um pouco de ar fresco.

Eu gostava de ir ao lago à tarde sozinha, às vezes para escrever ou ler. Eimin estava acostumado e ficava em casa escrevendo ou cuidando da papelada do departamento.

O lago Weiming estava mais tranquilo do que nunca. Os galhos do salgueiro-chorão tinham crescido desde a última vez que o vira e entravam na água. Os namorados continuavam passeando de mãos dadas. Iam lá em qualquer situação, mesmo que o mundo caísse. Continuavam a caminhar como se só existissem eles e o amor.

Esperei Dong Yi na ponte da pedra branca no canto noroeste, nosso local de encontro preferido. Estava escurecendo e as nuvens que se formavam desde a tarde cobriam o céu, tornando o clima úmido e pegajoso. Do outro lado da ponte, vi o solitário barco de pedra perto da ilha no meio do lago.

Não havia uma única brisa. A água estava escura e lisa como seda.

— Gostaria que houvesse lua. O lago fica lindo iluminado por ela.

Dong Yi chegou na hora.

— Vai tudo bem? Fiquei preocupada com seu bilhete.

— Sim, tudo bem, pelo menos por enquanto — respondeu ele, sorrindo triste. Nos debruçamos na amurada da ponte. Lembrei das noites que costumávamos passar lá, lendo poesia, quando estávamos apaixonados e nossas vidas pareciam bem mais simples. Podíamos conquistar o mundo.

— Lembra que o lago tinha peixes? — perguntei.

— Vim me despedir. Vou embora hoje à noite — disse ele, de repente.

Olhei. Ele abaixou os olhos.

— Vão começar a prender. Muitos estão na clandestinidade e muitos mais podem precisar entrar.

— Para onde vai?

— Primeiro, para Taiyuan. Quero ver minha família e mostrar que estou bem. As linhas telefônicas estavam desligadas no Jardim Redondo. Não pude falar com Lan.

— É. Eu sei. A central telefônica desligou quase todas as linhas ontem. Mas você vai estar seguro em Taiyuan? Sua casa é o primeiro lugar onde vão procurá-lo.

— Pode ser que depois eu vá para outro lugar. Não sei.

A luz dos postes tremulava à medida que a noite chegava.

— Como vai sair de Pequim? — perguntei. Achava que ele não podia simplesmente ir à estação e comprar uma passagem. Além disso, os trens podiam não estar funcionando ainda.

— Amigos vão me ajudar.

— Quando você volta?

— Não sei. Espero que logo. — Ele segurou nos meus ombros e olhou bem para mim.

— Volto antes de você ir para os Estados Unidos, prometo. Volto para te ver. Você me espera?

— Claro que sim. Não se preocupe. Vá logo. Prometo esperar por você.

Ele tinha de ir. Parecia que a passagem já estava comprada.

Na noite sem lua, era como se alguma coisa escorresse pelos meus dedos no escuro e se perdesse para sempre.

Capítulo 18

Procura-se, vivo

> Não precisam esconder seus nomes.
> Hoje há muitos como vocês.
>
> Li She, século IX

Eimin e eu saímos da Universidade de Pequim na manhã de 6 de junho. Levamos duas pequenas malas de roupas, escovas de dente, toalhas, um despertador e os originais do livro dele sobre psicologia. Outros estudantes estavam indo para suas casas. Os professores que não queriam a família por perto quando a polícia viesse prendê-los mandaram esposa e filhos para a casa de parentes. Todos acreditavam que o próximo confronto sangrento seria no campus.

À noite, no apartamento de meus pais, nós cinco nos apertamos no sofá para assistir à televisão. Os três canais (Central Um, Central Dois e TV Pequim) mostravam "os crimes dos agitadores". Informavam que 23 policiais e soldados tinham morrido "durante o motim" dos dias 3 e 4. Centenas de caminhões do exército foram incendiados e ficaram queimando nas ruas da capital.

— Na noite de 3 de junho, a caminho da praça da Paz Celestial, os agitadores capturaram um soldado que se separara de seu batalhão — informou um repórter, solene, na frente do viaduto Chongwenmen, uns cinco quilômetros a sudoeste da praça. — Levaram o soldado para o viaduto que está atrás de mim, jogaram gasolina nele e atearam fogo. Depois, dependuraram o corpo queimado no viaduto.

A tevê mostrou vários *closes* do cadáver queimado.

Um integrante do batalhão do soldado foi entrevistado. — Estávamos muito longe. Só o que pudemos fazer foi ver o corpo balançando dependurado no viaduto.

— Como reagiu o seu batalhão?

— Meus soldados gritaram para matar os assassinos. Mas eu disse que somos do exército do povo. Os maus elementos são um pequeno grupo, e não queimamos estudantes ou moradores.

A tevê então passou a mostrar a cidade natal do soldado morto. Soldados visitando os pais dele, que eram camponeses. O pai disse à câmera, de um jeito obviamente ensaiado:

— Nosso filho morreu como herói. Trouxe a glória para a família.

A mãe chorava em silêncio.

— O povo jamais esquecerá seu filho. Prometemos que os assassinos serão pegos e castigados — disse o soldado, sério. Era evidente que estava satisfeito com a atenção que causava: usava uma jaqueta de gola Mao novinha.

Na casa de meus pais, nenhum de nós disse nada. As imagens horríveis do soldado morto me enojaram. Ninguém merecia aquela morte. Ninguém merecia morrer. Mas, naquela noite escura, inúmeros filhos e filhas, jovens demais para saber da morte, morreram. Quantos pais e mães teriam de viver só da lembrança dos filhos?

A partir desse dia, programas parecidos passaram a ser apresentados sempre. Primeiro, descreviam a morte; depois, mostravam o enterro, os pais recebendo uma medalha pelo filho, lembranças de como seria a festa dos vinte anos do morto e, por fim, uma escola primária sendo batizada com o nome do soldado morto.

No dia seguinte, resolvi ir ao Centro da cidade. Queria ver com meus olhos os buracos de bala, os soldados com metralhadoras e o trecho da avenida onde morreram tantas pessoas. Queria também ir onde Dong Yi virou sangue e morte. O governo fechara a praça e as avenidas que levavam até lá, mas mantivera aberta a extensão oeste da avenida da Paz Eterna, que ia para o Centro. Fui lá com minha irmã logo após o café da manhã.

As ruas estavam cheias de gente indo para o trabalho. Normalmente, as horas de maior trânsito eram muito barulhentas, com milhares de ciclistas disputando espaço com os veículos motorizados em todas as ruas. As pessoas conversavam com os amigos; vizinhos ou colegas iam juntos; crianças saídas das creches choravam no banco de trás da bicicleta do pai ou da mãe. Os ciclistas que estavam atrasados tocavam as campainhas. Mas, naquele dia, estavam todos silenciosos. Poucos conversavam e não se ouvia a cacofonia de buzinas. Parecia que só estavam na rua porque precisavam.

Chegamos ao cruzamento do segundo anel rodoviário oeste, onde uma fila de caminhões do exército ia de oeste para leste. Tinham a carroceria coberta e só se via a ponta dos rifles por baixo da lona. Algumas centenas de ciclistas pararam no cruzamento. Minha irmã e eu ficamos na primeira fila de bicicletas. Os caminhões roncaram alto quando passaram por nós. Senti o chão estremecer.

Voltei a sentir o medo da minha última noite na praça da Paz Celestial. Só que numa intensidade muito maior, pois agora eu sabia que as armas apontadas para nós tinham balas de verdade.

"Por favor, por favor: ninguém grite nem fale alto. Ninguém faça movimentos bruscos", pedi em pensamento.

Olhei bem as armas escuras saindo dos caminhões e rezei para ninguém ser tolo ou valente a ponto de xingar as tropas. Soubemos de soldados que atiraram só por alguém gritar algo. Mataram e feriram muitos habitantes por causa disso.

Segurei com força o guidão da minha bicicleta, tentando me acalmar. Olhei para trás. Umas quinhentas pessoas estavam paradas atrás de mim. A cada minuto, fui ficando mais nervosa, com medo de atirarem em nós por alguém ter gritado, uma criança ter chorado ou mesmo um pacote ter caído de uma bicicleta.

Os caminhões seguiram, firmes, motores roncando.

Atrás de mim, silêncio mortal.

Dava para eu ouvir meu coração batendo e meus pés tremendo.

Cinco minutos depois, todos os caminhões finalmente passaram. Eu estava nervosa demais para contar quantos foram, mas não eram menos de cinquenta. Quando ficaram fora de vista, a multidão começou a se mexer. As pessoas montaram nas bicicletas e seguiram em silêncio.

— Ainda bem que ninguém fez nada. Eu não aguentaria se eles demorassem mais um minuto — disse eu para minha irmã.

Meia hora depois, chegamos a Muxudi. Soldados armados e enfileirados patrulhavam os dois lados da ponte, apontando as armas para os pedestres.

— Desçam e empurrem a bicicleta. Andem rápido. Não parem nem conversem — mandou um chefe de batalhão, na frente da ponte, fazendo sinal com a arma.

Minha irmã e eu obedecemos.

— Não olhe nem encare os soldados. Não podemos irritá-los — sussurrou minha irmã.

Seguimos de cabeça baixa, o mais rápido que podíamos. Pelo canto do olho, vi os canos escuros das armas e os dedos firmes nos gatilhos. Não ousei olhar para eles, nem em volta. Atravessamos a ponte rápido e caladas. Desejei que todos os que estavam atrás e na nossa frente fizessem o mesmo.

Depois que as submetralhadoras pretas sumiram de vista e o chão ficou reto, vimos que tínhamos atravessado a ponte Muxudi. Minha irmã e eu montamos nas bicicletas e seguimos. Alguns metros depois, chegamos à estação do metrô Muxudi, onde Dong Yi estivera na tarde de 3 de junho. Olhamos para trás e a fila de ciclistas empurrando bicicletas na ponte parecia sem fim.

As calçadas dos dois lados eram separadas da rua por cercas de ferro. A pouca distância delas havia grandes prédios residenciais. Até aquele mês de junho, aquele trecho era um dos endereços residenciais mais cobiçados de Pequim. Era um lugar perfeito: a leste, a rua passava a ser a linda avenida da Paz Eterna, que cortava o centro da cidade. Havia a praticidade do metrô e a proximidade de vários centros comerciais recém-inaugurados. Muitos funcionários do alto escalão do governo moravam ali em amplos apartamentos com suas famílias.

Na tarde de 3 de junho, muitos moradores assistiram ao massacre que ocorreu sob suas janelas. Alguns xingaram, atiraram garrafas e latas nos soldados; outros apenas deixaram as luzes acesas enquanto olhavam. As tropas reagiram com rajadas de metralhadoras e os prédios ficaram com balas alojadas nas paredes. Várias pessoas morreram e diversos moradores foram feridos. As balas deixaram marcas nas paredes, algumas do tamanho de nozes.

Minha irmã e eu paramos na cerca do lado norte. A rua tinha sido lavada. Pelas barras de aço das cercas, vimos buracos de bala, alguns espalhados e outros juntos, formando grupos de buracos. Toquei-as, senti o metal frio e a força mortal das máquinas de guerra modernas. Olhei o tamanho dos buracos e pensei se as balas eram do mesmo tamanho ou se haviam explodido ao entrar em contato com a parede. Pensei nos corpos que outras balas tinham atingido, na pele macia e cálida, no sangue morno escorrendo. A moça que morrera nos braços de Dong Yi, o sangue e o corpo esfriando.

— Andem!

Assustada, virei-me. A poucos centímetros do meu rosto estava o cano de uma metralhadora. Quase senti o frio do metal.

— Não sabem que não podem parar? — perguntou o soldado, rígido.

Notei que estava com o dedo no gatilho.

— Já vamos, desculpe. Já vamos. — Minha irmã me empurrava e me puxava ao mesmo tempo.

Montamos nas bicicletas e seguimos. Mas logo tivemos de parar e voltar. A avenida da Paz Eterna estava fechada na direção da praça da Paz Celestial.

— Você viu aqueles ônibus e caminhões incendiados? Por que continuam nas ruas? — perguntou minha irmã.

— Pensei que as ruas já estivessem desimpedidas.

— É por que devem ser muitos.

— Ontem, na tevê, não disseram que eram quinhentos? — perguntei.

— Acho que sim — respondeu minha irmã.

Na volta, passamos de novo pela Universidade de Pequim: estava cheia de soldados fortemente armados nas barreiras de checagem do exército. Patrulhas controlavam tudo ao redor.

Assim que voltamos para casa, minha mãe avisou:

— Tenho uma notícia importante: Fang Lizhi e a esposa pediram asilo político na embaixada americana.

— Como foi isso? — perguntei, pensando na polícia secreta na porta do prédio do professor Fang Lizhi.

— Ah, que vergonha para quem os estava vigiando. Certamente vai ser castigado! — disse minha mãe, rindo.

— O que vai acontecer com o casal?

— O governo chinês não pode fazer nada, já que estão na embaixada e, portanto, sob jurisdição americana — explicou Eimin, que aguardava minha irmã e eu voltarmos.

— Mas eles não podem sair da China, não é? — perguntou minha mãe.

— Não. Seriam presos assim que saíssem da embaixada.

Era estranho, mas o noticiário vespertino não deu muitos detalhes sobre o fato; apenas fez um prolixo pronunciamento exigindo que o governo americano entregasse o casal de professores, o que foi recusado imediatamente. Os dois países ficaram num impasse político, com a Câmara e o Senado americanos apoiando a decisão do presidente Bush de cessar a cooperação militar com a China e de permitir que os 45 mil chineses que moravam nos Estados Unidos permanecessem no país depois que os vistos expirassem.

Alguns dias depois, a embaixada americana voltou a fornecer vistos de entrada para os chineses que faziam longas filas à sua porta. O governo chinês, querendo fingir que o ataque de 4 de junho fora dirigido apenas a "um pequeno grupo de contrarrevolucionários", permitiu que quem já tinha passaporte mantivesse o pedido de visto para os Estados Unidos. Mas não emitiu novos passaportes. O professor Fang e a esposa ficaram algum tempo na embaixada e puderam finalmente sair da China em 1991.

Alguns dias depois, recebi uma carta de Hanna dizendo que se casara com Jerry e estavam indo embora da China. "Espero que você também saia logo; telefone quando chegar aos Estados Unidos."

No dia 9 de junho, Deng Xiaoping apareceu em público pela primeira vez, desde o massacre, numa recepção para membros do alto escalão do exército em sua residência em Zhongnanhai. Mais tarde, foi divulgada uma versão resumida do discurso dele. A recepção começou com ele pedindo "um minuto de silêncio pelos mártires das tropas militares". E declarou que o editorial do *Diário do Povo* de 26 de abril "tinha razão em chamar o movimento estudantil de anárquico, como ficara provado pelos acontecimentos. Também era inevitável que a situação acabasse numa rebelião contrarrevolucionária".

Para o chinês comum, o discurso foi um recado claro sobre quem comandou os tanques em Pequim e quem continuava no comando.

O verão ficou ainda mais quente. Não saí muito de casa, em parte por causa disso e, também, por falta de motivo. Soldados armados patrulhavam as ruas, e havia postos de controle por toda a cidade. As empresas estrangeiras tinham retirado seus funcionários do país e, algumas, fechado seus escritórios. As pessoas iam trabalhar, mas voltavam direto para casa. Passei quase todos os dias lendo livros, principalmente. Os jornais oficiais não tinham nada que me interessasse saber. Toda a imprensa estrangeira tinha sido proibida, e os correspondentes foram embora ou expulsos.

"As tropas marciais foram recebidas calorosamente pelo povo de Pequim. Para combater o calor insuportável, as pessoas levaram água fresca para os soldados que patrulhavam os prédios e as ruas mais importantes. Unidades de trabalho também organizaram entrega de comida para as tropas, até mesmo melancias", noticiou um jornal.

Dois dias depois, o mesmo jornal informou: "Para manter o máximo de alerta e segurança, as tropas da lei marcial confiscaram água e comida de civis."

Poucas páginas após, um pequeno artigo dizia que vinte soldados da lei marcial foram envenenados com a água oferecida por uma simpática senhora.

No dia 12 de junho, Fang Lizhi e a esposa, que continuavam asilados na embaixada americana, receberam mandados de prisão. No dia seguinte, o noticiário vespertino do canal

Central Um deu nomes e mostrou fotos das vinte pessoas "mais procuradas":

1. Wang Dan, aluno do primeiro ano da Universidade de Pequim, presidente da Associação de Estudantes Independentes (AEI), altura média...
2. Wuerkaixi, aluno do primeiro ano da Escola Normal de Pequim, líder da AEI, alto, olhos grandes...
3. Liu Gang, formado pela Universidade de Pequim...
4. Chai Ling, diplomada pela Escola Normal de Pequim, chefe do Centro de Comando dos Estudantes na praça da Paz Celestial, 1,55m, rosto redondo, cabelos curtos, olhos pequenos.
14. Feng Congde, formado pela Universidade de Pequim, líder da AEI...

O locutor prosseguiu:

— A maioria dos procurados está foragida, mas serão presos pelo exército e pela polícia. O governo recomenda que todos os cidadãos demonstrem espírito revolucionário e entreguem os elementos anarquistas. — Vi na tevê fotos das pessoas que eu conhecia e me surpreendi por Liu Gang estar numa lista dos mais procurados, mesmo que não fosse um dos líderes da AEI nem tivesse participado da reunião com Li Peng. Entendi ao lembrar da longa amizade dele com o professor Fang Lizhi, com o qual o grupo de Dong Yi também estava envolvido. Nesse instante, entendi também o perigo que Dong Yi corria e por que teve de sair da capital às pressas. Temi pela vida dele.

— Tantos procurados da Universidade de Pequim — constatou minha mãe.

— Ainda bem que viemos para cá — disse Eimin.
— Para onde eles irão? — perguntei.
— Não importa. Serão caçados. Uma coisa que o Partido Comunista sabe fazer é atingir as bases — garantiu Eimin.
— Talvez as pessoas procuradas se refugiem na casa dos pais, que serão os únicos a não rejeitá-los — lembrou minha irmã.
— Certamente os procurados não poderão confiar em ninguém. As pessoas farão qualquer coisa para escapar. Durante a Revolução Cultural, tias delatavam sobrinhos, irmãs delatavam irmãos, amigos se enfrentavam.
— Mas espero que todos consigam fugir — interrompi. Não conseguia imaginar alguém entregando Dong Yi.

Durante a noite, fiquei pensando em Chai Ling. Não conseguia dormir, virava de um lado para outro, tentando tirar o rosto dela da minha cabeça. Imaginei o que os milhares de telespectadores pensaram dela. Parecia tão jovem e frágil, o rosto tão pueril para ser uma comandante-em-chefe. Lembrei-me de quando ela trouxe camundongos do laboratório e os soltou no dormitório. Ficamos apavoradas; depois rimos tanto que caímos na cama. Onde foram parar aqueles tempos de inocência? Olhei no escuro, pensando em que lugar minha antiga colega de quarto e o marido, agora fugitivos, estariam naquela noite.

No final de junho, mais de mil agitadores "contrarrevolucionários e elementos anarquistas" foram presos na capital, incluindo estudantes, professores, cidadãos comuns e operários de fábrica. Muitos foram condenados à morte em julgamentos sumários e assassinados em público com um tiro na nuca para servir de exemplo. Depois, as famílias ainda tiveram de pagar pela bala mortal antes de levar o corpo.

Muitos estudantes tinham tanto medo de ser presos que acabaram arruinando seu futuro. Uns temiam ser castigados por ter participado do movimento e, com isso, não conseguiam mais dormir. Um dia, quando eu estava em casa arrumando minhas fotos de criança, um aluno veio visitar minha mãe. Meu pai e Eimin estavam no trabalho e minha irmã visitava a amiga no prédio vizinho.

— Sabe aquela passeata de apoio aos grevistas, professora Kang?

— Claro. Quase todos os universitários participaram — respondeu minha mãe.

— Fiz um discurso, lembra? Muita gente falou naquele dia. E se um funcionário da universidade ou um policial disfarçado lembrar de mim? Tento não pensar nisso, mas não consigo. Estou apavorado. Mais cedo ou mais tarde vão me prender. Não consigo dormir há dias. Eu não tinha a intenção de falar nada. Foi uma coisa de momento. O que faço agora? Estou exausto.

Minha mãe tinha passado pelos horrores da Revolução Cultural, época em que eram muito comuns a prisão e a morte dos que manifestavam oposição à política de Mao. Por isso, ela não conseguia dizer nada para acalmar seu aluno. Mas, como fazia com todos os que iam lá em casa, deu ervas para ajudar o rapaz a dormir.

Em pouco tempo, as pessoas foram aconselhadas a usar uma linha telefônica especial para delatar os "anarquistas" e os "agitadores contrarrevolucionários" sem se identificar. Recomendava-se delatar sobretudo as pessoas próximas: amigos, colegas, vizinhos ou parentes. Isso causou uma onda de medo na cidade. O pior era que qualquer um podia ligar de um telefone público e provocar a prisão de alguém. Não se podia nem confirmar a veracidade da acusação, já que a testemunha não tinha nome nem rosto.

Todos os dias eu pensava se tinha sido delatada e quando a polícia ia aparecer na casa de meus pais. Cada dia que passava sem incidentes representava uma dádiva, uma vida poupada; pois eu achava que a porta de saída um dia se fecharia, a rede apertaria e eu seria pega.

No final de junho, um dia antes do meu aniversário, fui à livraria da universidade enquanto Eimin ia ao escritório. Era um dia ensolarado e seco, uma poeira sufocante flutuava em toda parte. Nas ruas, salgueiros recém-plantados tinham secado em consequência do calor. Até as castanheiras que davam sombra estavam com as folhas murchas sob o sol escaldante.

O Triângulo tinha voltado ao normal, com avisos da universidade e anúncios arrumados nos murais. Um informe dizia que, oficialmente, foram três os alunos mortos, e não centenas, e que a AEI noticiava errado para enganar os estudantes.

Li os nomes dos mortos, a idade e os departamentos a que pertenciam. Não conhecia nenhum deles e não consegui informação sobre onde e como morreram.

Li outro aviso:

> Em vista da situação, a universidade informa o término prematuro do semestre da primavera e o início imediato do recesso de verão. Pede que os alunos aproveitem o verão para refletir e fazer uma autocrítica. No início do outono, todos os alunos devem procurar os funcionários do Partido em seus departamentos e relatar detalhadamente suas atividades durante o período de anarquia.

Não li mais nada. O semestre de primavera normalmente terminava no início de julho. Na Universidade de Pequim não havia aulas desde abril. E tantos alunos tinham ido embora após os acontecimentos de 4 de junho que o recesso de verão já havia, de fato, começado. Acho que a universidade estava simplesmente reconhecendo o fato.

Perto da livraria, um cartaz informava a exibição do vídeo dos "atos heróicos das tropas da lei marcial — a verdade sobre os acontecimentos de 4 de junho".

Pensei em quantas pessoas iriam assistir. Meus pais receberam comunicados internos do Partido com descrições por vezes detalhadas da morte dos "heróis" da lei marcial, alguns queimados em seus carros blindados; outros com os corpos mutilados. O comunicado informava também o número oficial de civis mortos e feridos em 3 e 4 de junho como sendo 218 e 2 mil, respectivamente. Um comunicado da Segurança Pública Municipal afirmava que entre os mortos estavam professores universitários, operários, pequenos comerciantes, secundaristas e pós-graduados. A vítima mais jovem tinha nove anos e a mais velha era uma operária aposentada de setenta e tantos anos. Jamais revelaram quantas tropas e blindados participaram do ataque, mas, a julgar pelo número de soldados feridos (cinco mil) e de veículos militares incendiados (quinhentos), era fácil imaginar a arrasadora força militar que atacou civis desarmados naqueles dois dias.

Dentro da livraria, o ventilador de teto girava lentamente. Eu lembrava que a livraria sempre esteve cheia, frequentada pelos vinte mil alunos da Universidade de Pequim. Naturalmente, vendia muitos livros didáticos, mas também tinha romances, poesia e não-ficção, refletindo o gosto dos consumidores, que eram a elite intelectual da juventude chinesa. Três anos antes, tínhamos todos ido lá comprar *David Copperfield*, de Charles Dickens, história do sucesso de um jovem autodidata, e *As tristezas do jovem Werther*, de Goethe, sobre amor e perda na Alemanha oitocentista. Na época, todo mundo queria ser Copperfield e, como o personagem do romance, vencer pelo talento, pela inteligência e pelo trabalho. Quase todos os alunos se identificavam com o jovem Werther, pois o país tinha acabado de abrir suas fronteiras, e os jovens experimentavam as alegrias e tristezas do amor. Mas, como não podíamos comprar livros proibidos na livraria da universidade, tínhamos de ir ao mercado ao ar livre na aldeia de Haidian, onde o vendedor tirava um exemplar de *O amante de Lady Chatterley* de dentro de um saco de arroz embaixo da mesa.

O ventilador de teto mantinha a livraria fresca, pelo menos na mesa que ficava bem embaixo dele. Dei uma olhada nos livros. Havia muitos romances sobre a época da Revolução Cultural, que eram procurados pelos alunos antes de ocorrerem as passeatas. Mas, naquele dia, não vi ninguém comprando-os. Eu, pessoalmente, não tinha mais vontade de ler tragédias políticas romanceadas.

Acabei comprando uma coleção de poesias de Gou Mourou, um dos maiores escritores do movimento de 4 de Maio de 1919. Seus textos eram apreciados pelos estudantes antes e no decorrer do Movimento Democrático Estudantil. Se eu conseguisse ir para os Estados Unidos, gostaria de levar aquele livro de lembrança.

Eimin não apareceu na cantina para almoçar como havíamos combinado, e então fui ao escritório dele. A administração do departamento de psicologia ficava logo atrás do pagode do lago Weiming. Estacionei a bicicleta no meio do pátio e notei um grupo dentro do escritório. A sala de Eimin estava fechada, assim como a do chefe do departamento, que ficava duas portas depois, à direita. Por isso, entrei na administração e encontrei reunidos o chefe do departamento, professor Bai, Eimin, minha amiga Li, a administradora e duas secretárias.

— Que horror. O que vamos fazer? — perguntou, alto, a administradora.

— Pouco, não é? Qualquer pessoa pode ligar para esses números de telefone sem nem precisar se identificar — disse Li.

— Desde a primeira vez que o vi, sabia que ele não era uma boa pessoa. Tem nariz fino e olhos pequenos — observou a secretária mais velha, Sra. Cao.

O professor Bai parecia resignado e se ofereceu para assumir toda a responsabilidade.

Entrei sem fazer barulho e perguntei no ouvido de Eimin:
— O que está acontecendo?

Baixo, ele respondeu que Ling Huyuan tinha voltado e queria reassumir o cargo. Se não conseguisse, ligaria para o telefone direto da polícia "delatando os elementos contrarrevolucionários" do departamento.

Lembrei de Ling Huyuan, um jovem grosseiro que gostava de beber. Era assistente do departamento.

— Por que não o deixamos voltar? Cao e eu faremos o trabalho dele. Não nos incomodamos, não é? — perguntou a secretária mais jovem.

— Eu soube que o tio dele é alto funcionário no governo da capital — acrescentou o administrador do departamento.

— Ele vai ficar contra nós do mesmo jeito — discordou Li.

— Eu tenho dois filhos pequenos. O que vou fazer? — perguntou a Sra. Cao, quase chorando.

— Deixem que venham me prender. Se ele quer acabar com alguém, que seja comigo — disse o professor Bai, irritado, com o rosto rubro.

— Calma, Lao Bai. Vamos enfrentar a situação quando ela surgir. No momento, não sabemos o que ele vai dizer — propôs Eimin.

— Gostaria de poder ir embora do país. Wei, que sorte a sua de ir para os Estados Unidos! — suspirou a secretária mais jovem.

— Bom, não tenho certeza se vou — avisei, pensando no meu medo de alguém ligar e me delatar antes de as fronteiras serem reabertas. Eu podia já estar numa lista negra. Talvez, em algum lugar, num escritório quente e abafado, existissem fotos minhas no alto de uma pilha, fazendo passeata ou acenando com jornais de cima do tanque de guerra, e meu pedido de passaporte estivesse prestes a ser recusado.

Eu não sabia o que podia acontecer. Ninguém sabia. Todos temiam o pior.

Entre a ansiedade e o pavor, comemorei meu vigésimo terceiro aniversário. Meus pais fizeram o macarrão especial da "longa vida".

— Não interessa se não tem bolo de aniversário. Precisa haver o macarrão da longa vida — ressaltou minha mãe.

— Dá azar se você não comer — acrescentou minha irmã.

— Eu sei. Lembra que sou três anos mais velha do que você?

— Sabe por que chamam de macarrão da longa vida? — perguntou meu pai.

— *Baba*, todo ano você faz a mesma pergunta.

— Certo, mas você sabe?

— Sei... é porque é um macarrão contínuo, de um fio só.

— Coma macarrão da longa vida e viva para sempre — sorriu meu pai.

— Isso é besteira. Todo mundo come o macarrão no aniversário, mas nem todo mundo vive muito — desacreditei logo a afirmação dele. —Talvez eu também viva pouco. Posso morrer amanhã.

— Não fale assim! Se o macarrão não cumpre a função, é porque foi malfeito — disse mamãe, muito zangada.

— Desculpe, Eimin! Meus pais são intelectuais, mas acreditam nessas superstições, não é incrível?

Mesmo assim, comi o macarrão; depois, Eimin trouxe um bolo com 23 velinhas acesas. Ele e minha irmã cantaram o *Parabéns* e meus pais sorriram à luz das velas.

Soprei as velas e mamãe acendeu a luz. Comemos um pouco do bolo "estilo ocidental".

Naquela noite, a polícia levou alguém do dormitório dos estudantes que ficava a poucos quilômetros dali, e, com isso, causou o medo de uma ampla ofensiva. No dia seguinte, após uma longa discussão, meus pais resolveram que Pequim estava ficando perigosa demais.

— Wei poderia ir comigo para minha cidade natal. Estaríamos mais seguros lá — disse Eimin.

Meus pais concordaram e mamãe disse:

— Quando o setor de passaportes abrir, vou lá procurar seu nome no painel. Não se preocupe. Avisaremos você assim que seu nome estiver na "lista de aprovados".

Capítulo 19

Adeus, amor

> Depois que nos despedirmos, eu serei uma folha solitária
> numa viagem de dez mil quilômetros.
>
> Li Bai, século VIII

Em 5 de julho, chegou o telegrama que mudou minha vida: "Seu passaporte já pode ser retirado. Venha já. Mamãe."

Eimin e eu estávamos na casa dos pais dele, de modo que o telegrama foi enviado para o pai, professor Xu, na Universidade de Nanjing. Ele me recebeu gentilmente quando precisei de um abrigo seguro e comprou uma passagem num leito macio do trem. Na época, havia quatro tipos de passagens: para viajar de pé; sentado em banco de madeira; em poltrona; e a passagem-leito, que correspondia a uma primeira classe. Os leitos eram, até então, exclusivos para os membros acima de certo escalão do Partido.

— Você vai ter menos problemas na primeira classe. Um ex-aluno conseguiu a passagem para mim — disse o professor Xu.

A boa gente da província não tinha o menor interesse em arrebanhar estudantes. Estava mais preocupada em fazer brinquedos para os filhos, ter uma boa colheita, cozinhar, fumar, tomar vinho de arroz e prestar um favor para um estimado professor.

Eimin resolveu passar mais alguns dias com os pais até voltar para Pequim.

No dia seguinte, quando cheguei à estação ferroviária, fui saudada por uma velha faixa à entrada que dizia: "Comemoremos o primeiro de julho, dia de acabar com os antirrevolucionários!" Primeiro de julho era o aniversário do Partido Comunista Chinês. A estação estava cheia de passageiros carregando enormes sacolas, sentados ou em longas filas. Aguardavam para entrar logo no trem e conseguir espaço para a bagagem, ou arrumar um lugar no corredor para sentar ou ficar de pé. Estavam de mudança. Milhares de colonos iam para as cidades tentar a sorte.

As chegadas e partidas eram transmitidas por alto-falantes que pioravam a quantidade de ruídos desagradáveis. Pais gritavam para os filhos não se perderem. As pessoas berravam de uma ponta à outra da plataforma, apressando os que estavam perto. Mendigos pediam dinheiro. Quando viam um funcionário uniformizado da ferrovia, todos iam para cima dele como águias atacando uma presa.

O bilheteiro apareceu assim que o trem deu partida, mostrei a passagem e a identidade. Depois do almoço, preparei-me para ler os jornais que tinha trazido, um jornal local e o *Diário do Povo*. A maioria dos artigos comentava as comemorações pelo aniversário do Partido, que parecia ter ganho uma importância especial naquele ano. O jornal informava também de mais detenções de líderes estudantis e relatava o heroísmo de cidadãos comuns que esconderam estudantes. Um texto referia-se aos "bravos cidadãos pequineses reconstruindo a cidade após a destruição da anarquia promovida pelos estudantes".

Um dos editoriais elogiava a decisão do Partido de afastar reformistas, como o secretário-geral do Partido Zhao Ziyang. Ninguém estranhou. O anúncio oficial da renúncia de Zhao apenas confirmou o que todos já sabiam. Afinal, ele mostrara para o mundo as divergências internas do Politburo: primeiro, no encontro com o líder soviético Gorbachev, no qual contou que Deng Xiaoping estava por trás de todas as decisões importantes do governo, até mesmo aquelas relacionadas com as manifestações estudantis. Depois, na visita aos estudantes em greve de fome na praça. Da mesma forma que seu antecessor Hu Yaobang, ele foi derrubado por causa da solidariedade aos estudantes e de suas tendências reformistas.

Cheguei à Estação Central de Pequim, que estava absolutamente mais cheia e caótica do que a estação de onde viera. Peguei o ônibus 325 para casa. Enquanto ziguezagueava para oeste, vi que a cidade não tinha mudado muito nos dez dias em que estivera fora. A lei marcial continuava em vigor, as barracas continuavam fechadas nas ruas e os mercados não abriram. Não havia velhos jogando xadrez chinês sob as castanheiras e as pessoas iam para o trabalho de bicicleta, em silêncio. Os soldados do Exército de Libertação do Povo vigiavam as ruas com metralhadoras apoiadas no peito. Pequim parecia mais uma cidade sitiada.

No dia seguinte, tive de fazer o mesmo percurso no sentido contrário, do lado ocidental para o Centro. Pedalei durante duas horas até a rua Qianmen, a rua do Portão da Frente, para pegar meu passaporte. O escritório ficava a poucos quarteirões da praça da Paz Celestial, onde havia patrulhas maiores do exército, assim como mais pontos de checagens. Do lado de fora do escritório, outras pessoas aguardavam a sua abertura após o intervalo de almoço. Conversamos sobre o lugar para onde íamos e o que estudaríamos no exterior.

O governo tinha anunciado que quem tivesse participado do movimento estudantil não poderia sair do país. O aviso, afixado à porta, dizia também que o passaporte só seria concedido para os que pudessem provar seu "espírito revolucionário" durante o movimento "com cartas do empregador ou do chefe de polícia local".

Conferi o envelope na minha bolsa. Era do Chefe de Pessoal da minha unidade de trabalho atestando que não me envolvera com o movimento. Como as minhas fichas pessoais estavam no escritório de meu pai, um amigo dele assinou a carta. Podia parecer que eu estava atendendo às exigências do governo, mas, na verdade, estava colocando em risco meu pai e o amigo dele. Mesmo depois de sair do país, se o governo descobrisse meu envolvimento, poderia punir quem escreveu a carta e os que estavam ligados a ela.

Não acreditava que todo mundo tivesse a mesma sorte que eu e um parente em condição de ajudar. Mas todos ali deviam ter uma carta parecida. Quem as teria escrito? Deveriam saber do perigo que corriam.

Enquanto aguardávamos os passaportes e falávamos do futuro encostados em nossas bicicletas na sombra acolhedora, passou uma patrulha do exército.

De repente, ouvimos um estouro.

Deixei minha bicicleta cair e me joguei no chão.

Passou-se um longo minuto.

— Atiraram em alguém? — Ninguém respondeu.

Todos ficaram esticados no chão por mais alguns minutos. A rua parecia calma. Do outro lado da rua, umas cinquenta pessoas também tinham se atirado no chão. Nada aconteceu, e, aos poucos, elas deram uma olhada em volta e tornaram a conversar. As bicicletas seguiram de novo. O trânsito fluiu.

— Foi só um pneu que estourou — ouvi alguém explicar.

Levantei a bicicleta do chão, conferi se estava em ordem e esperei meu coração e minha respiração se acalmarem. Todos nós rimos, aliviados. Sabíamos que as tropas marciais tinham atirado em pessoas na rua. Dias antes, minha mãe fora visitar um amigo e ele contou que um caminhão militar passara e alunos da universidade dele gritaram palavras de ordem. Minutos após, o caminhão voltou e os soldados atiraram nas janelas da sala de palestra. Os vidros se estilhaçaram, mas, felizmente, ninguém foi ferido.

— Mostre sua carta testemunho — disse a mulher no pequeno guichê acima da minha cabeça, parecendo entediada.

Coloquei a carta sobre o guichê. Não dava para ver a cara dela.

Parecia estar lendo a carta. Levantou-se, arrastando a cadeira com muito barulho, e saiu.

— Está tudo certo com relação a você — disse, ao voltar, e me entregou o passaporte. Imediatamente, enfiei na bolsa algo que parecia um livreto marrom-escuro e pedalei para casa o mais rápido possível.

Três dias depois, numa clara manhã de verão, recebi o visto americano de estudante. Ao sair da embaixada, concluí que, finalmente, eu tinha a passagem para uma nova vida.

Meus pais emprestaram dinheiro para comprar minha passagem de ida, que seria no final de agosto. Passei quase todas as semanas restantes me despedindo dos amigos e professores e me preparando para aquele estranho novo mundo. Um dia, fui tomar sorvete com minha amiga mais antiga, Qing. Da janela da sorveteria, víamos um soldado fortemente armado vigiando o cruzamento.

— Vamos lá fazer careta para ele? — perguntou Qing, que sempre fora audaciosa.

— Para ele nos dar um tiro? — respondi.

— Não. Para você não ir para os Estados Unidos e não me deixar. — Ela fez careta para mim e rimos.

— Prometo manter contato. — Abracei minha querida amiga.

Eimin e eu voltamos para a Universidade de Pequim pelo curto espaço de tempo entre a volta dele de sua cidade natal e a minha partida. A universidade estava bem diferente. O campus tinha se transformado numa fortaleza cheia de fantasmas. A maioria dos alunos viajara nas férias de verão ou apenas fora embora. Dong Yi não voltara. E, à medida que se aproximava o dia da minha partida, fiquei mais ansiosa sobre ele. Passei a ir sempre ao dormitório, esperando que ele abrisse a porta e dissesse:

— Acabei de chegar. Não tive tempo de procurar você. — Passei também a escrever cartas, embora não soubesse para onde enviá-las. Havia tanta coisa que não mantém dita porque estávamos ocupados na passeata, protestando, parando tanques ou nos escondendo. Pensamos que ia dar tempo e que as palavras poderiam esperar. Mas o tempo estava se esgotando. E comecei a temer que não ia mais vê-lo.

Andei muito pelo campus, sem rumo, desanimada, vazia. Não procurava ninguém em especial porque sabia que a maioria dos meus amigos tinha ido embora. Eu apenas andava por todas as trilhas e cantos do campus, sem parar, esperando guardar os menores detalhes na lembrança: os cheiros, os sons, as cores, como eram as coisas, o riso e a dor. Minhas lembranças eram a única coisa que eu podia levar.

Numa tarde úmida, eu andava mais uma vez lá quando, de repente, fiquei na frente do dormitório número quarenta. Entrei no saguão escuro e subi a escada. Todas as portas estavam fechadas. Bati na porta de Chen Li, sem muita esperança de que se abrisse.

Fiquei surpresa ao ver que o colega de quarto dele ainda morava lá.

— Chen Li está? — perguntei, esperando que dissesse que tinha ido para casa.

— Mudou-se para o quarto 117.

— Por que se mudou?

— É melhor você perguntar para ele. — O rapaz parecia sem jeito.

Desci a escada correndo. Ofegante, bati na porta escura do quarto 117, no térreo.

— Quem é?

— É Chen Li? Sou eu, Wei.

Fez-se um longo silêncio, seguido de um barulho como se alguma coisa tivesse caído ou sido chutada. Ouvi passos pesados e, depois, a porta se abriu.

Na minha frente estava meu querido amigo Chen Li, como sempre com sua camiseta da Universidade de Pequim e shorts.

E, como sempre, sorriu gentil. Mas fiquei pasma com a aparência dele.

O corpo alto se apoiava em muletas. Uma das pernas fora amputada na altura da coxa.

— Que bom ver você. Entre, por favor. — Fechou a porta e virou-se. Tentou andar rápido, mas claro que foi difícil. Estiquei as mãos atrás dele, sem tocá-lo. Não sabia como ajudar.

No chão, havia uma caneca de alumínio. Devia ter caído quando ele quis andar até a porta. Ele tentou pegá-la. Coloquei-a sobre a mesa.

Sentamos. A janela estava aberta e não havia vento. Naquela tarde, o campus estava totalmente parado.

— Ainda tenho de me acostumar com essas coisas. — Chen Li encostou as muletas na cama. Olhou calmo para mim e explicou:

— Fui atropelado por um tanque perto das Pontes das Águas Douradas quando as tropas foram esvaziar a praça.

Contou então que estava com alguns colegas na manhã de 4 de junho jogando latas de gasolina nas tropas. Vários grupos vinham de muitas direções. Atacaram as tropas e os carros blindados; os soldados revidaram e prenderam vários jovens.

— Alguns alunos tentaram resgatar os presos. As tropas vinham do lado oeste também. Havia incêndios por todo canto, além de tiros. Estava bem caótico e barulhento. Achei que tivesse perdido meus pertences e, de repente, vi um enorme tanque vindo direto para cima de mim.

A última lembrança que ele tinha daquela fatídica manhã era de estar no chão, olhando o tanque e tentando rolar fora do alcance dele. Acordou no dia seguinte, no hospital, com o médico dizendo que ele tivera sorte porque o tanque só atingira uma perna, mas tiveram de amputá-la. Os ossos foram esmigalhados. Chen Li ficou internado até se recuperar e recebeu as muletas.

— As pessoas têm sido gentis. O cara que mora aqui me deu a chave do quarto dele antes de ir para a casa dos pais. — Ele deu um tapinha na cama onde estava sentado. — Não posso mais ficar num quarto em andar alto. Não saio muito. Meu ex-colega de quarto traz comida da cantina e água quente da sala de ferver. Estou bem. A única dificuldade é o banho público. O verão em Pequim é tão quente! Mas não suporto as pessoas me encarando. Os que me conhecem ficam penalizados ao me ver lutando para andar; os que não me conhecem me xingam porque sou lento e fico no caminho. Às vezes, ouço-os perguntar: "Por que um aleijado vem aqui?"

Ele falou displicentemente, como se já tivesse contado aquilo tantas vezes que não doía mais. Provavelmente, tinha mesmo, mas eu duvidava que não doesse. Meu médico uma vez disse que nossa tolerância à dor aumenta com o tempo, pois nos acostumamos com ela. Mas Chen Li estava daquele jeito havia poucas semanas.

— Que surpresa encontrar você. Pensei que todos menos eu tinham ido embora — disse ele.

— Fui e voltei. É uma história comprida. Não vou incomodar contando. Estou indo de novo, desta vez para sempre, para os Estados Unidos.

Assim que eu disse Estados Unidos, fiquei com raiva de mim. Senti-me mesquinha, como quando tinha catorze anos e meu vizinho contou que a família comprara a primeira tevê do nosso quarteirão e não me convidou para assistir.

— Parabéns, Wei. Sempre achei que você ia conseguir. É o tipo de pessoa que consegue tudo o que quer. Você merece — disse ele, com um largo sorriso.

Eu sabia que o cumprimento era sincero. Mas não sabia se o merecia.

Chen Li não tinha ilusões sobre seu futuro.

— Agora, as empresas da zona econômica especial não vão me aceitar. Sou um aleijado e, do ponto de vista político, um indesejado. Lembra do cartaz que escrevi? Não me incomodo muito com o futuro. Mas não suporto pensar como meus pais ficarão arrasados quando souberem que estou assim.

Este é Chen Li, pensei, sempre preocupado com o outro e não com ele. Se alguém merecia um futuro brilhante, era ele. A vida é injusta, pensei. E lembrei de Dong Yi dizendo "ninguém jamais disse que a vida é justa".

Antes de ir embora, fui à loja do campus e comprei sorvetes e Coca-Cola. Queria fazer algo por Chen Li, mesmo que parecesse bobo ou completamente idiota.

Naquela tarde, choveu muito. Sentada à janela, olhei a chuva caindo. Lembrei-me dos dias despreocupados que passara com Chen Li, andando nas trilhas verdejantes do campus, tomando café no bar do Jardim Redondo. Lembrei-me também de nós andando lado a lado rumo à praça. Ao olhar a chuva, pensei em duas coisas: ajudar Chen Li e não ajudá-lo. Será que ele aguentaria me ver e lembrar das alegrias do passado ou do futuro perdido?

Eu duvidava. Não tinha certeza, mas duvidava.

Todos os dias criavam-se leis rígidas, prendiam-se pessoas e lançavam-se novos programas para acabar com os integrantes do movimento "anárquico". Pediam que alunos e professores refletissem sobre o que pensaram e fizeram e delatassem outros participantes. Minha mãe foi delatada e criticada pela universidade onde trabalhava por ser simpatizante dos atos dos alunos. Além de ter de fazer uma autocrítica em várias reuniões docentes, ela não pôde mais ser supervisora dos estudantes. Ficou arrasada. Ensinar era o sonho da vida dela. Quando as universidades foram reabertas, em 1977, ela largara o cargo bem remunerado e cobiçado no Departamento de Relações Externas para ser professora. Todos os amigos foram contra. Mas ela estava cansada das lutas políticas que se tornaram comuns no trabalho. Lembrei-me dela me dizendo: "Wei, ensinar é a melhor profissão. Você não envelhece tão rápido quanto no departamento porque está sempre em contato com cabeças jovens e puras". Mas o estresse da autocrítica e o desaponto por ter sido afastada de suas funções fizeram com que se aposentasse mais cedo. O trabalho de seus sonhos perdera muito do encanto.

Algumas escolas, como a Escola Central do Partido, preparavam alunos promissores para assumir cargos importantes no governo e estavam ligadas a empresas, como também estava a Liga da Juventude do Partido. Mas essas empresas passaram a não contratar ex-alunos da Universidade de Pequim, apesar de recomendados. Isso acabou com o futuro dos jovens estudantes. Sabia-se também que alunos pequineses eram espancados por valentões nas províncias e temia-se que os castigos e as prisões não se restringissem aos participantes mais destacados do movimento. Havia inúmeros boatos de vítimas; meus pais, como os milhões de pessoas que passaram pela Revolução Cultural, conheciam bem o horror da vingança política e ficaram muito preocupados comigo.

Um dia, fui à agência de passagens da Air China para ver se adiantava a data do meu voo para os Estados Unidos. Alguns amigos fizeram isso e sugeriram que eu também o fizesse. Voltei da agência e avisei a Eimin que eu iria para Nova York no dia seguinte. Fui então avisar meus pais.

Naquela noite, na sala do apartamento de meus pais, fizemos as malas para minha longa viagem. Eles compraram duas malas para mim. Meu pai arrumou quase tudo, tentando colocar o máximo de coisas em cada mala: livros, roupas para as quatro estações, toalhas, lençóis, tigelas de sopa, colheres, pauzinhos para comer... Mamãe trazia as coisas, de vez em quando parava, e perguntava:

— Ela precisa disso? Não encha tanto a mala, pois vai ficar muito pesada para ela carregar.

Minha irmã nos ajudou nas duas primeiras horas e depois foi dormir.

— Até amanhã cedo — disse ela, ao me dar boa-noite.

Meus pais não perguntaram quanto tempo eu iria ficar longe, embora nós três soubéssemos que ficaria anos sem vê-los. Ainda estávamos escolhendo coisas e as colocando na mala quando veio a madrugada. Meus pais me mandaram dormir.

— Durma bastante. Amanhã tem uma longa viagem. Nós terminamos de fazer as malas para você.

Depois, muito solenes, me entregaram quarenta dólares.

— Quando você conseguiu a bolsa, Baba escreveu para seu tio em Hong Kong e perguntou se podia emprestar essa quantia. Você precisa de um pouco de dinheiro quando chegar lá. Guarde em lugar seguro e se lembre de devolver assim que puder. (Eu tinha os mil dólares de Ning, mas não eram em dinheiro, e não tinha certeza sobre se ia usá-los.)

Aceitei e agradeci aos dois. Naquele instante, percebi que encaneceram em poucos meses. Eu via nos olhos deles o amor recíproco, o carinho pelas filhas e a dificuldade e preocupação que causara a eles durante 23 anos. Eram sentimentos tácitos mas abundantes. Eu os estava deixando por um mundo novo que nenhum de nós conhecia direito, e por isso ficava mais longe ainda. Pensei então se eu continuaria sendo um peso para eles.

No dia 2 de agosto de 1989, meus pais, minha irmã, Eimin e eu chegamos ao aeroporto internacional de Pequim. Como só os passageiros podiam entrar na área de embarque, despedimo-nos no salão.

Eimin foi o primeiro.

— Ligue para o meu escritório assim que chegar lá.

— Combinado. E providenciarei os papéis imediatamente para você ir também.

— Certo — disse ele.

— Cuide-se e escreva sempre — recomendou meu pai.

— Escreva para nossos pais. Eles me informam de você. Posso ler suas cartas quando vier aqui nos feriados da faculdade — disse minha irmã.

Nos últimos dias, minha mãe tinha conseguido controlar a emoção para não me afetar, mas naquele momento tremia visivelmente. Parecia ter entendido que só restavam alguns minutos para me dizer tudo o que ela queria e que pretendia me dar amor para sempre. Falou como eu devia comportar-me num novo país e num novo estilo de vida.

— Cuidado, não saia sozinha à noite. Nos Estados Unidos há muito crime... se não gostar, é só voltar para casa... a irmã de Xiao Xiao está estudando nessa mesma faculdade. Lembra que te dei o telefone dela? Ligue para ela quando chegar... não vá se perder no aeroporto...

— Não se preocupe, mamãe, vai dar tudo certo. — Tentei garantir, embora não tivesse a menor ideia de como seria a minha vida a partir daquele momento.

— Melhor você ir agora — disse Baba, parecendo mais preocupado com minha mãe.

— Adeus, amor — despediu-se mamãe, me abraçando. Virou a cabeça para eu não ver suas lágrimas.

Abracei minha irmã e Eimin, apertei a mão de Baba e me despedi. Passei pela porta de vidro que separava os que iam dos que ficavam. Depois de fazer o *check in*, peguei minhas malas, passei por um portão que era o "ponto sem volta" e as coloquei na esteira rolante. Voltei ao portão e vi minha família no mesmo lugar onde os deixara: acenei, dei um grande sorriso, e eles acenaram também.

Virei-me e as lágrimas escorriam pelo meu rosto. Fui me distanciando do meu marido, dos meus pais idosos que me criaram com tanta dificuldade, da minha irmãzinha de quem gostava mas conhecia pouco porque eu fora para o internato quando ela tinha apenas nove anos.

Segui para longe do único país que conhecia e a única vida que tive. Ia pegar o primeiro avião na vida, e só pensava que, a partir daquele momento, passaria os dias com saudade de casa.

Capítulo 20

Estados Unidos

O destino chega, não pode ser procurado.

Zhang Joling, século VII

Dois dias depois, eu estava no campus da Faculdade William and Mary, na Virgínia, sentindo que tinha entrado num lugar tão vasto e tranquilo quanto o céu vespertino numa noite de verão. Na minha frente, gramados recém-aparados se estendiam até uma série de delicados prédios de dois andares de tijolos vermelhos. O gramado tinha acabado de ser regado e as gotas de água brilhavam ao sol na grama verde e úmida.

O campus não tinha muros. Ninguém me vigiava por cima dos ombros nem prestava atenção nas minhas conversas. Não havia boatos horríveis circulando. Se eu desse um grito, não teria consequências; se levantasse os braços e dançasse no gramado, ninguém iria me criticar. Eu estava, finalmente, livre.

Cheguei muito antes do início do ano letivo, e por isso o chefe do meu departamento, o professor Herbert, e sua esposa me hospedaram na casa deles por duas semanas, até abrir o local onde moravam os estudantes. O casal morava numa casa antiga, pintada de marrom, que ficava no meio do bosque, com groselheiras margeando a entrada da garagem. A Sra. Herbert era uma mulher gentil, de cinquenta e poucos anos, que preparava ensopados e pratos ocidentais especialmente para mim em sua acolhedora cozinha. Após o jantar, o professor Herbert costumava subir para o escritório e terminar seu trabalho do dia. Nós duas então limpávamos os pratos, os colocávamos na lavadora e sentávamos à mesa de jantar para conversar. Quase só ela falava, enquanto mostrava fotos dos filhos e contava da infância deles e das visitas que fazia agora ao filho e à filha, já adultos. Eu não entendia tudo; só algumas palavras como "filha", "trabalho", "Washington DC", "namorado" e "carro esporte". Eu apenas sorria. Mostrava a ela as fotos da minha família, e, com muita dificuldade, tentava explicar quem eram e o que faziam. Quando não encontrava a palavra, eu gesticulava.

Depois da conversa, eu ia para "meu" quarto no primeiro andar, antes ocupado pela filha dela. As paredes com fotos da filha e dos amigos adolescentes mostravam que ela tinha sido educada em meio a muita beleza e liberdade. Embora fosse agradável de ver, me faziam sentir muito solitária. A todo instante eu era lembrada de que estava numa terra estranha que não entendia bem como era, pois tudo o que imaginara estava totalmente errado ou era totalmente diferente. Mas a gentileza da Sra. Herbert me fazia lembrar de minha mãe, que tinha a mesma idade e delicadeza. Eu ainda me sentia no pequeno apartamento de meus pais e sentia também o amor que transbordava naquele cantinho. Peguei as fotos que mostrava à Sra. Herbert e chorei. Sentia falta de casa. Queria voltar. Eu parecia uma recém-nascida que queria voltar para a segurança e o cálido acolhimento do ventre materno.

Quando ficava assim, eu escrevia muitas cartas: para meus pais, dizendo que queria voltar, e para Eimin, implorando para que ele viesse logo. Naquelas longas tardes, também pensava em Dong Yi e onde ele estaria. Às vezes, imaginava-o na paz doméstica, preparando a chegada do primeiro filho; outras vezes, temia coisas horríveis. Dois anos antes, eu tinha estado numa prisão para fazer um artigo sobre psicologia criminal para o jornal da universidade. Ao chegarmos, os prisioneiros ficaram enfileirados no pátio e cantaram hinos revolucionários. Depois, contaram das vantagens do trabalho duro e do que aprenderam com ele. Estavam arrependidos dos crimes que cometeram e queriam retribuir à sociedade trabalhando muito. Imaginei Dong Yi como um deles, com o uniforme largo de detento e a cabeça raspada. Fiquei assustada só de pensar.

Escrevi para ele e enviei a carta para o departamento de física da Universidade de Pequim, único lugar onde imaginei encontrá-lo. Contei do meu casamento, que, como sabíamos, era a única saída para mim, e a melhor para todos.

"Na vida, muitas vezes não conseguimos o que queremos, mas, pelo menos, sei que sou amada. Ser amada é melhor do que estar só, sobretudo porque estou muito isolada aqui nos Estados Unidos. Arrependo-me de não ter dito antes a verdade, pois agora estou a milhares de quilômetros e não sei quando e se um dia nos veremos de novo. O tempo estava sempre correndo quando precisávamos que parasse; agora, parece que parou, mas você não está aqui para ouvir. Acho que te enganei e menti, embora sem essa intenção. Você me perdoa? Espero que sim. Não adianta culparmos o outro pelo que fizemos ou deixamos de fazer", escrevi na carta.

Não tive resposta. Dois meses depois, escrevi de novo. Também sem resposta. Enquanto isso, a vida corria célere. Minha classe tinha apenas nove alunas, de modo que estudávamos e íamos a festas e conferências juntas como irmãs. Meu inglês melhorou rápido e logo parei de gravar as palestras em fitas. Fui à primeira Festa do Dia das Bruxas no final de outubro com a fantasia de gata emprestada por Ellen, minha colega de quarto, e dancei com muitos amigos. No mês seguinte, ela me convidou para o jantar de Ação de Graças na casa dos pais, que moram em Washington, D.C.

Assim, quando o período do outono terminou e o Natal se aproximou, eu tinha muitos amigos e não estava mais sozinha. Após ter sobrevivido aos primeiros seis meses nos Estados Unidos, descobri também uma força interior que eu desconhecia. Vi que podia me sustentar e não precisava de ninguém para me socorrer ou proteger. Essas conclusões abriram meus olhos e, pela primeira vez, vi a verdade por trás do casamento com Eimin: sempre tivera medo de ficar só, principalmente ante a possibilidade de viver num mundo perigoso e desconhecido. Tinha medo também de ser rejeitada, pois tinha vivido sozinha e isolada muito tempo e conhecia a sensação. Mas olhei de novo para dentro de mim e não encontrei o mesmo amor que sentia por Eimin. Talvez nunca o tivesse amado, talvez tivesse confundido amor com outra coisa, como segurança, por ele estar sempre presente e impedir que eu desanimasse. Eram qualidades dele que para mim formavam a base da nossa relação. Vi então que eram apenas substitutas do amor.

Assim, quando ele ligou para dizer que foram aprovados os papéis que enviei logo ao chegar nos Estados Unidos e que ele viria para o Natal, entrei em pânico. Queria mais tempo para pensar e decidir. Fiquei surpresa como as coisas de repente se agilizaram, como se Eimin concluísse que precisava vir logo. Nas cartas, dei a entender que meus sentimentos tinham mudado, mas, sabendo o quanto ele queria sair da China, não parecia certo de minha parte impedi-lo. "Ele merecia pelo menos vir", pensei. E me culpei por aquele casamento que, cada vez mais, parecia um grande erro. Eu era jovem e confusa.

Mas não queria vê-lo antes de saber o que dizer. Pedi então que se hospedasse com um de seus muitos amigos que foram para os Estados Unidos passando antes pela Inglaterra. Achei que não era um pedido estranho, e, como ele era muito sensível, não me preparei para a chegada. Por isso, fiquei totalmente confusa quando ele apareceu de malas na mão no departamento.

À noite, depois que Ellen, minha colega de quarto, foi dormir, Eimin e eu tivemos uma grande briga.

— Como você pôde pedir para eu me hospedar com um amigo? O que iam pensar? — reclamou ele.

— Não sabia que você se importava tanto com as aparências! — reagi, amarga.

— Você está querendo se casar de novo? Está gostando de alguém aqui? — perguntou ele, olhando bem para mim.

— Não. — Não tive tempo de pensar no que queria. Só pedi um tempo, mas ele não ia me dar.

Percebi que a única solução era procurar um apartamento pequeno para ficarmos e pagar o aluguel usando os 600 dólares mensais que eu recebia da bolsa. Eimin tinha vindo como dependente meu e não podia fazer nada até encontrar um emprego.

Então, deixei de lado os argumentos. Não sei se ele achou que a crise estava acabada ou apenas resolveu ignorá-la, mas logo se animou e combinou de passar o Natal em Boston. Era o meu primeiro Natal no Ocidente. Fiquei impressionada com as luzes da cidade e me perdi na multidão que enchia os centros comerciais. Estava tudo nevado, e, em toda parte, corais cantavam músicas natalinas. Era como se eu tivesse chegado numa terra encantada.

Ficamos hospedados com um amigo de Eimin chamado Wang Baoyuan, que estava no Massachusetts Institute of Technology. À noite, chegaram outros amigos, todos mais ou menos da idade de Eimin, ao apartamento com vista para o rio Charles e que era de aluguel controlado pelas autoridades municipais e, por isso, mais barato.

— Sim, ele está aqui — confirmou Wang Baoyuan ao telefone. — Quando você pode vir? Venha logo. Precisa conhecer a linda esposa dele também.

Os amigos beberam cerveja, fumaram, riram, falaram alto, ficaram com calor e abriram as janelas. Comentaram dos velhos tempos, dos velhos amigos e conhecidos. Falaram de casamento e mulheres, principalmente das chinesas que moravam nos Estados Unidos. Eram parecidos com Eimin, tinham sofrido as durezas da Revolução Cultural. Embora tivessem se mantido reclusos na Inglaterra e nos Estados Unidos, orgulhavam-se de conhecer muito a cultura ocidental e gostaram de compartilhar comigo opiniões sobre seu novo país. Eram chineses tradicionais, apesar de viverem no exterior há muitos anos, e mantinham os valores do passado. Eimin também era assim, e percebi logo que era um chinês mais tradicional do que eu. Lastimei ao notar que não conhecia direito o homem com quem me casara.

Naquela noite, todas as vezes em que olhei, ele estava reluzindo vitória. Os amigos, muitos dos quais continuavam solteiros, o invejavam. Lembro-me de uma das raras vezes em que ele se abriu e contou que quando se formou em Edimburgo, na Inglaterra, tentara conseguir um emprego lá ou nos Estados Unidos. Sentiu-se inferior porque, ao contrário de seus amigos, não conseguira se fixar no Ocidente. Mas, naquele momento, tudo tinha mudado.

Olhando-o, lembrei das palavras de Dong Yi: "Eimin não é a sua felicidade."

Por que demorei tanto para perceber?

Depois que todos foram embora, Eimin e eu sentamos no chão com nosso anfitrião e assistimos a vídeos ocidentais de reportagens sobre o massacre da praça da Paz Celestial.

— Você não pode assistir a esses vídeos na China — confidenciou Wang Baoyuan.

Em Pequim, eu tinha ouvido falar nas mortes por amigos que as presenciaram. Mas não vira os corpos esmagados nem as ruas cheias de cadáveres e sangue. Só fui ver isso depois, nos Estados Unidos, e era tanto horror e tristeza que chorei, como quando soube das mortes na fria manhã de 4 de junho, quando ouvi os relatos do médico aflito e vi o corpo do estudante morto sendo retirado do caminhão, ou quando Dong Yi mostrou a cápsula vazia de bala. Desde então, assisti várias vezes à famosa cena do jovem enfrentando os tanques. A cada vez, pensei em Chen Li e no que acontecera com ele.

— Você participou das manifestações? — perguntou Wang Baoyuan.

— Claro. Fomos muitas vezes à praça — respondeu Eimin, orgulhoso.

— Talvez estejam neste vídeo. — Wan Baoyuan parecia impressionado.

Olhei para a tela de tevê, mas minha cabeça pensava na noite que Dong Yi comentara sobre a moça morta nos braços dele na rua Muxudi, a cápsula na mão, dizendo que jamais esqueceria aquela cena. Imaginei onde ele estaria naquele momento. Um novo ano, de 1990, estava prestes a começar, e pensei no que ele faria nesse novo ano de uma nova década.

Três dias após, fomos ao baile de réveillon da Associação de Estudantes e Professores Chineses de Boston. Eimin ficou à mesa com os amigos, conversando alegre. Fui convidada para dançar e não parei mais. Mas, embora rodasse pelo salão, meu coração e minha mente estavam em outro lugar. A única realidade para mim naquela noite era uma outra noite, sem lua, à margem do lago Weiming, quando o tempo passava e eu não declarei meus sentimentos quando tive a chance.

Enquanto dançava, pensei como eu era jovem. Quantos anos ainda viveria com Eimin? Senti o futuro como um peso me esmagando. Como se eu fosse morrer.

Assim que voltamos para a Faculdade William and Mary, candidatei-me ao doutorado em outro lugar. Embora ainda tivesse um ano pela frente no mestrado em psicologia, resolvi mudar de faculdade. Tinha de sair dali. Em março de 1990, fui aceita na Universidade Carnegie Mellon para o doutorado em administração. Em maio, mudei para Pittsburgh.

Eimin arrumou um emprego na Virgínia e não se opôs à minha mudança. Fomos sensatos e civilizados como dois amigos se despedindo. Numa das minhas últimas noites, ficamos assistindo à tevê no nosso pequeno apartamento. Quase todos os nossos pertences estavam em malas e caixas. De repente, a tevê noticiou a fuga de Chai Ling para Paris, onde ela dera uma entrevista coletiva à imprensa. Após as medidas severas do governo em relação aos participantes do Movimento Democrático Estudantil, Chai Ling e o marido entraram para a clandestinidade. No ano seguinte, conseguiram escapar do governo, mudando de uma província para outra, escondidos por simpatizantes.

Três dias após terem chegado na França, o casal foi para os Estados Unidos e ela foi recebida com uma passeata de boas-vindas em Washington, D.C.

Parei lá, a caminho de Pittsburgh. Montaram um palanque no parque sob uma enorme faixa dizendo: "Seja bem-vinda aos Estados Unidos, Chai Ling!" Cerca de mil estudantes e simpatizantes a saudaram.

Enquanto esperava por ela ao lado de outras pessoas, senti o cheiro suave da grama e das árvores. No ano anterior, eu fora como um barquinho levado pelo mar, sem âncora nem destino. Sentia falta do tempo em que minha vida tinha uma meta mais ampla e eu participava da luta por um amanhã melhor para a China, junto com pessoas da minha geração, as quais eu respeitava. Ali, sob o sol forte, rodeada por mil chineses que pensavam como eu, tive de novo essa sensação de unidade, de meta. Olhei em volta e tudo (o ar, a terra, o céu) parecia arrumado e tranquilo, inalterável. Não havia perigos, nada a temer. Como estávamos distantes daqueles tempos na China...

Foi então que vislumbrei Chai Ling, pequena, cercada de pessoas. Usava um vestido florido e os cabelos estavam presos para trás, mais compridos do que eu lembrava.

Uma senhora americana foi ao microfone apresentá-la.

— Senhoras e senhores: nós, que apoiamos o movimento democrático da China, viemos aqui dar as boas-vindas a uma jovem destemida cuja luta simboliza a coragem do povo chinês. — A mulher prosseguiu, dirigindo-se aos jornalistas que estavam em frente:

— Chai Ling foi uma das mais conhecidas líderes estudantis do movimento democrático de 1989 em seu país. Foi comandante-em-chefe da praça da Paz Celestial e uma das líderes mais procuradas pelo governo chinês. Após as sangrentas sanções de 4 de junho, precisou se esconder, passou um longo ano na clandestinidade junto com o marido, Feng Congde, e finalmente fugiu com ele da China.

A mulher mostrou Chai Ling e disse:

— Tenho o prazer de apresentar a vocês Chai Ling, candidata ao Prêmio Nobel da Paz.

Todos aplaudiram muito. Chai Ling se aproximou devagar do microfone, frágil. Falou com a voz aguda que eu conhecia bem, mas tão fraca que mal consegui ouvir o final das frases. Sabendo como ela era antes, vi que não estava bem. O rosto estava pálido e ela, magra demais. Imaginei as condições e pressões diárias que enfrentara no último ano.

— Obrigada por virem aqui, estou emocionada com o apoio de vocês. — Ela se referiu rapidamente ao 4 de junho, ao movimento estudantil e ao ano que vivera na clandestinidade. Agradeceu aos que arriscaram suas vidas para ajudá-la nos dias sombrios em que ficara clandestina. Vi que minha amiga estava exausta.

O marido dela também agradeceu o apoio da plateia, mas não discursou. A senhora loura voltou ao microfone.

— Chai Ling está muito cansada. Ainda se recupera de tudo o que sofreu na China.

Eu gostaria de falar com ela, ou pelo menos cumprimentá-la. Por isso me desapontei quando ela foi logo retirada dali. No mesmo ano de 1990, Chai Ling foi novamente indicada para o Nobel da Paz. Em 1992, ela e Feng Congde se divorciaram e deram como motivo o ano de clandestinidade e o estresse que trouxera à relação.

Pittsburgh correspondeu à promessa de um novo começo feliz. Adorei meu novo currículo e os professores foram muito gentis e incentivadores. No começo, fui várias vezes à Virgínia, tentando resolver as coisas com Eimin. Mas, a cada vez, a pouca ternura que restava sumia e ficou claro para ambos que o casamento não tinha jeito. Nós nos divorciamos. Em 1994, me diplomei e me tornei professora de administração da Universidade de Minnesota. Durante todo esse tempo, pensei sempre em Dong Yi. Muitas vezes, me perguntava onde estava e por que não me procurava. Mas, com a vida tomando um novo rumo, fui esquecendo esses pensamentos. A ideia foi ficando mais abstrata, como lembranças de um livro ou trechos de conversas sobre oportunidades perdidas e a inevitabilidade das coisas. Minha vida na China também foi se distanciando, como algo que acontecera há muito tempo numa terra distante. A realidade cotidiana era assimilar a vida americana e começar uma carreira acadêmica bem-sucedida. Um novo mundo se abria e fiz amigos de todos os cantos do planeta, cuja companhia me agradava. Por intermédio de um amigo italiano, conheci meu segundo marido. Casamos em 1995.

Na primavera do ano seguinte, o reitor da Universidade do Povo, uma das maiores de Pequim, visitou a Universidade de Minnesota, onde eu ensinava há dois anos, e me convidou para participar do primeiro programa de MBA na China. Para encontrar espaço na minha agenda, meus anfitriões comprimiram o curso de catorze semanas para apenas quatro, com aulas intensivas. Assim, em maio de 1996, voltei a Pequim pela primeira vez desde as manifestações na praça da Paz Celestial.

Capítulo 21

Volta para casa

> Onde está você, meu velho amigo? Janelas geladas,
> sonhos que permanecem, lembro do caminho
> que costumávamos percorrer juntos.
>
> Zhang Yan, século VIII

Ao aterrissar em Pequim, vi quantas coisas eu tinha esquecido sobre o estilo de vida na China. Acostumara-me a sentar na nossa varanda dos fundos em Minnesota e ver os pássaros pousar no pântano. Não dava importância ao reflexo do sol no mármore branco da minha banheira enquanto lia um novo romance muito comentado, tendo ao lado uma taça de Merlot e com meu marido trabalhando no computador no escritório. Detalhes da minha vida passada começaram a se esmaecer: as expressões que meus pais usavam, o apartamento deles, os caminhos para a escola, o pagode no lago Weiming, o sorriso tímido de Dong Yi...

Durante minha visita, meu pai ia todas as manhãs ao mercado do produtor e trazia comidas especiais. O cheiro suave dos bolinhos cozidos no vapor, do pão frito e do leite de soja me lembraram muito da infância. Vi meus pais ocupados na cozinha, de cabelos grisalhos e movimentos delicados, mas rostos cheios de alegria. Senti culpa. Podiam ter tido sete anos de felicidade. Bastava terem ficado junto da filha. Roubei-lhes isso; deixei-os no apartamento escuro e numa vida de labuta. Diz um velho ditado chinês: "As preocupações da mãe acompanham a filha na viagem de dois mil quilômetros." Essas preocupações se transformaram em rugas profundas no rosto de minha mãe.

Assim que passou o desconforto da diferença de fusos horários entre Ocidente e Oriente, liguei para o departamento de psicologia. Fazia tempo que eu estava fora do país, e não sabia quando voltaria de novo. Tive vontade de mergulhar na antiga vida. Pensei em quantas coisas tinha esquecido.

Foi uma alegria descobrir que Li continuava lá, era professora-titular e se surpreendera ao saber que eu estava na cidade.

— Não vem aqui desde 1989, não é? Vamos nos ver na sexta-feira. Tenho só que dar expediente na clínica. Estou ansiosa para vê-la. Você mudou muito, Wei?

— Não muito. Você vai conferir. Posso estar enganada. — Se eu tinha mudado, ela o julgaria melhor que eu.

O táxi me deixou no portão oeste. Paguei a corrida e andei na direção do forte sol de verão. Centenas de pessoas iam de bicicleta na direção do portão de telhado borboleta, tocando sinos e a gritaria coletiva soava bem mais alto do que eu me lembrava. Alguns desceram das bicicletas quando se aproximaram do guarda uniformizado, mas a maioria apenas diminuía a velocidade, sem parar.

Eu soube que a polícia universitária tornara-se uma instituição formal depois do Movimento Democrático Estudantil de 1989. Restringir o movimento das pessoas parecia ser a chave da estabilidade, e ninguém se incomodou pelo fato de a liberdade ser sacrificada em nome disso. Depois de viver livre durante sete anos, descobri que não aguentava passar por um guarda sem me irritar. Por isso devo ter chamado mais a atenção dele.

— Aonde vai? Procura quem? — perguntou o guarda e, claro, me obrigou a parar. Respondi que ia ver uma amiga, e tive de entrar na guarita, preencher um formulário e mostrar a carteira de identidade. Como não tinha, mostrei a carteira de motorista de Minnesota, o que piorou as coisas.

— Você disse que se chama Wei, mas que nome é esse na carteira?

— Meu nome em inglês. — Como muitos chineses que moram no Ocidente, eu usava um nome em inglês para facilitar. — Disse também que se formou em psicologia junto com sua amiga, mas não sabe onde fica o departamento.

— É, esqueci. Estou fora do país há sete anos e não vou encontrá-la no departamento; ela hoje fica no consultório.

Então, ele ligou para o hospital universitário. Li foi chamada, confirmou minha identidade e que estava me esperando.

— Precisa vir buscá-la aqui para assinar o livro de entrada — disse o guarda.

Quinze minutos depois, Li chegou. Estava exatamente como eu lembrava. Os cabelos compridos amarrados num rabo de cavalo. O rosto sem um pingo de maquilagem mostrava algumas sardas. Parecia ainda ter 25 anos. Reconheci até o bolero de flores azuis que usava.

— Querida Wei, que bom ver você. Eu devia ter imaginado isso. A segurança aumenta quando se aproxima a data de 4 de junho — explicou, segurando minha mão quando saímos da guarita.

Seguimos à margem de um riacho até o Jardim Redondo; depois viramos numa trilha coberta de folhas, perto do Salão Inglês. Bicicletas brilhando ao sol dourado estavam enfileiradas nas cercas da entrada, enquanto palavras e frases em inglês saíam pelas janelas abertas.

O hospital universitário era um prédio simétrico, de dois andares de arquitetura chinesa tradicional, com o telhado curvo, os quatro cantos virados para cima e uma grande entrada no meio. O consultório de Li era no primeiro andar, e de lá se via o prédio, no final da pequena colina em frente à trilha.

— Como você também é psicóloga, direi aos meus pacientes que está aqui para assistir às minhas sessões. Eles não costumam se opor — disse minha amiga.

Fiquei sentada enquanto ela atendia os pacientes, perguntando, por exemplo, quando começaram a ter delírios e ouvir vozes. Depois, deu o diagnóstico e receitou remédios. A voz dela era distante e seca. Analisava o caso sem se envolver com o paciente.

Ao vê-la, achei que talvez possamos envelhecer sem criar rugas nem engordar. Num instante, vi minha amiga igual ao que era; em outro, quando ela virou um pouco a cabeça e falou com voz monótona, vi uma mulher de meia-idade que parecia ter ficado indiferente às coisas, como os deuses de pedra nos templos.

Sete anos antes eu a vira, em lágrimas, correndo para a estação de rádio dos estudantes na manhã de 4 de junho. Eu também chorava. Mas sete anos são um longo tempo. Há muito eu não chorava. Não precisava mais me entristecer, pelo menos por mim ou por meus amigos. Vivia com conforto e tranquilidade nos Estados Unidos. Mas tinha voltado e lembrara de mim como uma garota explosiva de 22 anos. Minha juventude ficara congelada naqueles dias importantes na China. Tinha voltado e lembrara também da jovem apaixonada e corajosa que fora. Mas será que era mesmo eu? Teria sido mesmo?

De vez em quando, Li olhava para mim. O que via? Será que eu parecia tão mudada quanto ela?

Almoçamos na cantina cinco; depois fomos a pé para o Triângulo. O céu estava amplo e claro, sem uma nuvem. Meninos de shorts apertados e garotas de vestidos floridos iam para seus quartos cochilar após o almoço. A brisa soprava, cálida.

— Eu me casei com Xiao Zhang. Você deve se lembrar dele. Depois do 4 de junho, ele foi enviado para sua cidade natal. — Quatro de junho era como os chineses passaram a se referir ao Movimento Democrático Estudantil de 1989. Li contou que estava casada há quatro anos; o marido tinha voltado a morar em Pequim e trabalhava numa empresa particular.

Perguntei se ela havia tido problemas com as autoridades após o 4 de junho.

— Por pouco tempo. Como você sabe, todos da Universidade de Pequim eram considerados culpados ou simpatizantes. Eu tive apenas de participar das reuniões de estudos. — Contou-me então que, nessas reuniões, liam artigos de jornais e comunicados e, sob a supervisão do secretariado do Partido no departamento, refletiam sobre os textos e discutiam o que tinham aprendido.

— Algumas pessoas, como os jovens professores que apoiaram abertamente os grevistas de fome, tiveram de fazer uma autocrítica por escrito. A maioria já saiu do país, outros perderam o emprego e outros ainda pediram demissão depois de jamais serem promovidos no trabalho — disse Li. — Com os estudantes, a situação piorou: todos os que entram na Universidade de Pequim têm de fazer um ano de treinamento militar. Então, antes dos quatro anos de curso, passam um ano nos acampamentos militares — continuou Li.

Não consegui acreditar no que minha amiga dizia e perguntei:

— Por quê? Não fizeram nada. Nem estavam na universidade quando ocorreu o 4 de junho.

— É... uma ação preventiva — disse ela.

Fiquei irritada e pensei por que certas pessoas temem tanto a força das ideias. Por que achavam que seria bom para a China e para os jovens mais inteligentes do país serem treinados em acampamentos militares? Que bobagem, pensei. Pensei também que algumas pessoas não entendem que as ideias não podem ser detidas pela opressão física. Já o contrário, sim. Quanto mais a pessoa sofre, mais busca respostas. Fiquei muito triste. Acampamentos e reabilitação em massa marcaram a Revolução Cultural. Naquele momento, 25 anos depois do fim da Revolução, as pessoas continuavam sendo enviadas a campos para ser "educadas".

Li contou então que, no ano anterior, o governo tinha mudado de política.

— Exceto para a Universidade de Pequim, que ainda é considerada terreno fértil para ideias democráticas e o lugar mais perigoso do país. — A voz dela mostrava um toque de orgulho que me contagiou.

Atravessamos o Triângulo e paramos no Edifício do Jovem Professor.

— Você ainda mora aqui? — perguntei, surpresa e assustada por estar na frente de onde morara com Eimin. De repente, as lembranças daquele quartinho no canto voltaram. Olhei a janela do primeiro andar, vi cortinas floridas e pensei em quem estaria morando lá.

— Ainda, no mesmo quarto. Mas, em vez de uma colega, tenho um marido. — As palavras me fizeram voltar ao presente e nós duas rimos.

— Você entende por que esperamos ansiosamente o término do novo prédio para professores — disse ela, ansiosa.

Despedi-me e fui para o lago Weiming. Peguei a trilha atrás do prédio da biologia e subi a colina. Uma brisa suave passava pelas moitas ao lado do caminho sombreado. Virei à esquerda para a parte ampla, a trilha desceu íngreme e os álamos brancos da paisagem deram lugar à visão das águas verde-claras do lago. O lago estava lindo e tranquilo como quando o deixara. Compridos galhos de salgueiro tocavam na água, emoldurando a vista do tradicional pagode chinês a leste. Garotas passavam de coloridas saias compridas e rapazes carregavam as pastas.

Ao me aproximar, andei mais devagar, estava ofegante, meu coração batia forte. Tive de me sentar. Era ali que costumávamos nos encontrar. A margem rochosa não tinha mudado, mas minha vida estava totalmente diferente.

Sentada sob o salgueiro, vi a ponte de pedra branca ao longe e pensei na minha vida de antes: as despreocupadas caminhadas em volta do lago, o céu estrelado nas noites de verão, os poemas lidos enquanto a lua refletia na água. Uma brisa veio da colina atrás, ondeando o lago de leve. Naquele exato momento, minhas lembranças do passado foram perturbadas por uma ideia assustadora: e se o romance entre mim e Dong Yi tivesse dado certo? Como estaria minha vida? Estaria eu sentada ali, sentindo a mesma nostalgia?

Voltei para o apartamento de meus pais pouco antes do jantar. O ventilador estava ligado. Minha mãe estava sentada no canto, algumas mechas de seu cabelo voavam ao vento. Assim que entrei, notei algo errado, pois ela estava com o rosto branco como papel.

— O que houve? — perguntei.

— Yang Tao acabou de sair. Veio ver você.

Yang Tao era o diplomata que eu tinha namorado durante a faculdade.

— Como soube que eu estava aqui?

— Eu contei. Liguei para pedir os seus diários.

— Meus diários? Do que você está falando?

— Lembra, eu contei que ele voltou em setembro de 1989, de licença da embaixada, esperando convencer você a não ir para os Estados Unidos. Mas você já tinha ido, e ele levou todos os seus diários.

Eu lembrava. Lembrava também como ficara furiosa quando minha mãe me contou. Os diários eram meus, pessoais.

— Nunca entendi por que você deixou que ele os levasse — disse eu, com um pouco da fúria de então.

— O que podíamos fazer? Como podíamos impedir um jovem forte, de 1,80m?

— Ele vai voltar aqui? — perguntei.

— Disse que sim. Quer encontrar com você.

Minha mãe começou a chorar.

— Não disse antes porque seu pai e eu não queríamos preocupá-la, mas ele esteve aqui várias vezes nos últimos anos, sempre pedindo seu endereço e telefone. Disse que, assim que puder, vai aos Estados Unidos encontrá-la. O velho Zhang me disse que ele voltara há dois meses, após um longo período no exterior. Então, eu liguei para ele no Departamento de Relações Exteriores. Mas como as coisas chegaram a esse ponto? Eu sempre disse para você tomar cuidado com o amor. Agora você entende por quê?

Lastimei por minha mãe ter enfrentado tanta tristeza na vida. E, sem querer, eu tinha novamente acrescentado mais tristeza à vida difícil dela.

— Se ele voltar, diga que não quero vê-lo.

Dei um tapinha consolador no ombro de mamãe e fui para o quarto. Só então vi Baba sentado em silêncio na cozinha escura, o rosto inexpressivo.

Fechei a porta do quarto. Estava irritada e triste. Queria voar de volta para o outro lado do oceano, onde minha vida era livre.

Escurecia. Deitei na cama, com a cabeça apoiada nos braços, pensando por que Yang Tao tinha ido lá. Durante oito anos eu não quisera nada com ele. Certamente ele sabia disso, pois meus pais lhe falaram isso todas as vezes que o viram. A corrente de ouro que ele me dera quando pediu para eu ficar na China continuava na estante da sala.

Pensei nos diários que escrevera desde os 16 anos até sair da faculdade. Foram anotações de seis anos, detalhes de todos os meus pensamentos e emoções íntimos. Fiquei enojada de pensar que Yang Tao estava com os diários.

Meu pai bateu na porta para avisar que o jantar estava pronto. Puxei a cortina e me olhei no pequeno espelho da escrivaninha, os olhos queimavam de raiva e fúria. Vi o risco das lágrimas, enxuguei-as com as mãos e prendi o cabelo que caía no rosto.

Meus pais me aguardavam à mesa. Estavam velhos e preocupados. Sentei e disse:

— Esqueçam os diários. Não os quero mais.

Eu já tinha dado bastante trabalho para eles. De que servia a minha antiga vida para eles e para mim?

Capítulo 22

Prima

Melhor não perseguir um passado que já se perdeu.

Zhang Liangnang, século IX

Jantamos em silêncio, à exceção de um eventual pedido de "passe o molho de pimenta" ou "passe o bule de chá, por favor". Tinha esquecido desses silêncios tão característicos da vida na China. Minha volta era para ser alegre, como dizia um velho ditado, "volta para casa em trajes gloriosos", trazendo alegria e orgulho para meus idosos pais. Mas trouxera também os fantasmas do passado.

Após o jantar, fui direto para o quarto preparar a palestra do dia seguinte. Quando estava terminando, minha mãe entrou e colocou um papel na escrivaninha.

— Hu Anan, a prima de Dong Yi, está em Pequim. Este é o telefone dela, se você quiser — disse mamãe. Falou rápido e sem emoção, como se aquela informação fosse tão simples e insignificante quanto o telefone de um tintureiro ou a hora em que o táxi chegaria de manhã para me levar à Universidade de Pequim.

Não a ouvi sair do quarto nem fechar a porta. Eu estava num espaço meu, encasulada. A escrivaninha na minha frente tinha a "chave" para atravessar esse espaço, as paredes do casulo, para chegar a ele e à parte do meu passado que, mais uma vez, estava muito presente na minha memória.

Quais seriam as intenções de minha mãe? Primeiro, pedira para Yang Tao devolver os meus diários; depois, me dera o telefone da prima de Dong Yi. Pensei um pouco e concluí que, durante todos aqueles anos, ela tinha sido a guardiã de parte da minha vida que deixara para trás. Talvez tivesse esperado, ano a ano, que eu voltasse para ela me entregar as poucas sobras e dizer "elas continuavam aqui". Minha antiga vida era só o que meus pais tinham. Eles encontraram as partes que faltavam e consertaram o que estava estragado. Não podiam fazer muita coisa por mim na minha nova vida e por isso quiseram consertar a antiga.

O 4 de junho estava se aproximando, e a tensão na capital aumentou a ponto de se tornar quase palpável. Os guardas na Universidade de Pequim paravam e faziam perguntas nas entradas, e, para impedir qualquer tentativa de comemorar a data, o governo aumentou as prisões anuais de ativistas durante o período. Foram proibidos quaisquer ajuntamentos públicos, reforçada a segurança na praça da Paz Celestial e mantidas as pessoas a distância. Os jornais maiores (*O Diário do Povo*, *Diário de Pequim* e *Diário da Juventude de Pequim*) publicaram artigos condenando o Movimento Democrático Estudantil de 1989. As pessoas tomavam mais cuidado com o que comentavam em público. Por isso, não me surpreendi ao sentir uma agressividade nas ruas quando fui encontrar Hu Anan num restaurante.

Foi por acaso que minha mãe encontrara Hu Anan um ano antes na casa de um amigo que era editor-chefe da Imprensa de Pequim. Ela era assistente dele. Passei dias em dúvida se ligava, sem saber se seria bom me embrenhar pelo passado. "Talvez seja melhor deixar de lado", pensei, temendo a dor e a angústia que causaria. A indecisão foi vencida pela vontade de saber o que tinha acontecido com Dong Yi tantos anos depois. Aquele número de telefone era uma oportunidade que o destino me oferecia, da mesma forma que me tirara, anos antes. Por mais que tentasse achar que podia fugir dessa oportunidade, não conseguia. Lembrei-me mais uma vez da noite sem lua no lago Weiming. E ouvi de novo o tempo passando. Minha estada na China era curta. Já ia voltar para a minha nova vida do outro lado do oceano. Então, telefonei.

Hu Anan não se parecia com Dong Yi. Era pequena e atarracada, herdara alguns traços da família, mas, infelizmente, numa combinação que formava um rosto totalmente sem graça. Ela trabalhava em Pequim há quase dez anos, mas não parecia à vontade na cidade que adotara. Só se sentiu segura quando entramos no restaurante que ela escolheu para nos encontrarmos, pequeno, mas de autêntica cozinha cantonesa, escondido num beco atrás de um grande hotel. O lugar parecia um centro de reunião dos cantoneses na capital, já que a maioria, até mesmo os funcionários, só falava o dialeto de Cantão. Parecia que eu tinha entrado num outro mundo. Não entendia uma palavra. A China tem mais de quarenta dialetos além do cantonês, e a maioria é incompreensível para quem, como eu, só fala o mandarim. Por sorte, com a unificação do país, temos a mesma linguagem escrita e, se preciso, podemos nos comunicar por escrito.

Às vezes, porém, não é possível entender nem a escrita, como no cardápio que recebera. Eu não imaginava o que seriam pratos chamados "Pérola na palma", "Dragão em pele de fênix", "Azeite partindo duas vezes" e "Cadáver trazido de volta à vida". A lista tinha mais de cem pratos, e, ao ver minha dificuldade, Hu Anan se ofereceu para fazer os pedidos.

— Como você prefere que seja preparada a cobra?

— Tenho pavor de cobras.

— Então, não se mexa, tem uma bem atrás de você.

Os pelos na minha nuca eriçaram. Gelei.

Minutos após, ela disse:

— Tudo certo. O gerente está levando a cobra embora.

Um homem passou por nossa mesa carregando um saco plástico com alguma coisa mexendo dentro.

— É de praxe os fregueses escolherem a cobra antes de ela ser cozida.

Eu sabia que cobra era uma iguaria da cozinha cantonesa, mas não que traziam o réptil vivo para a mesa, como se fosse uma garrafa de vinho para o freguês aprovar.

Fiquei o resto do almoço desconfortável e, sempre que alguém passava com um saco plástico, levava um susto.

Perguntei a Hu Anan que notícias tinha de Dong Yi; onde ele havia se escondido durante todos aqueles anos.

— Engraçado estarmos aqui falando nele enquanto ele está nos Estados Unidos. Mora lá há anos — disse ela, escolhendo um peixe cozido no vapor.

Emudeci. Aquela simples notícia me chocou. Fiquei surpresa e depois irritada. Em todos aqueles anos, pensei tanto nele na China e ele estava tão perto. Decerto assistimos aos mesmos programas de tevê, estivemos nas mesmas cidades e visitamos os mesmos lugares. Por que não me procurou?

— Sabia que ele tem uma filha?

— Não. A última notícia que tive foi que a esposa estava grávida.

— A filha tinha menos de dois anos quando Dong Yi foi embora. Foi difícil para a pequena.

— A mulher e a filha não foram junto? — Pensei, então, se ele tinha deixado tudo para trás como pretendera um dia.

— Não. Foi tudo muito complicado. Lan criou a filha sozinha em Xanxi. Os pais dele voltaram a morar em Guangdong. Meu tio levou muitos anos para conseguir a autorização para voltar à sua cidade natal e, quando conseguiu, mudou na hora. Deve ter sido difícil para Lan, em virtude dos problemas que tinha com os pais e com a própria saúde. Você a conheceu? Era o tipo de mulher que parecia poder ser levada pelo vento.

Pensei: era mesmo? Não me lembrava dela assim. Por que todos a achavam frágil?

— Por que ela não foi com Dong Yi? — perguntei.

— Primeiro, porque a unidade de trabalho dela não permitiria. Depois, porque os dois tinham problemas. Finalmente, porque ela não conseguiu o visto.

— E como ficou, então?

— Eles acabaram indo. Três anos atrás, ele se mudou para Princeton e seu novo cargo deve ter ajudado. Ele é físico num famoso laboratório lá.

Então, tudo acabou bem. Não me surpreendi. Dong Yi não conseguia magoar as pessoas de quem gostava.

— Ele continua lá? — perguntei, calma. Saber que estava com Lan e a filha foi um alívio e uma segurança. Embora nos últimos anos eu tivesse pensado em muitos finais para aquela história, gostei de saber que a vida dele não fora destruída.

— Sim. Este é o endereço e o telefone do laboratório. No ano passado, ele veio visitar os pais, mas não o vi. Meu pai morreu dois anos atrás e não vou mais a Guangdong.

— Lastimo o falecimento.

— Ele morreu de velhice; quase não sofreu.

— E sua mãe? Mora com você em Pequim?

— Morreu durante a Revolução Cultural. Afogou-se. Eu era muito pequena e não entendi. Fiquei muito tempo com raiva dela. Achava que não devia gostar de mim. Quando fiquei mais velha, meu pai disse que ela fora muito torturada e não conseguira suportar as dores.

Eu não soube o que dizer a uma pessoa que conta isso num almoço.

Agradeci:

— Obrigada pela informação sobre Dong Yi.

— Por nada. Acho ótimo que você ainda o procure depois de tantos anos. Gostaria de ter uma amiga como você, que lembrasse tanto de mim.

Retribuí o sorriso, pensando naquela noite sem lua, e disse:

— Estou consertando uma promessa quebrada.

— Quer que eu dê seu endereço e telefone? Vou escrever para ele de qualquer jeito — disse ela.

— Claro, por que não? — perguntei, entregando meu cartão de trabalho.

E paguei o almoço.

Capítulo 23

Conclusão

Nuvens passageiras, emoções de uma criança sem raízes,
pôr-do-sol, o amor de um velho amigo.

Li Bai, século VIII

Novembro de 1997. Nova York.

Olhei o relógio de novo. Eram três da tarde. Zapeei os canais de tevê. A calefação do quarto estava no máximo, como eu gostava. Levantei-me e fui até a janela: dezoito andares abaixo, apesar de muito trânsito, os veículos fluíam pela Park Avenue.

Voltei, sentei na cama e zapeei os canais de novo. Olhei o relógio: três e cinco.

"Que ironia", pensei. Esperei tanto para ver Dong Yi e, agora que estava prestes a vê-lo, não aguentava esperar mais um minuto.

Fazia mais de um ano que eu tinha voltado da China. Nesse período, tive vontade de ligar para ele muitas vezes. Peguei o número na gaveta superior da mesa-de-cabeceira e guardei de novo. Por motivos que não conseguia explicar, não liguei.

Muitas vezes sentei na cama pensando por que ele nunca me procurara. Talvez fosse por eu ter me casado com Eimin. Talvez fosse pela vida que levava, a filha e o casamento. Pensei se ele apreciaria que eu lhe telefonasse.

Foi um alívio saber que ele tinha saído da China e estava trabalhando num dos mais famosos laboratórios do mundo. Feliz por ele, pensei se deveria me intrometer na sua felicidade.

E a vida ficou agitada. As aulas começaram em setembro, houve um intervalo no Natal e recomeçaram em janeiro. Quando eu não estava dando aulas, ia a conferências e viajava pela América Central e pela Europa. Em setembro de 1997, minha irmã, que trabalhava numa firma de consultoria em Pequim, arrumou um emprego em Nova York e se mudou com o marido, que ia fazer o MBA na Universidade Columbia.

Uma colega e eu conseguimos, após um ano de insistência, convencer um grande banco de Nova York a permitir que entrevistássemos alguns funcionários para uma pesquisa. Fiquei muito animada com a oportunidade, até porque ia passar o fim de semana com minha irmã. Na manhã seguinte, quando cheguei ao escritório, liguei para Dong Yi. Tinha uma desculpa, pois estaria alguns dias perto de onde ele morava.

Um americano atendeu o telefone e disse:

— Um minuto. — Depois, chamou:

— Dong Yi, é para você.

— Alô.

— Dong Yi?

— Sim, ele mesmo — confirmou, com um forte sotaque chinês.

— É Wei — disse eu, em chinês.

— Como vai? — exclamou, animado.

— Ótima, e você?

— Ótimo.
— Sua prima me deu seu telefone.
— Eu sei. Ela me avisou. Mas foi no ano passado, não?
— Andei muito ocupada. Sabe como são as coisas. — Fiquei sem jeito.
— É. Eu também pensei em ligar para você. Minha prima mandou seu cartão. Mas o laboratório tem dado muito trabalho. — Ele também estava sem jeito.
— Entendo. Então, como vai você? — perguntei, pensando se ele havia olhado o meu telefone tantas vezes quanto eu o dele, sem ligar.
— Bem, bastante ocupado. E você? Sei que é professora e mudou o nome.
— É, mudei quando me casei de novo. Você faz o quê? É professor? — perguntei, sem ter ideia do que fazem físicos em laboratórios.
— Sou pesquisador-chefe — respondeu ele, parecendo satisfeito.
Fiz uma pausa.
— Olhe, vou a Nova York a trabalho. Será que podemos nos ver?
— Quando vem?
— Daqui a três semanas. Vou na quarta, e o trabalho termina na quinta ao meio-dia.
— Três semanas. Deixe-me ver aqui, sim, na quinta está perfeito. Vou de carro para Manhattan.
— Seria ótimo. Não é muito longe para você ir de carro?
— Não tem problema.
— Será ótimo ver você. Faz tanto tempo! — disse eu, animada.
— É, vai ser ótimo. Vamos conversar.

— Então, até lá.

Dei o endereço do hotel e me despedi.

Desliguei, sorri e fui tomar um café. Saí no corredor e desci correndo a escada.

O telefone tocou. Atendi.

— Madame, seu convidado chegou. — A moça da recepção tinha um atraente sotaque francês.

— Por favor, avise que já desço.

— Sim, madame.

Peguei a bolsa, vesti o casaco e parei na frente do espelho. Passei a mão nos cabelos, coloquei um pouco de pó-de-arroz no rosto e mais uma camada de batom. Dei uma última olhada no espelho, aprovei e saí do quarto.

Fazia quase dez anos que não nos víamos. Ele passara aqueles anos entre pessoas que eu não conhecia e eu mantivera a lembrança dele na juventude. Pensei no que ele lembraria de mim. E se continuaríamos a conversa iniciada naquela noite sem lua no lago Weiming, cruelmente interrompida. Se é que havia alguma coisa para continuar.

No elevador, meu coração batia rápido como um coelho correndo pelo campo. Olhei no espelho outra vez e arrumei os cabelos. Pensei como Dong Yi estaria. E se me reconheceria imediatamente.

Ele era a única pessoa no saguão do hotel.

Primeiro, eu o vi de costas, de capa de chuva bege; depois, ele andou até um sofá para examinar uma cópia de vaso Ming na mesa lateral. Voltou para o grande arranjo de flores no meio do saguão e chamei:

— Dong Yi.

Ele se virou. Atrás dele, as flores tinham todas as cores do arco-íris.

Tinha envelhecido. Estava com os cabelos mais ralos e emagrecera. Tinha olheiras e rugas no rosto. Passara hidratante para os lábios, que tinham vincos.

— Wei, você está ótima — disse ele, sorrindo e guardando rápido o hidratante.

Nós nos cumprimentamos. Eu não sabia o que dizer. Percebi que esperava outra pessoa, a que eu tinha congelado no tempo, e, como ficara com aquela imagem por tantos anos, ela se tornara mais real do que a verdadeira na minha frente.

— Desculpe o atraso. Fiquei perdido com tantas ruas de mão única. Demorei para achar um retorno. — Falava do mesmo jeito tímido que eu lembrava.

— Onde está o carro? O manobrista pode estacionar na garagem do hotel.

— Não sabia que tinha garagem aqui. Deixei num estacionamento na rua 62.

— Está com fome? Pensei que podíamos ir a um restaurante. Espero que não tenha almoçado ainda. — Senti que nos esforçávamos para ficar à vontade.

— Podemos ir. Não almocei.

— Conheço mal o bairro. Minha colega e eu fomos ao Vong, um ótimo restaurante de comida franco-tailandesa. Mas fica a vários quarteirões daqui. Podemos ir também no japonês em frente. Gosta de sushi? Se não, eles também têm sopas de macarrão e grelhados.

— O restaurante japonês é ótima ideia. Gosto de sushi. Mas nem sempre como, é muito caro — disse ele, um pouco sem jeito. Notei que as mangas da capa estavam puídas. Talvez a vida não fosse fácil para ele. Sabia que pesquisadores não ganhavam muito, mesmo nos laboratórios mais famosos.

— Não conheço, de modo que não sei se é bom. Mas se você não é muito exigente...

— Não sou — garantiu ele.

Atravessamos a rua. Estava frio e ventava muito.

— Parece que vai nevar logo — observei, olhando o céu cinzento.

O restaurante tinha grandes biombos, mesas e cadeiras pretos e luz suave. Havia mais dois fregueses numa mesa perto da nossa.

— Então, diga por que não me escreveu. Não recebeu as cartas? — perguntei. Ele estava examinando o cardápio.

— Voltei à Universidade de Pequim em setembro. Recebi duas cartas, uma sobre o seu casamento e a outra sobre... esqueci.

— Só mandei duas.

— Passei muito tempo sem escrever para ninguém. Estava muito deprimido. Mas ter uma filha foi ótimo. Ela me deu muito ânimo.

Olhei para ele.

— Escrevi para você quando cheguei a Rochester, mas não tive resposta. Você deve ter se mudado — disse ele.

— Fiquei um ano na Virgínia e, como disse ao telefone, fui para a Carnegie Mellon fazer o doutorado.

— Eu devia ter pedido o endereço para sua mãe, eu sei — disse ele.

— Agora não importa.

— A Universidade de Pequim levou dois meses para decidir que eu não podia fazer o doutorado porque participara ativamente do movimento estudantil. Então, voltei para Xanxi — disse ele, após uma pausa.

— Você conseguiu fazer o mestrado, pelo menos?

— Consegui. Meu velho professor na Universidade de Xanxi me matriculou para fazer o doutorado com ele, principalmente para eu ter onde dependurar minha ficha. Eu o ajudei dando alguns cursos. Levei quase dois anos para finalmente sair da China.

O garçom trouxe chá verde japonês. Segurei a delicada xícara e aspirei o cheiro forte, tanto para fazer um intervalo naquela conversa estranha quanto para desfrutar do chá.

— O que houve entre você e Eimin?

— Nós nos divorciamos, mas o casamento tinha acabado muito antes. Eu devia ter ouvido você. Logo vi que o casamento fora um erro, mas levei muito tempo para corrigir. Ele se casou novamente e mora na Virgínia. Acabam de ter um filho.

— Já querem fazer os pedidos? — perguntou o garçom.

Olhei para Dong Yi, que concordou.

Após pedirmos os pratos, Dong Yi se inclinou sobre a mesa e perguntou:

— E seu marido, é americano?

— Não, é europeu. Nós nos conhecemos no curso de mestrado.

— Está feliz? — Ele perguntou de repente, como se a conversa até então fosse bobagem. Vi que era o que ele queria perguntar, o motivo para ter vindo me ver.

Mesmo assim, fui pega de surpresa, e então apenas olhei para ele, que não desviou o olhar, ficou sério. Naquele instante, todos os sentimentos do passado voltaram, invadiram meu corpo e me deixaram tão triste que quis chorar. "Onde você estava quando eu queria que me perguntasse isso", pensei. Que direito tem de saber da minha felicidade agora?

— Sim, muito feliz — falei, por fim. Tinha finalmente encontrado uma pessoa para amar e que me amava também.

Já que ele perguntou, eu também podia.

— E você?

— Tenho duas filhas. A menor já vai fazer dois anos. Nasceu aqui, é cidadã americana — disse ele, calmo.

— E o trabalho, como vai? — Mudei de assunto; não queria insistir. Não era preciso. Já tínhamos sobrevivido a muitas coisas.

— Ótimo. O salário não é muito alto, mas gosto.

— Como vai Lan? O que disse quando você contou que ia me encontrar?

— Ela fica em casa com as meninas. Não contei, não posso. Na verdade, não posso falar em você.

— Por quê? Faz tantos anos...

— Bom, você não conhece Lan. Não posso nem olhar muito para outra mulher.

— Você está brincando.

— Não. E tudo por sua causa. A culpa não é sua. Não é isso que quero dizer. Sempre que discutimos essas coisas, ela fala em você. Acha que, se fui infiel uma vez, posso ser de novo, não?

— E você foi infiel?

— Não.

Dong Yi parecia triste. Eu não sabia o que fazer para alegrá-lo. Por isso, gostei quando resolveu mudar de assunto e perguntou:

— Sabe que Ning mora a meia hora da minha casa?

— Não sabia.

Eu tinha perdido contato com Ning há alguns anos. Mudei para Pittsburgh e estava tentando resolver minha vida quando ele se casou e sumiu no seu mundo doméstico.

— No ano passado, ele arrumou um emprego na Allied Signal. Tem um filho.

— Vocês se encontram sempre?

— Não. Na verdade não temos muito mais o que conversar. Não sei por que ele jamais fala no passado e também não podemos falar sobre o trabalho dele, pois ele acha que não é ético.

— O que ele faz?

— É engenheiro.

— Por que o sigilo? Se ele trabalhasse na CIA... — brinquei.

— Acho que não consigo mais entendê-lo — disse Dong Yi, triste.

— Desde que saímos da China, só nos mantemos ligados pelo passado. Lembra das vezes que fomos ao Jardim do Bambu Roxo? Para mim, os anos que passamos na universidade foram os melhores da minha vida — eu disse.

— Que bom que você continua achando isso. No lugar onde moro, muita gente quer se livrar do passado, não é só Ning. Deve-se olhar para o futuro e se encaixar nele.

Comemos os dois últimos rolinhos Califórnia e comentamos nossas visitas à China. De repente, ele disse:

— Ah, Liu Gang também está aqui.

— Aqui, onde?

— Em Nova York, fazendo o mestrado.

— Pensei que ele estivesse preso.

— Foi libertado no ano passado para tratamento médico. Mas fugiu.

— Fugiu como?

— Como clandestino. Parece que isso continua dando certo.

Sorrimos.

— Como ele está?

— Recuperou-se bem. Sofreu muito na prisão, como você pode imaginar.

Dong Yi estava bem mais relaxado. Eu também. Gostei de ele ter perguntado se eu estava feliz. E da minha resposta. Tínhamos quebrado o gelo e descoberto, com alegria, que por baixo do gelo corria água cálida. Olhei para o homem sentado na minha frente, que parecia mais velho do que era, e que, de várias maneiras, estava irreconhecível. Mas eu ainda tinha uma enorme ligação com ele, suas ideias e emoções. Fiquei contente por esse elo não ter-se rompido. Podia continuar de outra forma, podíamos ser amigos.

— Vamos sair daqui? Você precisa voltar logo?

Ele olhou o relógio. — Não, tenho tempo de sobra.

— Vamos ao Central Park — sugeri.

Chamei o garçom e pedi a conta.

— Eu pago. Pode guardar seu dinheiro — pedi.

Dong Yi pareceu constrangido.

— Posso pagar meu almoço.

— Sei que pode, mas eu gostaria de pagar a conta. Por que não me convida para o café? No caminho, vamos passar por um Starbucks.

Ele sorriu. Paguei e saímos.

Vinte minutos depois, andávamos na Quinta Avenida segurando dois copos de café. Vesti meu grande chapéu de pele falsa e senti o cheiro da neve. Eram umas cinco horas da tarde. Em frente à loja Bergdorf Goodman, um voluntário tocava sinos e recebia doações para o Exército da Salvação. Do outro lado da rua, a loja FAO Schwarz já estava decorada para o Natal, e brinquedos enormes se mexiam nas vitrines. Filas de consumidores entravam e saíam com grandes sacolas. Dava a impressão de que, a cada ano, as compras de Natal começavam mais cedo.

Táxis e limusines paravam à porta do hotel Plaza. Turistas, homens de negócios de ternos escuros e senhoras usando peles Fendi e saltos finos Manolo Blahnik saíam dos carros.

— Quer dar uma volta de carruagem? É bem romântico — perguntou o cocheiro de uma das carruagens junto ao parque.

— Não, obrigada — agradeci. Era tarde demais para romance, mas, felizmente, não para uma longa e duradoura amizade.

Entramos no Central Park. Mesmo após um lauto almoço, o cheiro de cebola da carrocinha de cachorros-quentes era delicioso.

Pagamos três dólares cada um e entramos no zoológico. Era pequeno, com poucos animais. Então, saímos logo.

— Você vem aqui de vez em quando? Aposto que suas filhas adoram.

— Não muito. Quando saímos de casa, vamos a Chinatown.

Uma música de Natal começou a tocar ao longe. Pequenos flocos de neve caíam lenta e graciosamente.

— Você pensou que um dia estaríamos andando por aqui?
— Não — ele respondeu.
— Nem eu.

Passamos pela garagem dos barcos, pelo grande gramado e subimos a colina. Lá estava o lago, que parecia um espelho no fundo de um copo de cristal, com a luz dos arranha-céus brilhando em volta, no alto.

— Não é um lugar lindo? — perguntei. Virei para ele e sorri.

Epílogo

Durante muito tempo, o número de mortos e feridos no massacre da praça da Paz Celestial foi contestado. O governo chinês registrou oficialmente que, entre 3 e 4 de junho de 1989, morreram 241 pessoas, sendo 36 estudantes, apenas três da Universidade de Pequim. A informação oficial era de mais de sete mil feridos. Em 1999, a agência de notícias Associated Press afirmou que correspondentes estrangeiros e moradores da cidade percorreram hospitais e registraram no mínimo mil mortos. Segundo o mesmo relato, estudantes chineses na Alemanha disseram que a Cruz Vermelha calculava 3.600 mortos. No aniversário do massacre, a agência France Presse em Taiwan relatou que dados recentes divulgados pelos Estados Unidos estimavam em 2.600 o número de mortos no massacre. O triste é que, provavelmente, jamais saberemos ao certo esse número, não só pela dificuldade de se obter a estimativa oficial na China, mas porque muitos jornalistas e organizações estrangeiros foram proibidos de pesquisar o que realmente ocorrera. Com os anos, isso ficou mais difícil ainda, porque os envolvidos e suas famílias não querem se identificar.

Após nosso encontro em Nova York, em 1997, não vi mais Dong Yi, mas mantivemos contato e nos escrevemos sempre.

Estou contente por ele ter voltado a fazer parte da minha vida, espero que por muito tempo. Hoje, é um físico bem-sucedido e mora com a família em Nova Jersey.

    Eimin se casou de novo e mora com a família na Virgínia.

    Ning é engenheiro e mora com a família em Nova Jersey.

    Minha amiga Li é diretora do setor psiquiátrico e de apoio do hospital universitário de Pequim e mora feliz com a família na capital. Continua aguardando a moradia melhor que lhe prometeram. O governo ainda considera a Universidade de Pequim perigosa, um celeiro de pensamento independente e democrático.

    Em razão do seu envolvimento com o Movimento Democrático Estudantil, Chen Li não conseguiu emprego quando se formou na Universidade de Pequim. A última vez que soube dele, tinha voltado a morar com os pais em Dong Bei, na China. Num país onde os deficientes físicos são malvistos e há milhões de desempregados, imagino que a vida dele deve ser difícil.

    Chai Ling se tornou uma bem-sucedida empresária da internet. Mora em Boston.

    Liu Gang é engenheiro de telecomunicações e mora com a família em Denver.

    Após fugir da China, em 1991, o professor Fang Lizhi passou a dar aulas na Universidade do Arizona. Continua lá.

    Hanna e Jerry se divorciaram em 1991; ela mora em São Francisco.

    Cao Gu Ran é professor na Academia de Ciência da China e mora com a família em Pequim.

    Yan Tao se casou, tem um filho e é um diplomata bem-sucedido. Está em Pequim, mas leva a família quando assume um posto fora do país. Só em 1999 ele finalmente devolveu meus diários.

Meus pais estão aposentados e moram no mesmo apartamento em Pequim.

Minha irmã Xiao Jie e o marido são altos executivos na Ásia.

Este livro foi composto na tipologia Minion,
em corpo 11,5/16, e impresso em
papel off-white 80g/m² no Sistema Cameron da
Divisão Gráfica da Distribuidora Record.